ACERCA DE "LO INCONSCIENTE"
DE FREUD

ACERCA DE "LO INCONSCIENTE" DE FREUD

Editado por
Salman Akhtar y Mary Kay O'Neil

Editor de la serie
Gennaro Saragnano

FREUD CONTEMPORÁNEO
Momentos decisivos y cuestiones fundamentales

Routledge
Taylor & Francis Group

LONDON AND NEW YORK

Primera publicada por Karnac Books Ltd: 2013

La presente edición publicada por Routledge: 2018

2 Park Square, Milton Park, Abingdon, Oxfordshire OX14 4RN
52 Vanderbilt Avenue, New York, NY 10017

Routledge es una marca del Grupo Taylor & Francis, una empresa de informa

First issued in paperback 2019

Título original: *On Freud's "The Unconscious"* © 2013 Salman Akhtar y Mary Kay
O'Neil sobre la colección editada, y de los autores individuales sobre sus propios
capítulos.

Traducción de: José María Ruiz Vaca

El derecho de los editores a ser identificados como autores de esta obra ha sido
confirmado de acuerdo con los apartados 77 y 78 de la Lay de Diseño y Patentes de
Copyright de 1988.

En la Biblioteca Británica consta un registro del catálogo CIP para este libro.

ISBN: 978-1-910444-07-8 (pbk)

ÍNDICE

Comité de Publicaciones de la API

Esta significativa serie fue creada por Robert Wallerstein y, posteriormente, editada por Joseph Sandler, Ethel Spector Person, Peter Fonagy y, recientemente, por Leticia Glocer Fiorini. Sus importantes contribuciones han despertado siempre el interés de psicoanalistas de todas las latitudes del mundo. Por lo tanto, es para mí un gran honor, como nuevo Presidente del Comité de Publicaciones de la Asociación Psicoanalítica Internacional, continuar con la tradición de esta serie de enorme éxito.

Esta colección tiene como objetivo acercarse a la obra de Freud desde un punto de vista actual y contemporáneo. Por un lado, esto supone poner de relieve las contribuciones fundamentales de su obra, que constituyen los ejes de la teoría y la práctica psicoanalíticas. Por otro, implica la posibilidad de conocer y difundir las ideas de los psicoanalistas actuales sobre la obra de Freud, tanto en las coincidencias como en aquello en lo que se diferencian.

Esta serie se plantea al menos dos líneas de desarrollo: una lectura contemporánea de Freud que reivindica sus contribuciones, y una aclaración de las perspectivas lógicas y epistemológicas desde las que se le lee en la actualidad.

La teoría de Freud se ha diversificado y esto ha llevado a un pluralismo teórico, técnico y clínico que tiene que ser trabajado. Por ello, se hace necesario evitar una convivencia cómoda y acrítica de conceptos, con el fin de tener en cuenta los sistemas de complejidades en aumento que aplican tanto las convergencias como las divergencias de las categorías involucradas.

En consecuencia, este proyecto ha supuesto una tarea adicional, a saber, la recopilación de psicoanalistas de distintas regiones del planeta que representen, además, diferentes posturas teóricas, para que puedan ser capaces de mostrar su polifonía. Esto también supone un esfuerzo extra para el lector, que tiene que ver con el hecho de distinguir y discriminar, establecer relaciones o contradicciones que cada uno tendrá que trabajar, con el paso del tiempo.

Ser capaz de atender a otros puntos de vista teóricos es también una forma de ejercitar nuestra capacidad de escucha en el campo clínico, lo que implica que el acto de escucha debe apoyar un espacio de libertad que nos permita ser receptivos a lo que es nuevo y original.

Con este espíritu, hemos reunido a autores muy arraigados en la tradición freudiana y a otros que han desarrollado teorías que no se habían tenido en cuenta explícitamente en la obra de Freud.

"Lo inconsciente" es uno de los ensayos más importantes y conocidos de Freud sobre metapsicología. Escrito en 1915, contiene y describe los conceptos básicos de lo que se conoce como el modelo topográfico de la mente de Freud. Salman Akhtar y Mary Kay O'Neil han recogido aquí una serie de ensayos escritos por analistas muy distinguidos que se acercan a este texto de Freud y lo comentan a la luz del psicoanálisis contemporáneo y desde diferentes puntos de vista, incluidos estudios recientes en neurofisiología y etología, lo que actualizará a los lectores sobre uno de los conceptos nucleares de nuestra disciplina. Por ello, damos especialmente las gracias a los editores y a los autores de este volumen, que viene a enriquecer la serie Freud Contemporáneo.

Gennaro Saragnano
Editor de la serie
Presidente del Comité de Publicaciones de la API

AGRADECIMIENTOS

Estamos profundamente agradecidos a los distinguidos colegas que han colaborado en este volumen. Apreciamos sus esfuerzos, el sacrificio de su tiempo, y su paciencia con nuestros requisitos, recordatorios y peticiones de revisión. También damos las gracias al Dr. Joseph Slap por su ayuda con uno de los capítulos de este libro. Apreciamos sinceramente la orientación de los miembros del Comité de Publicaciones de la API, en especial a su Presidente, Gennaro Saragnano. También damos las gracias a Jan Wright por su ayuda experta en la preparación de las partes del manuscrito, a Frederick Lowy por sus acertados comentarios y la traducción de partes del texto alemán, y a Rhoda Bawdekar por hacer el seguimiento de cuestiones de todo tipo durante la producción del libro. Por último, deseamos expresar nuestra gratitud a Oliver Rathbone, de Karnac Libros, que ha guiado este proyecto hasta que se ha completado y al equipo de The Studio Publishing Services por la meticulosa edición y maquetación del texto.

Salman Akhtar y Mary Kay O'Neil

EDITORES Y AUTORES

Marilia Aisenstein es analista capacitadora de la Sociedad Psicoanalítica Helénica y de la Sociedad Psicoanalítica de París. Ha sido presidenta de la Sociedad de París y del Instituto de Psicosomática de París, miembro del consejo editorial de la *Revue Française de Psychanalyse*, y cofundadora y editora de la *Revue Française de Psychosomatique*. Ha sido Presidenta de los Nuevos Grupos Internacionales de la API y es la representante europea del Comité Ejecutivo de la API. En la actualidad, trabaja en la práctica privada e imparte seminarios tanto en la Sociedad Helénica como en la de París y es Presidenta del Comité Ejecutivo de la Clínica Psicoanalítica de la Sociedad de París. Ha escrito capítulos y libros sobre la psicosomática y la hipocondría y numerosos artículos (130) de crítica en francés y otros idiomas. Recibió el premio Maurice Bouvet en 1992.

Salman Akhtar es Catedrático de Psiquiatría en el Jefferson Medical College, y analista capacitador y supervisor en el Psychoanalytic Center de Filadelfia. Ha sido miembro de los consejos editoriales de la *International Journal of Psychoanalysis* y del *Journal of the American Psychoanalytic Association*, y actualmente es editor de crítica de libros del *International Journal of Applied Psychoanalytical Studies*. Entre sus sesenta y cuatro libros, destacan *Broken Structures* (1992), *Quest for Answers* (1995), *Inner Torment* (1999), *Immigration and Identity* (1999), *New Clinical Realms* (2003), *Objects of Our Desire* (2005), *Regarding Others* (2007), *The Damaged Core* (2009), *Turning Points in Dynamic Psychotherapy* (2009), *The Comprehensive Dictionary of Psychoanalysis* (2009), *Immigration and Acculturation* (2011), *Matters of Life and Death* (2011), *Psychoanalytic Listening* (2012) y *Good Stuff* (2013), así como treinta y ocho otros libros editados en el ámbito de la cultura y el psicoanálisis, entre los que se incluyen *Freud along the Ganges* (2005), *The Crescent and the Couch* (2008), *Freud and the Far East* (2009) y *The African American Experience: Psychoanalytic Perspectives* (2012), que versan sobre la India, el mundo islámico, la cultura del Lejano Oriente y la población afroamericana de EE.UU., respectivamente. El Dr. Akhtar ha recibido el premio al Mejor Artículo del Año de la *Journal of American Psychoanalytic Association* (1995); el Premio Sabshin Edith (2000) de la Asociación Psicoanalítica Americana; el premio Kun Po Soo (2004); el Premio Irma Bland (2005) de la Asociación Psiquiátrica Americana; el premio Sigmund Freud por su distinguida contribución al psicoanálisis de la Sociedad Americana de Médicos Psicoanalíticos (2000); y el premio Robert Liebert (2003) por sus distinguidas contribuciones al Psicoanálisis Aplicado, del Columbia University Center for Psychoanalitic Training and Research; y, más recientemente, el muy prestigioso Premio Sigourney (2012) para colaboraciones sobresalientes en el campo del psicoanálisis. El Dr. Akhtar ha impartido conferencias como invitado en instituciones académicas de países de todo el mundo, incluidos Australia, Bélgica, Brasil, Canadá, Chile, China, Reino Unido, Francia, Alemania, Italia, Japón, México, Perú, Serbia y Turquía. Sus libros han sido traducidos a numerosos idiomas, incluidos el alemán, el rumano, el español y el turco. También ha publicado siete volúmenes de poesía y es un erudito que trabaja habitualmente con la Inter-Act Theatre Company de Filadelfia.

Stefano Bolognini es psiquiatra, psicoanalista capacitador y supervisor del SPI. Fue director científico nacional y luego presidente de la Sociedad Psicoanalítica de Italia y representante entre 2003–2007 del Comité de la API. Fue cofundador del Comité de patologías graves de su asociación, y trabaja como supervisor de servicios públicos psiquiátricos y en hospitales de día para adolescentes *borderline* y psicóticos. Fue copresidente de la API CAPSA y Presidente del Comité de la API para el 100.º aniversario. Miembro del Consejo Europeo de la *International Journal of Psychoanalysis* de 2002 a 2012, ha publicado artículos en las más importantes revistas internacionales y en muchos libros colectivos internacionales. Sus obras *Empatía psicoanalítica* (2002) y *Pasajes secretos. Teoría y práctica de la dimensión interpsíquica* (2008) han sido publicadas en los principales idiomas internacionales y en varias editoriales. También ha publicado *Like Wind, Like Wave* (2006, Other Press, Nueva York), una colección de anécdotas personales contadas de forma divertida, cada una con sus consideraciones finales desde una perspectiva psicoanalítica. También publica artículos en periódicos y participa activamente en debates mediáticos públicos. En la actualidad, es presidente electo de la Asociación Psicoanalítica Internacional. Vive y trabaja en Bolonia (Italia).

Linda Brakel es catedrática asociada adjunta de Psiquiatría de la University of Michigan Medical School, una facultad asociada al Departamento de Filosofía de la Universidad de Michigan, y miembro de la facultad del Michigan Psychoanalytic Institute. Es autora de artículos de ámbito muy diverso, desde la investigación empírica en teoría psicoanalítica, a las cuestiones filosóficas mejor consideradas dentro del ámbito de la filosofía de la mente y de la acción, a los temas clínicos directos y, quizá más digno de mención, a través de proyectos interdisciplinares, incluidos sus dos volúmenes actuales *Philosophy, Psychoanalysis, and the A-Rational Mind* (Oxford, 2009) y *Unconscious Knowing and Other Essays in Psycho-Philosophical Analysis* (Oxford, 2010).

Ira Brenner es catedrático clínico de psiquiatría en el Jefferson Medical College de Filadelfia y analista capacitador y supervisor en el Centro Psicoanalítico de Filadelfia, donde también es director emérito del Programa de formación de psicoterapia para adultos. Su interés especial reside en el área del trauma psicológico y es autor de más de ochenta publicaciones, incluidas la coedición de dos números especiales de *The International Journal of Applied Psychoanalytic Studies* y la publicación de cuatro libros como autor: *The Last Witness: The Child Survivor of the Holocaust*, en coautoría con Judith Kestenberg (1996), *Dissociation of Trauma: Theory, Phenomenology, and Technique* (2001), *Psychic Trauma: Dynamics, Symptoms, and Treatment* (2004) y *Injured Men: Trauma, Healing, and the Masculine Self* (2009). Miembro de Phi Beta Kappa y de la sociedad médica honorífica Omega Alpha, ha recibido diversos premios por su trabajo, incluidos el Premio de Investigación de Gratz de Jefferson por el trabajo sobre el Holocausto, el premio Piaget de escritura por su libro de 2001, el premio Gradiva por su libro de 2009, el premio Bruno Lima por su trabajo sobre psiquiatría de los desastres, y el premio de Practicante del Año de la Sociedad Psiquiátrica de Filadelfia. Ha dado conferencias nacional e internacionalmente y se dedica, en la práctica privada, a tratar a personas de todas las edades, en el área metropolitana de Filadelfia.

Mary Kay O'Neil es psicoanalista supervisora y capacitadora. Se ha mudado recientemente de Montreal a Toronto, donde ejerce su práctica privada. Fue directora del Canadian Institute of Psychoanalysis (Quebec, inglés) y una de las representantes norteamericanas en el Consejo de la Asociación Psicoanalítca Internacional. Además, ha formado parte de varios comités de la API, incluidos los comités de ética en los ámbitos local, nacional e internacional, y ha sido miembro del consejo editorial de la *International Journal of Psychoanalysis*. La Dra. O'Neil recibió un doctorado de la Universidad de Toronto, donde fue profesora adjunta en el Departamento de Psiquiatría. Completó su formación psicoanalítica en el Instituto de Psicoanálisis de Toronto y es psicóloga colegiada tanto en Quebec como en Ontario. Es autora de *The Unsung Psychoanalyst: The Quiet Influence of Ruth Easser*, coautora/editora de otros cinco libros y ha colaborado en numerosos artículos en revistas profesionales, así como en capítulos y reseñas de libros. Entre los temas de sus publicaciones e investigaciones destacan la depresión y el desarrollo de los jóvenes adultos, las necesidades emocionales de las madres solteras, el contacto analítico posterior a la terminación y la ética psicoanalítica. Sus actividades investigadoras han sido financiadas por fundaciones de Toronto y Montreal.

Bernard Reith es miembro de la Sociedad Psicoanalítica Suiza y trabaja como psicoanalista en su consulta privada de Ginebra (Suiza). Es presidente del Working Party on Initiating Psychoanalysis (WPIP) de la Federación Psicoanalítica Europea desde 2004 y miembro del consejo de la sección Analyst at Work de la International Journal of Psychoanalysis desde 2012. Fue secretario de la Sociedad Psicoanalítica Suiza entre 2009 y 2012 y es Presidente de su Comisión de Investigación sobre Psicoanálisis desde 2012. Su formación inicial fue como psiquiatra y psicoterapeuta, también es miembro fundador y ex presidente de la rama Suisse Romande de la Federación Europea de Psicoterapia Psicoanalítica en el sector público, cofundador y ex codirector del Programa Continuo de Educación de Psicoterapia Psicoanalítica de la Universidad de Ginebra y consultor en los hospitales universitarios de Ginebra. Ha co editado el libro *Initiating Psychoanalysis: Perspectives*. Sus principales campos de interés actuales son la investigación clínica cualitativa en el psicoanálisis, el diálogo fundado entre los diferentes modelos psicoanalíticos y el entendimiento de la posición del psicoanalista visto desde el interior de estos modelos diferentes.

Mark Solms es más conocido por su descubrimiento de los mecanismos prosencefálicos de los sueños y por su integración pionera de las teorías y métodos psicoanalíticos con los de la neurociencia moderna. Actualmente, ocupa la cátedra de Neuropsicología de la Universidad de Ciudad del Cabo y del hospital Groote Schuur (Departamentos de Psicología y Neurología). Entre otros puestos que ocupa en la actualidad, destacan: Profesor Honorario de Neurocirugía en St. Bartholomew's & Royal London School of Medicine y Director del Centro de Psicoanálisis Arnold Pfeffer del Instituto Psicoanalítico de Nueva York. Se le otorgó el título de Miembro Honorario de la Sociedad Psicoanalítica de Nueva York en 1998. Entre otros premios que ha recibido, destacan la Medalla George Sarton del Rijksuniversiteit Gent (1996) y el premio Sigourney (2012). Tiene abundantes publicaciones tanto en revistas neurocientíficas como psicoanalíticas, y es autor de cinco libros. El último (con Oliver Turnbull), *El Cerebro y el Mundo Interior* (2002), es un *best-seller* y ha sido traducido doce idiomas. Es editor y traductor autorizado de la próxima *Revised Standard Edition of the Complete Psychological Works of Sigmund Freud* (veinticuatro volúmenes), y de *Complete Neuroscientific Works of Sigmund Freud* (cuatro volúmenes). Es miembro de la Sociedad Psicoanalítica Británica y de la Asociación Psicoanalítica de Sudáfrica (de la que es presidente).

Madhusudana Rao Vallabhaneni obtuvo su grado de médico en el Guntar Medical College de la India. Después de eso, recibió formación en psiquiatría en la Queen's University de Belfast (Irlanda del Norte), en la Universidad de St. Louis (St. Louis, EE. UU.) y en la Universidad de Dalhousie (Canadá). Se formó en psicoanálisis en el Instituto Psicoanalítico de St. Louis. El Dr. Vallabhaneni es miembro de la junta de gobierno del Real Colegio de Médicos y Cirujanos de Canadá y miembro de pleno derecho de la Asociación Psicoanalítica Internacional, la Asociación Psicoanalítica Americana y la Sociedad Psicoanalítica Canadiense. También es miembro de la facultad de educación del Instituto Psicoanalítico de Toronto y del Departamento de Psiquiatría de la Universidad de Toronto. Es presidente del Comité de Currículo del Programa de Formación Avanzada en Psicoterapia Psicoanalítica, patrocinado por la Sociedad Psicoanalítica de Toronto. El Dr. Vallabhaneni es un estudioso profundo de las escrituras hindúes y ha redactado artículos de importancia sobre los puntos de vista del ser en el vedantismo advaitico y el psicoanálisis. También es psiquiatra en el Hospital Monte Sinaí de Toronto y tiene una consulta privada de psiquiatría y psicoanálisis en Toronto (Canadá).

Peter Wegner es analista capacitador y supervisor de la Asociación Psicoanalítica Alemana desde 1995 y tiene una consulta privada en Tubinga, al suroeste de Alemania. Nació en 1952 en Berlín y estudió Psicología (1972–1978) en la Universidad de Tubinga, seguido de una formación en psicodrama (1982) y psicoanálisis (1986). Desde 1978 hasta 1982, trabajó en dos centros de asesoramiento (niños y adultos) y entre 1982 y 1995 fue profesor ayudante en el Departamento de Psicoanálisis, Psicoterapia y Psicosomática, de la Universidad de Tubinga. Ha sido Presidente del Comité de Capacitación del Instituto de Psicoanálisis de Stuttgart/Tubinga (2000–2006) y miembro del Comité de Publicaciones de la API (2001–2005). De 2006 a 2012, fue vicepresidente y presidente de la Federación Psicoanalítica Europea (FPE). Se ha especializado en cuestiones clínicas de largo plazo y en psicoanálisis de alta frecuencia, y ha publicado numerosos artículos en este campo sobre los temas de escena inicial, entrevistas iniciales y psicoanálisis de iniciación, asociación en silencio y libre, atemporalidad y realidad externa, transferencia y precedencia de la contratransferencia, en acción y rendimiento, tres modos de trabajo psicoanalítico e incertidumbre, y sobre la obra de Freud "Las perspectivas futuras de la terapia psicoanalítica" (todas las publicaciones pueden consultarse en www.drpeterwegner.de).

Kenneth Wright es un psicoanalista británico muy conocido por su trabajo sobre Winnicott. Se formó con el Grupo Independiente del BPS y como psicoterapeuta matrimonial e individual en la Clínica Tavistock. Ha pronunciado numerosas conferencias, tanto en el Reino Unido como en el extranjero, y ha escrito numerosos textos sobre la creatividad y el arte. Su tan aclamado libro, *Vision and Separation: Between Mother and Baby* (Free Association Books, 1991), ganó el Premio de Literatura Mahler de 1992. Su libro más reciente es *Mirroring and Attunement: Self-realisation in Psychoanalysis and Art* (Routledge, 2009). Es patrono de la Squiggle Foundation y realiza su actividad en Suffolk.

INTRODUCCIÓN

Salman Akhtar

De los cinco artículos —"Los instintos y sus destinos" (1915c), "Represión" (1915d), "Lo inconsciente" (1915e), "Un suplemento metapsicológico a la teoría de los sueños" (1917d) y "Duelo y melancolía" (1917e)— que Freud había tenido originalmente la intención de publicar en un libro titulado *Preliminares a una metapsicología*, ninguno destaca más en cuanto a peso teórico e importancia clínica que "Lo inconsciente". La declaración de Laplanche y Pontali (1973) de que si los descubrimientos de Freud "tuvieran que resumirse en una única palabra, esa tendría que ser sin duda 'inconsciente'" (p. 474), aunque no se refiera específicamente a este artículo, muy posiblemente podría referirse al mismo. De hecho, este ensayo de cuarenta y nueve páginas abarca un amplio terreno de ontogénesis, observación clínica, lingüística, neurofisiología, metáfora espacial, esquemas filogenéticos que se manifiestan a través de fantasías primigenias, la naturaleza del pensamiento, el afecto latente y la vida mental de los instintos. Freud pretende con este artículo (junto con los otros cuatro que se han mencionado más arriba) aclarar y profundizar el "sistema psicoanalítico" (1917d, p. 222). Y lo hace.

Sin embargo, una lectura atenta del artículo casi cien años después de su publicación, revela más cosas. Dotados con el conocimiento psicoanalítico acumulado durante más de un siglo, evaluamos de nuevo el artículo y descubrimos las diferentes "suertes" que sus diversos contenidos han seguido. Algunos han llegado a ser tan bien aceptados que han pasado a ser un lugar común. En los primeros puestos de la lista de dichas ideas, está la propia propuesta de que sea una parte inconsciente de la mente. Esto es tan básico para el punto de vista psicoanalítico como para que un refrito de la "justificación" de Freud sea algo totalmente innecesario. Sin embargo, hay otro contenido ampliamente aceptado de este artículo de Freud que se beneficiaría de una explicación más detallada. Luego están esas ideas que han sido elaboradas más detalladamente y modificadas por analistas posteriores. Incluso hay otras ideas que han sido objeto de una especie de "atrofia del desuso". Y, por último, hay pasajes que, a día de hoy, siguen siendo poco apreciados y a los que no se les ha extraído aún su potencial heurístico. A continuación, voy a seleccionar las doce proposiciones principales de "Lo inconsciente" (1915e) de Freud, con el fin de ilustrar la forma en que son (i) canonizadas, (ii) embellecidas, (iii) dejadas de lado, o (iv) pasadas por alto.

Canonizadas

Proposición 1: Lo inconsciente es mucho más que lo reprimido.

Esta propuesta es expuesta por Freud del siguiente modo: "Lo reprimido no abarca todo lo que es inconsciente. Lo inconsciente tiene un alcance más amplio: lo reprimido es una parte de lo inconsciente" (p. 166). Freud repitió esto en *El yo y el ello*, diciendo que "todo lo que está reprimido es *Icc.*, pero no todo lo que es *Icc.* está reprimido" (1923*b*, p. 18). Estos pasajes permiten una visión de los otros contenidos de lo inconsciente: (i) el material acumulado debido a la "represión primaria" (Freud, 1895*a*, 1926*d*; Kinston y Cohen, 1986) y lo que Frank (1969) denominó los residuos "no recordables y no olvidables" de la infancia preverbal, (ii) los representantes instintivos y (iii) las "fantasías primarias" (Freud, 1915*f*) de las relaciones sexuales de los padres, la seducción por parte de un adulto y la castración. Los últimos que se han mencionado están todos relacionados con el origen de las cosas (es decir, del sujeto, de la sexualidad, de las diferencias entre sexos, respectivamente) y, aunque las señales ambientales son las que les han dado forma, son, básicamente, los recuerdos transmitidos filogenéticamente de los acontecimientos correspondientes en la prehistoria del hombre.

Más adelante se añadió más a la lista de lo que contiene lo inconsciente. La propia "teoría estructural" de Freud (1923b) sugería que no sólo el ello (el caldero de "representantes instintivos" que se ha mencionado más arriba), sino también las partes del yo y el superyó eran inconscientes. La defensa de los mecanismos del yo, por ejemplo, funcionaba totalmente fuera de la conciencia del sujeto. Lo mismo sucedía, en gran medida, para su función de síntesis (Hartmann, 1939). Muchos de los dictados del superyó también existían como contenidos de lo inconsciente. Y, con un mayor desarrollo de la teoría psicoanalítica, se hizo evidente que las representaciones del yo y del objeto distónicas del yo y/o desmentalizadas se hicieron un hueco en lo inconsciente también. No resulta sorprendente entonces que el hecho de que los contenidos de lo inconsciente excedan el material reprimido ahora se haya convertido en un aspecto integral del canon psicoanalítico.

También hay que hacer aquí mención a la sugerencia de Bollas (1992) de que igual que hay elementos inconscientes derivados de la represión, también hay elementos inconscientes basados en la recepción. El objetivo de esta "recepción" es permitir el desarrollo inconsciente de ideas sin el pinzamiento de la conciencia. Con la recepción,

> el yo entiende que el trabajo inconsciente es necesario para desarrollar una parte de la personalidad, para elaborar una fantasía, para permitir la evolución de una experiencia emocional naciente, y las ideas o sentimientos y palabras se envían al sistema inconsciente, no para ser desterradas sino para que se les dé un espacio mental donde desarrollarse, que no es posible en la conciencia. Al igual que las ideas reprimidas, estas ideas, palabras, imágenes, experiencias, afectos, etc., constituyen constelaciones en áreas mentales y luego comenzaron a explorar el mundo de la experiencia en busca de fenómenos relacionados con este tipo de trabajo interior. De hecho, es posible que busquen experiencias concretas con el fin de nutrir dichas constelaciones inconscientes. El contenido de lo recibido son entonces los núcleos de géneros que, como lo reprimido, volverán a la conciencia, pero en el caso de los géneros como actos de autoenriquecimiento más que en partículas de lo encarcelado en situación de libertad condicional. (p. 74)

Esto toca el tema de la resolución inconsciente de los problemas, que abordaré más adelante en este discurso. En este punto, me gustaría pasar a la segunda proposición de "Lo inconsciente" de Freud, que ha sido plena y ampliamente aceptada en el psicoanálisis.

Proposición 2: El sistema Icc. opera en formas que son diferentes del sistema Cc.

Después de haber dividido la mente en tres sectores topográficos, que son los sistemas *Cc.*, *Prcc.* e *Icc.*, Freud observó que los dos primeros operaban sobre una base lógica. Los eventos se ordenan temporalmente, existen contradicciones y predomina el pensamiento del proceso secundario. Por el contrario, los principios de funcionamiento de lo inconsciente eran *"exención de contradicción mutua, proceso primario* (movilidad de investidura), *atemporalidad* y *sustitución de la realidad externa por la psíquica"* (1915e, p. 187, cursiva en el original). Estas ideas han sido universalmente aceptadas en el psicoanálisis y los mecanismos de desplazamiento, condensación y simbolismo se han convertido en parte integral de la manera psicoanalítica de pensar. Esto ha facilitado no sólo el entendimiento de la sintomatología neurótica y de los sueños, sino también de los estereotipos perjudiciales, la iconografía animista de ciertas religiones, las yuxtaposiciones de perspectiva del arte moderno y los saltos audaces de la mente creativa. De hecho, todo el entendimiento psicoanalítico de lo que es superficialmente ilógico y absurdo descansa en la comprensión del hecho de que una metodología notablemente diferente va seguida por un sector de la mente que permanece oculto a simple vista.

Proposición 3: Simplemente informar al paciente de su contenido inconsciente *no produce ningún cambio.*

Después de haber diferenciado los principios de funcionamiento de los sistemas *Cc.* e *Icc.*, Freud se dio cuenta de que una trasposición simple de las ideas existentes en el primero al segundo no alteraría nada. Explicó esto con cierto detalle:

> Si le comunicamos a un paciente una idea que él haya reprimido en algún momento, pero que hemos descubierto en él, el hecho de que se lo contemos no produce, en un primer momento, ningún cambio en su estado mental. Por encima de todo, no elimina la represión ni deshace sus efectos, como tal vez podría esperarse por el hecho de que la idea previamente inconsciente se ha convertido ahora en conciente. Por el contrario, todo lo que vamos a lograr en un primer momento será un nuevo rechazo de la idea reprimida. Pero ahora el paciente tiene, en realidad, la misma idea en dos formas en diferentes lugares de su aparato mental: en primer lugar, tiene la memoria

conciente de la huella auditiva de la idea, transmitida en lo que hemos dicho; y en segundo lugar, también tiene —como sabemos con certeza— la memoria inconsciente de su experiencia como era en su forma anterior. (1915e, p. 175)

Dicha explicación también se ha convertido en algo común, especialmente en la cámara del discurso clínico. No obstante las experimentaciones superentusiastas del "análisis directo" (Rosen, 1947, 1953), todos los psicoanalistas contemporáneos han llegado a apreciar el consejo sabio de Freud con respecto a la técnica interpretativa. Simplemente decirle al paciente lo que algo (por ejemplo, un sueño, un acto fallido, un síntoma, un anhelo de la transferencia) significa apenas resulta útil cuando su esencia es velada por las operaciones contundentes del yo defensivo. Lo único que uno puede lograr en tales circunstancias es el cumplimiento intelectualizado; el paciente podría repetir como un loro la interpretación, pero mostrar un cambio muy pequeño en cuanto a dinámica y comportamiento. Reconociendo esto, Anna Freud (1936) dio origen al término "análisis de la defensa" y puso en marcha la idea de que las defensas deben ser analizadas antes de abordar las pulsiones que esconden o a las que se oponen. Fenichel (1941) hizo hincapié en que "el análisis siempre empiece desde la superficie del presente" (p. 19), y Loewenstein (1951) estableció una "jerarquía de interpretación" detallada. Sin embargo, nada de esto tenía que ser seguido de una manera caricaturesca. También se hizo alusión a los derivados pulsionales que estaban siendo conjurados mientras se hacía la interpretación de una operación defensiva. Brenner (1976) y, más recientemente, Ross (2003) han aclarado esta cuestión. El perspicaz ensayo de Feldman (2007) sobre el hecho de abordar (o no) las partes secuestradas del ser también se ocupa de ello, aunque desde un punto de vista distinto al de la psicología del yo moderna. La advertencia de Freud de que al hacer lo inconsciente consciente no debemos pasar por alto la necesidad del paciente de no saber es atendida por los psicoanalistas de todas las tendencias.

Embellecidas

Proposición 4: Puede existir un número ilimitado de estados psíquicos mutuamente independientes en la mente.

Freud habló de "diferentes procesos mentales latentes [que] gozan de un alto grado de independencia recíproca, como si no tuvieran ninguna conexión entre sí ni supieran nada el uno del otro" (1915e, p. 170).

Añadió que "tenemos que estar preparados para asumir la existencia en nosotros, no sólo de una segunda conciencia, sino de una tercera, cuarta, o tal vez un número ilimitado de estados de conciencia, que son todos desconocidos para nosotros y que se desconocen entre sí" (1915e, p. 170).

Estas afirmaciones apelan a la intuición, pero resultan ser confusas y contradictorias si se las considera con atención. Al hablar de "procesos mentales latentes" que "no saben nada el uno del otro", Freud implica una compartimentación de lo inconsciente. Esto va contra la ausencia de contradicciones y la gran movilidad de la investidura que él asignó a este sistema. ¿Cómo pueden diferentes procesos latentes seguir sin saber el uno del otro si no hay barreras *dentro* de lo inconsciente? Un enigma más resulta cuando Freud habla de "estados de conciencia" que se desconocen entre sí. Para empezar, un "estado de conciencia", por definición, no es un "proceso mental latente" y, sin embargo, Freud parece estar usando los dos indistintamente. Por otra parte, la pregunta de cuál es la localización psíquica de un estado de conciencia cuando es "desconocido para nosotros" (1915e, p. 170) se deja sin respuesta. ¿Puede existir un estado de conciencia en un nivel inconsciente y aún así llamarse estado de conciencia?

Esta cuestión de los estados psíquicos independientes entre sí dentro de la mente se volvió aún más complicada con la introducción del término "yo", que sabemos que tiene dos implicaciones: "aquella en la que el término distingue el yo de una persona en su conjunto (incluyendo, tal vez, su cuerpo) de otras personas, y la otra en la que se indica una parte particular de la mente, que se caracteriza por atributos y funciones especiales" (introducción del editor, Freud, 1923b, p. 7). Los "estados de conciencia" que se mencionan en "Lo inconsciente" muy probablemente corresponden a la primera acepción del término "yo". La distinción de Hartmann (1950) entre el "ser" y el "yo" se hizo basándose en líneas similares y el refinamiento que hizo Jacobson (1964) de ello llamándolo "autorrepresentación" la devolvió de nuevo al ámbito de la realidad psíquica.

Una consecuencia de este tipo de circunvoluciones teóricas fue que la propuesta inicial de Freud de que había muchos "procesos mentales latentes" y "estados de conciencia" que existían de forma autónoma en la mente era algo clínicamente aceptado, pero, desde el punto de vista de la investigación, se llevaba a cabo en direcciones distintas. Entre los resultados destacables de tal exposición se incluyen las propuestas de que (i) si los primeros cuidadores de un niño eran demasiado numerosos y de personalidades demasiado contradictorias, entonces "las identificaciones diferentes se aferraban a su vez a la conciencia" (Freud, 1923b, p. 30), que, en el contexto de un traumatismo severo, podían conducir a trastornos disociativos (Brenner, 1994, 2001; Kluft, 1985, 1986); (ii) si la exposición temprana a los genitales femeninos y a la escena primaria era excesiva, la ansiedad excesiva de la castración conducía a que la mente mantuviera dos actitudes contradictorias: las mujeres tienen y no tienen pene (Freud, 1927e); (iii) si la agresión constitucionalmente excesiva es alimentada por la frustración temprana severa, el odio de la realidad se engrandece y divide la mente en partes psicóticas y no psicóticas coexistentes (Bion, 1957); (iv) las formas menos severas del entorno antes mencionado dan como resultado la "organización de la personalidad *borderline*" (Kernberg, 1975); (v) la falta de la formación de un espejo de grandiosidad arcaica por parte de los padres del niño puede llevar a una "división vertical" en la psique, mediante la cual un sector narcisista funciona independientemente de uno que esté relacionado con los objetos (Kohut, 1971); (vi) incluso un ser bien ajustado y con buen funcionamiento es apenas monolítico; se compone de muchos subconjuntos de autorrepresentaciones, algunas de las cuales están más cerca de las acciones y otras están más cerca de la contemplación (Eisnitz, 1980); (viii) también podrían existir "conflictos culturales" (Akhtar, 2011) que expresan las mentalidades mal ajustadas dentro de la mente de un inmigrante, y "autorrepresentaciones dependientes del estado" (Ghorpade, 2009), que reflejan la activación selectiva de autoestados bajo señales muy específicas del entorno. Evidentemente, a la propuesta 1915e de Freud de estados psíquicos independientes dentro de la mente se le han dedicado muchas reflexiones y textura con el paso del tiempo.

Proposición 5: El sistema Cc. contiene representaciones-palabra y representaciones-cosa mientras que el sistema Icc. contiene sólo las últimas.

El interés que tuvo Freud en el lenguaje a lo largo de toda su vida le llevó al trazado de la genealogía de las palabras en el Apéndice C de su artículo, "Lo inconsciente" (1915e). En él, ofrecía una descripción minuciosa de cómo los sonidos y las percepciones (tanto externas como internas) dan lugar a etiquetas denotativas, que pueden progresar a connotaciones y, aún más tarde, a estructuras léxicas más complejas, tales como símiles y metáforas. Freud hizo hincapié en que tales formas léxicas "superiores" pueblan únicamente el sistema *Cc.* La aceptación del sistema *Icc.* sigue siendo concreta y sensual, o lo que Freud llamó "representaciones-cosa". Él declaró que:

> Parece que ahora conocemos de repente la diferencia que existe entre una representación consciente y una inconsciente. Las dos no son, como suponíamos, trascripciones diferentes del mismo contenido en localizaciones psíquicas diferentes, ni tampoco estados funcionales de investidura diferentes en la misma localización, sino que la representación consciente abarca la representación de la cosa más la representación de la palabra que le pertenece, mientras que la representación inconsciente es la representación de la cosa sola. (1915*e*, p. 201)

La distinción que hace Freud de los lenguajes del sistema *Cc.* (que contiene tanto representaciones-cosa como representaciones-palabra) y del sistema *Cc.* (que contiene sólo las primeras) había sido adelantada, aunque sin esa terminología, por Ferenczi (1911), quien señaló que proferir palabras obscenas en la lengua materna de uno evoca una mayor retribución moral que decir la mismas cosas en una lengua adquirida con posterioridad, debido a que las palabras obscenas adquiridas originalmente (es decir, las de la lengua materna) están cerca de los actos y cosas que describen; la palabra se convierte en la cosa o en el acto. No obstante la visión antecesora de Ferenczi, el hecho es que las ideas de Freud sobre las representaciones-cosa y las representaciones-palabra han producido un rico rendimiento con el transcurso del tiempo. Las laboriosas observaciones de Arieti (1974) y Searles (1965) sobre el lenguaje paleológico y concreto en la esquizofrenia y el tratado magistral de Amati-Mehler, Argentieri y Canestri (1993) sobre polilingüismo y poliglotismo en el psicoanálisis deben sus orígenes a las agudas observaciones de Freud (1915*e*). Lo mismo ocurre con mis propias contribuciones a la comprensión de los dilemas técnicos cuando el analista o el analizando, o ambos, son bilingües (Akhtar, 1999, 2011). Pine (1997) recuerda con orientación al desarrollo que el analista debe ayudar a nombrar los afectos y que asistir al paciente a buscar palabras para las experiencias internas cuando éste no lo hace está dentro del mismo espíritu. La transformación de los pensamientos mentales impensables del paciente en pensamientos pensables (Bion, 1962*a*), que ayudan al paciente a "mentalizar" (Fonagy y Target, 1997), y, paradójicamente a veces, primero a prestar atención a las "cosas" (ya que son las que llevan más peso psicológico) antes de que puedan ser expresadas en palabras (Bolognini, 2011) son otras de las elaboraciones de las ideas originales de Freud en este sentido.

Proposición 6: Los principios dinámico, topográfico y económico forman el trípode de la metapsicología.

Freud declaró que "cuando hayamos logrado describir un proceso psíquico en sus aspectos dinámicos, topográficos y económicos, deberíamos hablar de él como una representación *metapsicológica*" (1915e, p. 181, cursiva en el original). Ahora bien, el hecho es que Freud (1898, 1901b) había utilizado la expresión "metapsicología" mucho antes de escribir "Lo inconsciente", pero ese uso estaba vinculado a la "metafísica" (por ejemplo, especulaciones sobre la vida después de la muerte, la existencia fuera del cuerpo, consejos de la naturaleza para que los humanos se comporten de tal o cual manera) ya que él consideraba que dichas ideas no eran "nada más que la psicología proyectada en el mundo externo" (1901b, p. 258). Sin embargo, en "Lo inconsciente" (1915e), la expresión "metapsicología" aparecía de una manera mucho más matizada. Freud propuso que, con el fin de evolucionar a una comprensión más profunda de los fenómenos mentales, hay que ir más allá de lo que es consciente y ver el material subyacente desde muchos ángulos diferentes. Este punto de vista multifacético constituía la "metapsicología" y consistía en las perspectivas dinámica, topográfica y económica.

- La *perspectiva dinámica* trataba de explicar los fenómenos mentales refiriéndose a la interacción de fuerzas. Estas fuerzas podrían ser contradictorias o colaboradoras, infantiles o contemporáneas, y progresivas o regresivas. Pueden ser de carácter instintivo y tener fines y objetivos específicos (Freud, 1915c), o pueden representar los imperativos morales del superyó (Freud, 1923b). La interacción entre tales formas da como resultado el conflicto intrapsíquico. Entonces existe una variedad de resultados posibles, que incluyen las formaciones de soluciones intermedias, gratificaciones desviadas y disfrazadas, o estancamientos, inhibiciones y parálisis psíquica (Freud, 1926d).
- La *perspectiva topográfica* condujo a la visualización de los fenómenos mentales refiriéndose a que son *Cc.*, *Prcc.* o *Icc.* Esto no sólo

implicaba su localización psíquica, sino que también implicaba sus características operativas. La experiencia subjetiva consciente y organizada representaba sólo un aspecto, ya que una corriente de material desconocido e "ilógico" se ocultaba invariablemente debajo de ella. Había censuras entre lo *Cc.* y lo *Icc.*, y entre lo *Prcc.*, y lo *Icc.*, y el material tenía que alterar su forma (es decir, de la representación-cosa a la representación-palabra), al moverse a través de estas barreras. Los "derivados" *Cc.* eran, por lo tanto, trazables a reivindicaciones e impulsos *Icc.* contundentes y directos. Con la introducción del "modelo tripartito" de la mente (Freud, 1923*b*), las operaciones defensivas del yo y los mandatos morales del superyó también se hicieron trazables a las capas más profundas de lo *Icc.* Hablando de este último, Freud declaró que "el hombre normal no es sólo mucho más inmoral de lo que cree, sino también mucho más moral de lo que sabe" (1923*b*, p. 52).

- *La perspectiva económica* se ocupó de la energía de las fuerzas que había detrás de los fenómenos mentales. Suponía que la energía psíquica determinaba la naturaleza de los procesos mentales; la fácil movilidad y el bajo umbral de descarga caracterizaba el "proceso primario", y la estabilidad y el alto umbral de descarga caracterizaban el "proceso secundario". La cantidad de energía también se consideró algo fundamental; una cierta cantidad de inversión enérgica era esencial para que una organización fuera factible. Entre las preocupaciones de este tipo de "economía" se incluían la intensidad de las pulsiones, la fuerza de la contrainvestidura, los grados de excitación, la descarga de tensión y el quántum de afecto. El objetivo final de estas fuerzas no era eliminar la tensión enérgica por completo, sino mantener un cierto nivel de tensión que fuera característico del individuo. Este punto de vista ha cambiado con la propuesta de Freud (1920*g*) de una "pulsión de muerte", que pretendía reducir lo animado a lo inanimado, y devolver el organismo a la inercia. No obstante, el juego enérgico de fuerzas y cantidades se mantuvo como algo fundamental para el "principio económico".

La metapsicología de Freud se convirtió en una venerada pieza central de la teoría psicoanalítica. Hubo más "perspectivas" que se añadieron más adelante. La síntesis seminal de Rapaport (1960) de la literatura pertinente desde 1915 hasta 1960 incluía seis perspectivas metapsicológicas: (i) topográfica, (ii) dinámica, (iii) económica, (iv) genética, (v) estructural y (vi) adaptativa. Las tres primeras eran una réplica de las de Freud. Las otras eran nuevas incorporaciones. El "punto de vista genético" facilitaba la investigación sobre los orígenes (o las contribuciones) en la infancia de una experiencia particular o comportamiento en curso. El "punto de vista estructural" versaba sobre las configuraciones psicológicas perdurables ("estructuras") que participan en los fenómenos mentales. Mientras que el ello, el yo y el superyó resultaban fácilmente reconocidos como "estructuras", huellas mnémicas, autorrepresentaciones, representaciones de objeto e, incluso, ciertos escenarios relacionales fijos también podían subsumirse bajo este concepto. El "punto de vista adaptativo" indicaba que toda experiencia psicológica es de alguna utilidad para el tema y está cumpliendo algún propósito beneficioso. El esquema de Rapaport fue ampliamente aceptado y se refleja en los glosarios de psicoanálisis (por ejemplo, Akhtar, 2009a; Moore y Fine, 1990). Quienes se sentían incómodos con los rigores de la metapsicología encontraron consuelo en el recordatorio de Waelder (1962) de que existía la observación psicoanalítica en muchos niveles de abstracción, con material clínico que representaba en un extremo de este espectro y la deconstrucción metapsicológica en el otro. Los dos apenas se contradecían entre sí.

Como columna vertebral heurística del psicoanálisis, la metapsicología seguía atrayendo un flujo constante de publicaciones más de diez décadas después de que Freud la introdujera (la web PEP revela que de 163 artículos con la palabra "metapsicología" en su título, 132 aparecieron entre 1942 y 1999, y treinta y uno desde el año 2000). Esto, por supuesto, no elimina las duras críticas que ha recibido la metapsicología por parte de algunos (Grunbaum, 1998; G. Klein, 1976; Rodrigué, 1969; Schafer, 1976) ni la defensa igualmente ardiente de la misma por parte de otros (Lothane, 2001; Modell, 1981). Los críticos la consideran como un vestigio histórico, una pseudoexplicación distante de la experiencia, una recosificación y concreción insostenible de las operaciones mentales y una distracción innecesaria de la inmersión clínica. También consideran que la metapsicología freudiana es biológica indebidamente y menos humana que las perspectivas psicoanalíticas basadas en la narrativa y orientadas hermenéuticamente. A los partidarios, les parece que son unos fundamentos de anclaje teórico y de enriquecimiento conceptual que le permiten a la psicología psicoanalítica seguir siendo (y llegar a ser) una empresa ubicua y científica. Modell (1981) recuerda a la profesión que la metapsicología cumple tres funciones importantes,

> en primer lugar, una selección de los fenómenos psicológicos podría denominarse universal en el sentido de que son característicos de la especie humana; en segundo lugar, un conjunto de supuestos en los que puede fundarse y hacerse explícito un sistema psicológico; y, en tercer lugar, la metapsicología funciona como un dispositivo de modelado, una entidad imaginaria y un pensamiento experimental. (p. 400)

Llega a la conclusión de que la "metapsicología necesita modificarse, pero no abandonarse" (p. 400).

En su cuidadosa evaluación de las dos caras de este debate acerca de la metapsicología, Frank (1995) llegó a la siguiente sabia conclusión:

> El hecho de que la metapsicología de Freud continúe en su forma actual no supone ningún argumento; o bien seguirá cambiando en respuesta a la evolución de la ciencia, o se quedará en el camino a favor de una organización epistemológica más adecuada. Pero cualquier esfuerzo de investigación y tratamiento como ocurre, por ejemplo, con el psicoanálisis, inevitablemente debe dar lugar a una teorización sobre la base de ciertos supuestos. Uno sólo se engaña a sí mismo si requiere que las proposiciones implicadas sean independientes del supuesto metateórico. (pp. 519–520)

En este contexto, es interesante tener en cuenta que, mientras que algunos teóricos contemporáneos, por ejemplo, el moderno Kohut (1977, 1982), abandonaron la metapsicología por completo, otros (por ejemplo, Kernberg, 1975, 1976, 1992, 1995) y Green (1982, 1993, 2001) han vinculado con coherencia sus observaciones fenomenológicas a una base metapsicológica más profunda.

Proposición 7: Lo inconsciente puede aportar soluciones a los problemas intelectuales.

En la sección inicial de "Lo inconsciente", Freud (1915e) incluía muchas observaciones que podían justificar el concepto de lo inconsciente. Entre ellas estaban los actos fallidos, los sueños, los síntomas desconcertantes de la psicopatología y "las ideas que se nos meten en la cabeza y que no sabemos de dónde ni a qué *conclusiones intelectuales* llegaron sin saber nosotros cómo" (pp. 166–167, la cursiva es nuestra). Por lo tanto, Freud estableció las bases para el descubrimiento de una "función de resolución de problemas" de lo inconsciente. Numerosas explicaciones registradas de una comprensión repentina de la solución de un enigma intelectual surgen en apoyo a la propuesta implícita de Freud. Van desde el prototípico grito "¡Eureka!" de Arquímedes (alrededor de 210 a. C.) al descubrir la relación que existe entre el volumen y la densidad hasta el momento de felicidad de Sir Alec Jeffrey cuando, en 1984, descubrió el alcance de la huella de ADN para la identificación de individuos con fines forenses. Los libros de Koestler (1964) y Rugg (1963) describen detalladamente el momento impredecible que se produce cuando un individuo creativo se ha alejado del problema en cuestión y está en un estado psíquico que difícilmente puede llamarse de alerta total.

Lo que también se dio a conocer fue el hecho de que muchas personas creativas estaban intuitivamente familiarizadas con este tipo de funcionamiento de lo inconsciente y lo utilizaban como base, de manera bastante fiel. Una descripción especialmente hermosa de dicha creatividad inconsciente viene de la novela *Amsterdam* de Ian McEwan (2005), que describe la lucha de un músico de gran talento para encontrar la coda adecuada para una sinfonía en la que está trabajando.

> No tenía un bosquejo preliminar de una idea, ni una pizca, ni siquiera una corazonada, y él no lo iba a encontrar sentándose al piano ni frunciendo mucho el ceño. Sólo podía venir en su momento. Sabía por experiencia que lo mejor que podía hacer era relajarse, dar un paso atrás, mientras permanecía alerta y receptivo. Tendría que ir a dar un largo paseo por el campo, o incluso tendrían que ser varias largas caminatas. Necesitaba montañas, grandes cielos. El Distrito de los Lagos, tal vez. Las mejores ideas le llegaban por sorpresa al cabo de veinte millas cuando su mente estaba en otros lugares. (p. 24)

Los psicoanalistas que surgieron después de Freud observaron la idea de la resolución de problemas inconscientes con ambivalencia. La preocupación por la fantasía patógena y los impulsos reprimidos les distraía de ver lo inconsciente de manera positiva. Ni una sola publicación con las palabras "resolución de problemas inconscientes" en su título apareció cien años después (aproximadamente) de la propuesta inicial de Freud. No obstante, el concepto seguía resurgiendo de una forma u otra en nuestra literatura. Alexander (1947) mencionó "los sueños del tipo de resolución de problemas" y Rangell (1971) hablaba de "la toma de decisiones inconsciente". Evocando el término de Piaget (1970), "inconsciente cognitivo", Rangell afirmó lo siguiente:

> Así como la elaboración secundaria funciona sobre un sueño latente en un producto manifiesto integrado (Freud, 1900), lo mismo le ocurre al pensamiento de carácter elaborado y preciso con el equivalente de la toma de decisiones del proceso secundario cuando un resultado final tiene lugar completamente en niveles inconscientes. En efecto, la resolución de problemas de carácter altamente sofisticado, en un nivel inconsciente o preconsciente (Kris, 1952), se sabe que tendrá lugar en los actos de descubrimiento y creatividad, en los que los sueños o estados de ensueño inciden sobre la conciencia. (pp. 438–439)

Unos años más tarde, Weiss y Sampson (1986) declararon que "el plan inconsciente" del paciente en la búsqueda de tratamiento era hacer que la terapeuta refutase sus creencias patógenas. Weiss (1988) más tarde propuso una "hipótesis de control inconsciente", que afirmaba que

> el paciente puede utilizar inconscientemente sus funciones mentales superiores y que ejerce un cierto grado de control sobre su vida mental inconsciente. Utiliza este control para desarrollar metas, para poner a prueba a la terapeuta (y, a la vez, sus propias creencias patógenas), y para regular la salida de los contenidos mentales reprimidos, sacándolos cuando decide inconscientemente que puede experimentarlos con seguridad. (p. 94)

Más recientemente, Casement (1991) ha aclarado el concepto de "esperanza inconsciente", que impulsa la búsqueda de objetos facilitadores de desarrollo y experiencias y subyace la dimensión optimista de la compulsión a la repetición. Finalmente, Heijn (2005) ha demostrado los procesos inconscientes que intervienen en los fenómenos de previsión, planificación y descubrimiento.

Dejadas de lado

Propuesta 8: Los procesos mentales son un reflejo de los cambios enérgicos de la mente.

Esta línea de pensamiento por parte de Freud se ejemplifica con el siguiente pasaje de "Lo inconsciente":

> La contrainvestidura es el único mecanismo de la represión primordial y en el caso de la represión propiamente dicha ("la presión de ir detrás") se suma la retirada de la investidura *Prcc*. Es muy posible que sea precisamente la investidura la que es retirada de la idea que se emplee para la contrainvestidura. (1915e, p. 181)

Con el tiempo, sin embargo, dicha conceptualización "hidráulica" perdió su atractivo. Las expresiones asociadas a la perspectiva económica (por ejemplo, hiperinvestidura, fuerza, cantidad, principio de constancia, impulso del instinto, energía unida y libre, nivel de excitación, presión, presión de ir detrás, descarga, quántum de afecto) comenzaron a aparecer cada vez menos a menudo en el discurso psicoanalítico. El ascenso posfreudiano de las psicologías "alternativas" del psicoanálisis (por ejemplo, la teoría de las relaciones de objeto, la autopsicología, el psicoanálisis interpersonal, las perspectivas relacionales e intersubjetivas), con su énfasis sobre la dinámica del "aquí y ahora" clínico, ha contribuido a la desaparición de la perspectiva económica. El cambio de la teorización psicoanalítica desde un modelo de ciencia empírica a un paradigma hermenéutico también facilitó esta tendencia.

No es que los analistas ya no hablen de "sobrerreacción", "demasiadidad" y "déficit", etc., sino que ha disminuido el rigor de teorizar *vis-à-vis* dichos conceptos. La cuadrícula de Bion (1963, 1965) fue quizá la última vela en la oscuridad alrededor de la perspectiva económica de la metapsicología. Aparte de eso, la profesión se ha quedado en silencio sobre este tema. El principio económico de ayer era una cinta métrica de fuerzas y energías; el principio económico de hoy es un barómetro de las capacidades del yo del paciente y de las cargas de contratransferencia del analista. La situación en su totalidad trae a la mente la siguiente ocurrencia irónica de un paciente analítico que había leído muchos de mis escritos: "¡Usted solía ser un erudito y ahora no es más que un intelectual!"

Proposición 9: Los afectos no pueden ser inconscientes.

Freud subrayó el hecho de que sólo se puede hablar de ideas inconscientes y no de emociones inconscientes, ya que estas últimas, por definición, constituyen la experiencia sentida de la descarga pulsional. Dijo que "si bien no se puede encontrar ninguna falta en su uso lingüístico, no hay afectos inconscientes, ya que no hay ideas inconscientes" (1915e, p. 178). Esto se ajustaba bien al modelo topográfico. Sin embargo, con el advenimiento de la teoría estructural (Freud, 1923$^\beta$), el campo quedó confuso. Por ejemplo, si la "angustia de la señal" (Freud, 1926d) era inconsciente, ¿cómo sabía uno que era ansiedad? ¿Qué pasa con la culpa inconsciente? ¿Cómo deben etiquetarse la tristeza y/o el miedo paranoico que se ocultan detrás de la "defensa maníaca" (Klein, 1935)? Los intentos de responder a tales preguntas dieron como resultado una situación polémica. Algunos teóricos (por ejemplo, Blau, 1955; Fenichel, 1945; Moore y Fine, 1968) se pusieron del lado de la afirmación anterior de Freud de que no había una cosa tal como el afecto inconsciente. Otros (Eissler, 1953; Joffe y Sandler, 1968; Pulver, 1971) adoptaron la postura opuesta. Este debate perdió su impulso con el tiempo, sobre todo porque la teoría de los afectos en sí se sometió a revisión, siendo los afectos primitivos considerados como vías primarias de comunicación para la relación entre el yo y sus objetos (Krause y Merten, 1999; Mahler, Pine y Bergman, 1975; Spitz, 1965; Stern, 1985) y se vieron incluso como los bloques de construcción de las pulsiones propiamente dichas (Kernberg, 1975). El recordatorio de Rangell (1995) de que el propio Freud no era "coherente" (p. 382) con respecto a los afectos —afirmando en una parte (Freud, 1915e) que no pueden ser inconscientes y exactamente lo contrario en otra parte (Freud, 1937d)— también dio lugar a una disminución del interés en tal dicotomía. Los facultativos continuaron sosteniendo que la resolución interpretativa de las defensas (sin tener en cuenta si se centraban en la represión o en la división) a menudo da como resultado que el paciente experimente afectos que no siente por otro lado. Se detuvieron al preocuparse sobre si estos afectos existían como tales en lo inconsciente, o si la disponibilidad de nuevas ideas, recuerdos e impulsos dio lugar a que fueran sentidos por primera vez. Lo que han sugerido algunos investigadores (Talvitie y Ihanus, 2002, 2003) de que esto último es cierto en relación con todo "contenido" inconsciente ha disminuido aún más la preocupación por la existencia de los afectos inconscientes. Una preocupación metapsicológica se transforma así en clínica.

Proposición 10: Las funciones mentales heredadas forman la piedra angular de lo Icc.

Esta propuesta ha sido relegada a los rincones remotos de la teorización psicoanalítica. Freud (1915e) había declarado que "si las funciones mentales heredadas existen en los seres humanos —algo análogo al instinto de los animales —éstas constituyen el núcleo de lo *Icc.*" (p. 195). La trayectoria lamarquiana fallida de Freud y la antipatía sentimental de los psicoanalistas hacia Jung (cuyo concepto de 1916 del "inconsciente colectivo" se acercaba sospechosamente a la noción de "funciones mentales heredadas") provocó la falta de atención a este ámbito. Freud (1916–1917) afirmó que "las fantasías primitivas" iban "llenando simplemente las lagunas de la verdad individual con la verdad prehistórica" (p. 371) y Laplanche y Pontalis (1973) reiteraron que "existen estructuras en la dimensión de la fantasía (*la fantasmatique*) que son irreductibles a las contingencias de la experiencia vivida de la persona" (p. 333). Sin embargo, en la práctica, sólo los kleinianos continuaron asumiendo un conocimiento intrínseco de las diferencias de género y las relaciones sexuales de los progenitores. La idea de la herencia psíquica podría haberse reencarnado como "transmisión transgeneracional" del trauma (ampliamente aclarada en los estudios sobre el Holocausto) y los "traumas escogidos" (Volkan, 1987) de grandes grupos, pero estos últimos no llegan a estar realmente en el espíritu de las "funciones mentales heredadas" de Freud (1915*e*, p. 195), que se referían al sustrato instintivo de la mente.

Pasadas por alto

Proposición 11: Los sistemas Cc. e Icc. pueden intercambiar su contenido y sus características.

Freud afirmó que "tenemos que estar preparados para encontrar posibles estados patológicos en los que se alteren los dos sistemas [*Cc.* e *Icc.*], o incluso se intercambian, tanto en su contenido como en sus características" (1915*e*, p. 189). Para estar seguros, la inundación de la concienciación de la conciencia, en los estados psicóticos, con fantasías primitivas y lenguaje concretado (véase, en especial, Arieti, 1974) da fe de la veracidad de la sugerencia de Freud de que el sistema *Cc.* puede adquirir las características del sistema *Icc.*, pero ¿qué pasa con el flujo de tráfico en la dirección contraria? Esto sigue en gran parte sin tener una explicación. Dicho de otro modo, ¿cuáles podrían ser las circunstancias cuando el sistema *Icc.* adquiere las características del sistema *Cc.*? ¿La propuesta de Arlow (1969) de una "fantasía inconsciente" muy organizada y conductualmente relevante podría ilustrar dicha transposición? ¿Y el intercambio de características entre los dos sistemas tiene que ser patológico? ¿Qué pasa con el nacimiento de la metáfora y con la escritura de poesía? ¿No vemos aquí las características de funcionamiento del sistema *Icc.* hábilmente mezcladas con las del sistema *Cc.*? Por el contrario, en la solución de un problema inconsciente (véase más arriba), ¿podemos negar que el sistema *Icc.* esté trabajando de una manera lógica similar a la del sistema *Icc.*? Aquí surgen también otras preguntas. Por ejemplo, ¿el intercambio de las características formales entre el sistema *Cc.* y el *Icc.* siempre ocurre involuntariamente? O bien, ¿puede uno provocar activamente un intercambio de este tipo? Y, cuando se produce el intercambio de características, ¿ocurre en su totalidad o puede ser parcial? Si es así, ¿qué es lo que determina la elección de las operaciones formales que son recolocadas? Es indiscutible que es necesario pensar más sobre esto.

Proposición 12: Con ciertas circunstancias psíquicas, es posible el funcionamiento perfecto.

Hay otro pasaje interesante en "Lo inconsciente" al que, según creo, no se le ha dedicado mucha atención. Antes de entrar en sus diversas y profundas implicaciones, permítanme que cite este pasaje en su totalidad.

> Puede producirse una cooperación entre una moción preconsciente y una inconsciente, incluso aunque esta última esté intensamente reprimida, si se da una situación en la que la moción inconsciente puede actuar en el mismo sentido que una de las tendencias dominantes. La represión se elimina en este caso y la actividad reprimida se admite como refuerzo de la que se encuentra en la intención del yo. Lo inconsciente se vuelve acorde con el yo en relación con esta conjunción única, sin que se produzca ningún cambio en esta represión que no sea éste. En esta cooperación, la influencia de lo *Icc.* resulta inconfundible y las tendencias reforzadas se revelan a sí mismas como algo que se comporta, sin embargo, de manera muy distinta a lo normal. Hacen que sea posible un funcionamiento específicamente perfecto y evidencian una resistencia frente a la oposición... (Freud, 1915e, pp. 194–195)

Lo que Freud propone aquí es que, cuando los objetivos conscientes coinciden con los objetivos inconscientes, la represión se levanta y los impulsos de estas dos fuentes se combinan y ganan fuerza. Hasta este momento, existe poca novedad de pensamiento. Sin embargo, tres de los calificadores ofrecidos por Freud aportan a este paso su singularidad: (i) las tendencias reforzadas son "diferentes de lo normal", (ii) hacen que el "funcionamiento especialmente perfecto" sea posible, y (iii) manifiestan "resistencia frente a la oposición". Los dos primeros se pueden condensar el uno en el otro; dicho de otro modo, estas tendencias reforzadas son diferentes de lo normal, porque hacen que el funcionamiento especialmente perfecto sea posible. ¿Pero no es increíble presenciar a Freud mencionando la posibilidad del "funcionamiento perfecto" después de haber declarado que lo mejor que se puede esperar en la vida es una transformación de "la miseria histérica en la infelicidad común" (1895a, p. 305)? Una solución intermedia por caridad consiste en sugerir que pueden existir momentos de "funcionamiento perfecto" en la configuración general de la "infelicidad común", algo así como los días de buen tiempo en una estación que ha sido muy dura. Pero, ¿qué es este "funcionamiento perfecto" en primer lugar? ¿Podría ser similar al "verdadero yo" de Winnicott (1960), cuya esencia se encuentra en la confluencia psicosomática y sin fisuras y en el "seguir siendo" imperturbable? ¿La afirmación de Freud se aproxima aquí al aforismo budista de "un pensamiento-una acción"?

El hecho de añadir la "resistencia frente a la oposición" (ofrecida por dicho "funcionamiento especialmente perfecto") inaugura el tema de la valentía que hasta hace poco no se había abordado adecuadamente en la literatura psicoanalítica. E incluso aquellos autores que han escrito sobre la valentía (Coles, 1965; Glover, 1941; Kohut, 1985; Levine, 2006; O'Neil, 2009) no vinculan sus postulados con esta declaración concreta de Freud. Tímidamente, admito que yo también lo he pasado por alto en mi reciente ensayo sobre los fenómenos de la valentía, la contrafobia y la cobardía (Akhtar, 2013). Dicho esto, afirmo que en las dos partes de la afirmación de Freud ("funcionamiento especialmente perfecto" y "resistencia frente a la oposición") aún queda mucho más por descubrir.

Observaciones finales

En esta carrera sin descanso a través de las páginas del artículo de Freud de 1915e, "Lo inconsciente", he tratado de demostrar que algunos de sus contenidos han sido canonizados, otros embellecidos o dejados de lado, y que otros es únicamente ahora cuando están siendo verdaderamente apreciados. Mi cobertura ha tenido un gran alcance y, sin embargo, no es exhaustiva. No he abordado las nociones de Freud (1915e) de (i) "primera y segunda censuras" (pp. 190–195), (ii) "lenguaje de órgano" (pp. 197–201) y (iii) "paralelismo psico-físico" (pp. 206–208). Estos temas se han desarrollado, respectivamente, en un notable ensayo de Sandler y Sandler (1983), en los estudios franceses contemporáneos de psicosomática (por ejemplo, Aisenstein, 1993, 2008, 2010a; Marty, 1980; Marty, De M'Uzan y David, 1963; McDougall, 1974), y en la subespecialidad emergente de neuropsicoanálisis (por ejemplo, Bernstein, 2011; Schore, 2002; Solms, 2003; Solms y Turnbull, 2000). No he abordado estos temas debido a la falta de un conocimiento más profundo de la literatura relacionada con ellos.

El libro que tiene en sus manos no sólo llena esta laguna, va mucho más allá, incluso de lo que yo he sido capaz de dilucidar. En el libro se incluyen sofisticados ensayos sobre los correlatos biológicos y neuro-fisiológicos del sistema *Icc.* de Freud (Brakel, Solms) y en el bajo vientre dinámico de los trastornos psicosomáticos (Aisenstein). También contiene párrafos evocadores y significativos sobre metapsicología, ontogénesis y técnica clínica (Wegner, Wright), el hinduismo y lo inconsciente freudiano (Vallabhaneni), las semillas de los paradigmas analíticos más recientes en este artículo concreto de Freud (Reith), y las influencias inconscientes sobre la autopercepción, sobre todo cuando el ser se rompe en fragmentos disociados (Brenner). El último capítulo del libro es un artículo encantador e ingenioso sobre la resolución de problemas inconscientes (Bolognini). Un epílogo reflexivo realizado por mi coeditora y buena amiga, Mary Kay O'Neil, nos vuelve a colocar de nuevo en Freud, mientras miramos de reojo los acontecimientos contemporáneos y las posibilidades futuras. Elocuente y sobria, ella teje el contenido de esta obra en un rico tapiz de pensamiento y praxis psicoanalítica. Decir cualquier cosa más acerca de nuestro libro nos haría correr el riesgo de incurrir en la falta de modestia, a pesar de que lo que se dijera bien podría ser cierto.

PARTE I

"LO INCONSCIENTE"
(1915*e*)
SIGMUND FREUD

NOTA DEL EDITOR

Das unbewusste

(a) Ediciones en alemán:

1915 Int, Z. Psychoanal., 3 (4), 189–203 y (5), 257–269.
1918 S.K.S.N., 4, 294–338. (1922, 2.ª ed.)
1924 G.S., 5, 480–519.
1924 Technik und Metapsychol., 202–241.
1931 Theoretische Schriften, 98–140.
1946 G.W., 10, 264–303.

(b) Traducción en castellano:

XXXXXXXXXXXXXX
La traducción actual, aunque está basada en la de XXXX, se ha modificado en gran medida.

Parece que se tardó menos de tres semanas en escribir este artículo (desde el 4 al 23 de abril de 1915). Fue publicado en el *Internationale Zeitschrift* ese mismo año en dos entregas, la primera con las secciones

I–IV, y la segunda con las secciones V–VII. En las ediciones anteriores a 1924, el artículo no estaba dividido en secciones, sino que lo que ahora son encabezamientos estaban impresos como encabezamientos laterales en el margen. La única excepción a ello es que las palabras "El punto de vista topográfico", que ahora forman parte del encabezamiento de la sección II, estaban originalmente al margen, al principio del segundo párrafo de la sección, que empieza con las palabras "Si pasamos a realizar ..." (p. 172). También se hicieron unos cuantos cambios menores en el texto en la edición de 1924.

Si la serie de "Escritos sobre metapsicología" puede ser considerada quizá como la más importante de todos los escritos teóricos de Freud, no hay duda de que este ensayo sobre "El inconsciente" es la culminación de dicha serie.

El concepto de que existen procesos mentales inconscientes es, desde luego, fundamental en la teoría psicoanalítica. Freud nunca se cansó de insistir en los argumentos en su apoyo y de combatir las objeciones al mismo. De hecho, el último resto no acabado de su escrito teórico, el fragmento escrito por él en 1938, al que dio el título de "Algunas lecciones elementales de psicoanálisis" (1940b) supone una nueva reivindicación de dicho concepto.

Sin embargo, hay que dejar claro que el interés de Freud en este supuesto nunca fue filosófico —aunque, sin duda, había problemas filosóficos a la vuelta de la esquina—. Su interés era *práctico*. Le parecía que, sin hacer ese supuesto, él no era capaz de explicar, o incluso de describir, una gran variedad de los fenómenos con que se topaba. Al hacerlo, por otro lado, encontró abierta la puerta a una región enormemente fértil de nuevos conocimientos.

En los días más próximos a su publicación y en su entorno más cercano no puede haber habido ninguna resistencia a la idea. Sus maestros inmediatos —Meynert, por ejemplo—[1] en la medida en que ellos estaban interesados en la psicología, estaban gobernados principalmente por las visiones de J. F. Herbart (1776–1841), y parece que un libro de texto que contiene los principios herbartianos era el que se usaba en la educación secundaria en los tiempos de Freud (Jones, 1953, 409s). Un reconocimiento de la existencia de los procesos mentales inconscientes desempeñaba un papel fundamental en el sistema de Herbart. Sin embargo, en lugar de ello, Freud no adoptó de inmediato la hipótesis en las primeras etapas de sus investigaciones psicopatológicas. Es cierto que, desde el principio, parece que sintió la fuerza del argumento en el que se hace hincapié en las páginas iniciales del presente artículo —el argumento de que restringir los acontecimientos mentales a aquellos que son conscientes y entremezclarlos con acontecimientos puramente físicos, neurales "interrumpe las continuidades psíquicas" e introduce huecos ininteligibles en la cadena de fenómenos observados—. Pero había dos maneras en las que se podría superar esta dificultad. Podríamos ignorar los acontecimientos físicos y adoptar la hipótesis de que los huecos se rellenan con acontecimientos mentales; pero, por otro lado, podríamos ignorar los acontecimientos mentales conscientes y construir una cadena puramente física, sin frenos, que abarcara todos los hechos de la observación. Para Freud, cuya carrera científica más temprana estuvo completamente relacionada con la psicología, esta segunda posibilidad suponía una atracción irresistible en primera instancia. La atracción se vio sin duda fortalecida por las visiones de Hughlings-Jackson, ante cuyo trabajo mostró su admiración en su monográfico sobre la afasia (1891b), del cual más adelante encontraremos un pasaje relevante en el Apéndice B (p. 206). El método neurológico de describir los fenómenos psicopatológicos era acorde con el que Freud empezó adoptando, y todos sus escritos del período Breuer estaban supuestamente basados en ese método. Se quedó intelectualmente fascinado por la posibilidad de construir una "psicología" a partir de unos ingredientes puramente neurológicos, y dedicó muchos de los meses del año 1895 a lograr este fin. Por eso, el 27 de abril de ese mismo año (Freud, 1950a, Carta 23), le escribía a Fliess: "Estoy tan metido en la 'Psicología para neurólogos' que me consume bastante, hasta el punto de que termino con exceso de trabajo. Nunca he estado tan intensamente preocupado por nada. ¿Y se sacará algo de esto? Confío en que sí, pero el camino es duro y lento". Algo *salió* de ello muchos meses después —el torso que conocemos como el "Proyecto de una psicología científica", que fue despachado a Fliess en septiembre y octubre de 1895—. Esta asombrosa producción pretende describir y explicar la gama completa del comportamiento humano, normal y patológico, mediante una manipulación complicada de dos entidades materiales —la neurona y la "cantidad en un estado de fluidez", una energía física y química no especificada—. La necesidad de postular cualquier proceso mental inconsciente conseguía evitarse de este modo: la cadena de acontecimientos físicos estaba sin romper y completa.

No cabía duda de los muchos motivos por los que el "Proyecto" nunca se acabó y por qué la línea completa de pensamiento que subyacía bajo ella se abandonó antes de que pasara mucho tiempo. Pero el motivo principal era que Freud, como neurólogo, estaba siendo tomado y desplazado por Freud, como psicólogo: cada vez resultaba más evidente que incluso la laboriosa maquinaria de los sistemas neurónicos era demasiado complicada y dura de tratar con las sutilezas que estaba sacando a la luz el "análisis psicológico" y que únicamente podría explicarse con el lenguaje de los procesos mentales. De hecho, lo que se estaba produciendo muy gradualmente era un desplazamiento del interés de Freud. Ya en el momento de la publicación de *La Afasia*, su tratamiento del caso de Frau Emmy von N. quedó retrasada dos o tres años, y la historia clínica de ella se escribió más de un año antes del "Proyecto". Es una nota al pie de este caso clínico (Ed. estándar 2, 76) donde se encuentra publicado por primera vez el término "lo inconciente"; y aunque la teoría *ostensible* que subyace a su parte de *Estudios sobre la histeria* (1895d) podría ser neurológica, la psicología, y con ella la necesidad de los procesos mentales inconscientes, estaba aumentando cautelosamente. De hecho, la base completa de la teoría de la represión de la histeria, y el método catártico de tratamiento, pedía a gritos una explicación psicológica, y fue únicamente mediante los esfuerzos más retorcidos como lograron explicarlo neurológicamente en la parte II del "Proyecto".[2] Algunos años después, en *La interpretación de los sueños* (1900a), se había producido una extraña transformación: no sólo había desaparecido por completo la explicación neurológica de la psicología, sino que una gran parte de lo que Freud había escrito en el "Proyecto" en lo relativo al sistema nervioso, se volvía ahora válido y mucho más inteligible cuando se traducía en términos mentales. Lo inconsciente quedaba establecido de una vez y para siempre.

Pero, debemos repetir, lo que Freud estableció no era una mera entidad metafísica. Lo que hizo en el capítulo VII de *La interpretación de los sueños* fue, por así decirlo, vestir la entidad metafísica de una persona de carne y hueso. Por primera vez mostraba cómo era lo inconsciente, cómo funcionaba, cómo se diferenciaba de otras partes de la mente, y cuáles eran sus principales relaciones recíprocas con ellas. Era a estos descubrimientos a los que él volvía, ampliándolos y profundizando en ellos, en el artículo que exponemos a continuación.

Sin embargo, en una etapa anterior, se había hecho evidente que el término "inconsciente" era ambiguo. Tres años antes, en el artículo que escribiera en inglés para la Sociedad de Investigaciones Psíquicas

(1912g) y que ha sido, durante muchos años, un preliminar al presente artículo, había investigado cuidadosamente estas ambigüedades y había establecido la diferencia entre los usos "descriptivos", "dinámicos" y "sistemáticos" de la palabra. Repite las distinciones en la sección II de este artículo (p. 172 ss.), aunque de una forma ligeramente distinta; y volvió a ellos de nuevo en su Capítulo I de *El yo y el ello* (1923b) e, incluso de forma más extensa, en la Lección XXXI de las *Nuevas lecciones introductorias* (1933a). La forma desordenada en la que el contraste entre "consciente" e "inconsciente" se ajusta a las diferencias entre los distintos sistemas de la mente ya está indicada claramente más abajo (p. 192); pero la posición completa fue puesta en perspectiva únicamente cuando en *El yo y el ello* Freud introdujo una nueva imagen estructural de la mente. Sin embargo, en lugar de la operación no satisfactoria del criterio "consciente o inconsciente", Freud siempre insistió (como lo hace en dos lugares aquí, pp. 172 y 192, y de nuevo tanto en *El yo y el ello* como en *Nuevas lecciones introductorias*) en que ese criterio "es, en el último recurso, una luz de faro en la oscuridad de la psicología de la profundidad".[3]

LO INCONSCIENTE

El psicoanálisis nos ha enseñado que la esencia del proceso de la represión no consiste en cancelar, ni en aniquilar una idea representante de la pulsión, sino en impedir que ésta se haga consciente. Cuando esto ocurre, decimos que se encuentra en el estado de lo «inconsciente»[4] y podemos aportar buenas pruebas de que aun así es capaz de exteriorizar efectos, incluidos los que finalmente alcanzan la conciencia. Todo lo reprimido tiene que permanecer inconsciente, pero queremos dejar sentado desde el principio que lo reprimido no abarca todo lo inconsciente. Lo inconciente abarca el radio más vasto; lo reprimido es una parte de lo inconsciente.

¿De qué modo podemos llegar a conocer lo inconsciente? Desde luego, lo conocemos sólo como consciente, después de que haya experimentado una trasposición o traducción a lo consciente. El trabajo psicoanalítico nos brinda todos los días la experiencia de que esa traducción es posible y para ello se requiere que el analizado venza ciertas resistencias, las mismas que en su momento convirtieron dicho material en algo reprimido por rechazo de lo consciente.

I. JUSTIFICACIÓN DEL CONCEPTO DE
LO INCONSCIENTE

Desde muchos ángulos se nos impugna el derecho a suponer la existencia de algo mental inconsciente y a trabajar con ese supuesto en la labor científica. Por el contrario, podemos aducir que el supuesto de lo inconsciente es *necesario* y *legítimo*, y que poseemos numerosas pruebas de su existencia.

Es *necesario*, porque los datos de la conciencia cuentan con un elevado número de lagunas; tanto en personas sanas, como en enfermos, aparecen a menudo actos psíquicos cuya explicación presupone otros actos de los que, sin embargo, la conciencia no es testigo. Tales actos no son sólo los actos fallidos y los sueños de las personas sanas, ni tampoco todo lo que llamamos síntomas psíquicos y fenómenos obsesivos en los enfermos; por nuestra experiencia cotidiana más personal estamos familiarizados con ideas cuyo origen desconocemos y con conclusiones intelectuales de las que se nos oculta su proceso. Todos estos actos concientes quedan inconexos e incomprensibles si nos empeñamos en sostener que todo cuanto sucede en nosotros en materia de actos mentales tiene que experimentarse necesariamente a través de la conciencia, y en cambio aquellos se insertan dentro de una conexión discernible si interpolamos los actos inconscientes inferidos. Ahora bien, una ganancia de sentido y de coherencia es un motivo que nos autoriza plenamente a ir más allá de la experiencia inmediata. Y si después se demuestra que sobre el supuesto de lo inconsciente podemos construir un procedimiento que nos permite influir con éxito sobre el curso de los procesos conscientes, ese éxito nos facilitará una prueba incontrastable de la existencia de lo que hemos supuesto. Es preciso, entonces, adoptar el punto de vista que exige que todo cuanto sucede en el interior de la mente tenga que hacerse notorio también para la conciencia.

Podemos avanzar un poco más y sostener, en apoyo de la existencia de un estado psíquico inconsciente, que, en cualquier momento dado, la conciencia abarca sólo un contenido mínimo y, por tanto, la mayor parte de lo que llamamos conocimiento consciente tiene que encontrarse en cada caso, y por períodos muy prolongados de tiempo, en un estado de latencia; es decir: en un estado de estar psíquicamente inconsciente. Si tenemos en cuenta todos nuestros recuerdos latentes, sería inconcebible que se pusiese en entredicho lo inconsciente. Pero ahora nos encontramos con la objeción de que estos recuerdos latentes ya no deben describirse más como psíquicos, sino que se corresponden con los restos de procesos somáticos de los cuales lo psíquico puede surgir de nuevo. La respuesta más fácil a esto es que, al contrario, el recuerdo latente es indudablemente el saldo de un estado *psíquico*. Pero más importante es dejar claro que esa objeción se basa en la ecuación no explícita, pero sí adoptada como axioma, entre lo consciente y lo mental. Tal ecuación es, o bien una *petitio principii* que no deja lugar a inquirir si es verdad que todo lo psíquico tiene que ser necesariamente consciente, o bien un asunto de convención, de nomenclatura. En este último caso, como convención, es desde luego irrefutable. Sólo queda preguntarse si dicha convención es hasta tal punto adecuada que nos veríamos obligados a adoptarla. Ante esto podríamos responder que la ecuación convencional de lo psíquico con lo consciente resulta totalmente inoportuna. Desgarra las continuidades psíquicas, nos precipita en las insolubles dificultades del paralelismo psicofísico,[5] está expuesta al reproche de que sobrestima sin ningún motivo visible el papel jugado por la conciencia y nos fuerza a abandonar antes de tiempo el campo de las investigaciones psicológicas, sin ofrecernos ninguna recompensa en otros ámbitos.

De cualquier modo, resulta claro que esa cuestión, a saber, si han de concebirse como estados mentales inconscientes o como físicos esos estados de la vida mental de innegable carácter latente, amenaza con resolverse mediante un enfrentamiento verbal. Por eso resulta razonable centrarnos en lo que sabemos con seguridad acerca de la naturaleza de estos estados discutibles. Ahora bien, en sus caracteres físicos nos resultan por completo inasequibles; ninguna idea fisiológica, ningún proceso químico nos puede dar una idea de su naturaleza. Por otro lado, tenemos certeza de que mantienen abundantes puntos de contacto con los procesos mentales conscientes; con ayuda de una cierta cantidad de trabajo, pueden trasformarse en ellos y ser sustituidos por ellos; y admiten ser descritos con todas las categorías que aplicamos a los actos mentales conscientes, como ideas, aspiraciones, decisiones, etc. Y aun de muchos de estos estados latentes tenemos que decir que lo único que los distingue de los conscientes es, precisamente, que les falta la conciencia. Por eso no vacilaremos en tratarlos como objetos de las investigaciones psicológicas y en la más íntima conexión con los actos mentales conscientes.

La obstinada negativa a admitir el carácter psíquico de los actos mentales latentes se explica por el hecho de que la mayoría de los fenómenos en cuestión no han pasado a ser objeto de estudio fuera del psicoanálisis. Quienquiera que no conozca los hechos patológicos, juzga los actos fallidos de las personas normales como algo accidental y se conforma con la vieja sabiduría para la cual los sueños, son [*Träume sind Schäume*][6] y únicamente tiene que ignorar algunos problemas más de la psicología de la conciencia para ahorrarse la necesidad de asumir una actividad mental inconsciente. Por lo demás, los experimentos hipnóticos, y especialmente la sugestión poshipnótica, han demostrado de manera palpable, incluso antes de la época del psicoanálisis, la existencia y el modo de acción de lo inconsciente mental.[7]

Ahora bien, el supuesto de lo inconsciente es, además, algo totalmente *legítimo*, puesto que para establecerlo no nos apartamos un solo paso de nuestro modo habitual de pensamiento, que es algo generalmente aceptado. A cada uno de nosotros, la conciencia nos brinda solamente el conocimiento de nuestros propios estados mentales; el hecho de que otras personas posean también conciencia es una inferencia que extraemos por analogía sobre la base de las manifestaciones verbales y las acciones perceptibles de los otros, con el fin de que su comportamiento sea inteligible para nosotros. (No cabe duda de que sería psicológicamente más correcto describirlo de este modo: sin una reflexión especial, atribuimos a todos los demás nuestra misma constitución y, por lo tanto, también nuestra conciencia; y que esta identificación es una condición *sine qua non* de nuestra comprensión). Este razonamiento—o esta identificación— fue extendido en el pasado por el yo a otros hombres, a animales, a plantas, a objetos inanimados y al mundo como un todo, y resultó aplicable siempre que la semejanza con el yo individual era abrumadoramente grande, pero se hacía menos digna de confianza en la medida en que se ampliaba la distancia entre el yo y esos "otros". En la actualidad, nuestro pensamiento crítico ya pone en duda la existencia de la conciencia en los animales, nos negamos a admitirla en las plantas y se relega a la mística el supuesto de su existencia en los objetos inanimados. Pero incluso donde la inclinación originaria a la identificación ha salido adelante a pesar de las críticas, es decir, cuando los "otros" son personas cercanas a nosotros, el supuesto de que exista una conciencia en ellos se basa en un razonamiento y no puede compartir la certeza inmediata que tenemos de nuestra propia conciencia.

Lo único que nos exige el psicoanálisis es que apliquemos este proceso de razonamiento también hacia nosotros mismos, un procedimiento al que, ciertamente, no tenemos ninguna inclinación constitucional.

Si lo hacemos, debemos decir que todos los actos y manifestaciones que yo noto en mí y que no sé cómo enlazar con el resto de mi vida mental tienen que juzgarse como si pertenecieran a otra persona y han de explicarse atribuyendo a esta persona una vida mental. Asimismo, la experiencia muestra también que entendemos muy bien la forma en que interpretamos en otras personas (es decir, cómo hacemos que se ajusten en su propia cadena de acontecimientos mentales) los mismos actos que nos negamos a reconocer como algo mental que está presente en nosotros mismos. Es evidente que algún obstáculo especial desvía aquí nuestras investigaciones de nuestro propio ser y le impide llegar a un verdadero conocimiento del mismo.

Sin embargo, este proceso de inferencia, cuando se aplica a uno mismo a pesar de esa oposición interior, no nos lleva al descubrimiento de un inconsciente, sino, lógicamente, al supuesto de otra segunda conciencia, que en el interior de uno mismo está unida con la que uno ya conoce. Es en este punto en el que se justifican algunas críticas. En primer lugar, una conciencia de la que su propio portador no sabe nada es algo muy diferente de una conciencia que pertenece a otro, y resulta cuestionable si dicha conciencia, que carece de su característica más importante, merezca siquiera que se hable de ella en absoluto. Es poco probable que quienes se han resistido ante el supuesto de algo *psíquico* inconsciente estén dispuestos a intercambiarlo por una *conciencia* inconsciente. En segundo lugar, el análisis demuestra que los diferentes procesos mentales latentes inferidos por nosotros gozan de un alto grado de independencia recíproca, como si no tuvieran ninguna conexión entre sí ni supieran nada el uno del otro. De ser así, tenemos que estar preparados para asumir la existencia en nosotros, no sólo de una segunda conciencia, sino de una tercera, cuarta, o tal vez de un número ilimitado de estados de conciencia, que son todos desconocidos para nosotros y que se desconocen entre sí. En tercer lugar, y éste es el argumento de más peso entre todos, tenemos que tener en cuenta el hecho de que las investigaciones analíticas revelan algunos de estos procesos latentes como algo que posee características y peculiaridades que nos parecen ajenas a nosotros, e incluso increíbles, y que directamente estarían en contra de los atributos de la conciencia con los que estamos familiarizados. Con ello, tenemos motivos para modificar nuestra inferencia sobre nosotros mismos y afirmar que lo que se demuestra no es la existencia en nosotros de una segunda conciencia, sino la existencia de actos psíquicos que carecen de conciencia. También tendremos razón al rechazar el término "subconciencia" por incorrecto y engañoso.[8] Los casos conocidos de *double conscience*[9] (escisión de la conciencia) no prueban nada en contra de nuestro punto de vista. Podríamos describirlos acertadamente como casos de una escisión de las actividades mentales en dos grupos y decir que la propia conciencia se vuelve hacia uno u otro de estos grupos alternativamente.

En el psicoanálisis no nos queda más remedio que declarar que los procesos mentales son, en sí mismos, inconscientes, y comparar la percepción de ellos por medio de la conciencia con la percepción del mundo exterior a través de los órganos sensoriales.[10] Incluso esperamos extraer de esta comparación unos nuevos conocimientos. El supuesto psicoanalítico de la actividad mental inconsciente nos aparece, por un lado, como extensión del animismo primitivo, que nos hacía ver a nuestro alrededor copias de nuestra propia conciencia, y, por otro, como extensión de la corrección que Kant introdujo en nuestra visión de la percepción exterior. Así como Kant nos alertó para que no pasáramos por alto el hecho de que nuestras percepciones estaban condicionadas subjetivamente y no debían ser juzgadas como idénticas a aquello que es percibido a través de lo incognoscible, también el psicoanálisis nos advierte de que no igualemos lo que se percibe a través de la conciencia con los procesos mentales inconscientes, que son el objeto de la conciencia. Igual que lo físico, lo psíquico tampoco es necesariamente aquello que parece ser, en realidad. Sin embargo, nos alegraremos de saber que la corrección de la percepción interior no ofrecerá dificultades tan grandes como la de la percepción exterior —el hecho de que los objetos interiores son menos incognoscibles que el mundo exterior—.

II. LOS DIVERSOS SIGNIFICADOS DE "LO INCONSCIENTE". EL PUNTO DE VISTA TOPOGRÁFICO

Antes de seguir avanzando, queremos establecer el hecho importante, pero también inconveniente, de que la condición de ser inconsciente es sólo un rasgo que se da en lo psíquico y que, en modo alguno, sirve para caracterizarlo de forma completa. Existen actos psíquicos de muy diverso carácter que, sin embargo, coinciden en el hecho de poseer la característica de ser inconscientes. Lo inconsciente comprende, por un lado, actos que son apenas latentes, inconscientes temporalmente, pero que, en lo demás, no se diferencian en nada de los conscientes; y, por otro lado, procesos como los reprimidos, que, si se volvieran conscientes, destacarían con toda certeza y de forma muy llamativa de los otros procesos conscientes. Se pondría fin a todos los malentendidos si, de ahora en adelante, para la descripción de los diversos tipos de actos psíquicos, prescindiéramos por completo del hecho de que sean conscientes o inconscientes y los clasificáramos y los correlacionáramos tan sólo según su relación con las pulsiones y las metas, según su composición y según a qué jerarquía de sistemas psíquicos pertenezcan. Sin embargo, por diversas razones esto es impracticable, por lo que no podemos escapar a la ambigüedad de usar las palabras «consciente» e «inconsciente» o bien en el sentido descriptivo, o bien en el sistemático, en cuyo caso significan inclusión en sistemas determinados y posesión de ciertas características. Podríamos hacer un intento de evitar la confusión designando a los sistemas psíquicos que hemos distinguido mediante nombres escogidos de manera arbitraria y que no hicieran referencia al atributo de ser consciente. Sólo que antes deberíamos especificar cuáles son las bases para la diferenciación entre los sistemas y, al hacerlo, no se podría esquivar el atributo de consciente, ya que ello constituye el punto de partida de todas nuestras investigaciones.[11] Quizá pueda servirnos de ayuda la propuesta de emplear, al menos en la escritura, las abreviaturas *Cc.* para conciencia e *Icc.*, para lo que es inconsciente, siempre que usemos las dos palabras en el sentido sistemático.[12]

Si pasamos a realizar una exposición de los hallazgos positivos del psicoanálisis, podemos afirmar, en términos generales, que un acto psíquico atraviesa por dos fases en lo que se refiere a su estado, entre las cuales se interpone un tipo de prueba examinadora (censura). En la primera fase, el acto psíquico es inconsciente y pertenece al sistema *Icc.*; si, al realizar la prueba, es rechazado por la censura, no se le permite el paso a la segunda fase; entonces se llama «reprimido» y tiene que permanecer inconsciente. Sin embargo, si consigue pasar este examen, entra en la segunda fase y a partir de entonces pertenecerá al segundo sistema, que llamaremos el sistema *Cc.* No obstante, el hecho de pertenecer a este sistema no determina aún inequívocamente su relación con la conciencia. Aún no es consciente, sino *susceptible de volverse consciente* (según la expresión de J. Breuer),[13] es decir, ahora puede volverse objeto de la conciencia sin una resistencia concreta, siempre que se den determinadas condiciones. En atención a esta susceptibilidad de volverse consciente, también al sistema *Cc.* lo llamamos el "preconsciente". Si resulta que una cierta censura también participa a la hora de determinar si el preconsciente se vuelve consciente, deberíamos definir de forma más precisa las diferencias entre los sistemas *Prcc.* y *Cc.* [Compárese la página 191s.] De momento, baste con tener en mente que el sistema *Prcc.* comparte las características del sistema *Cc.*, y que la censura rigurosa ejerce sus funciones en el punto de transición desde lo *Icc.* a lo *Prcc.* (o *Cc.*).

Con la aceptación de estos dos (o tres) sistemas psíquicos, el psicoanálisis se ha distanciado un paso más de la "psicología de la conciencia", meramente descriptiva, y ha dado pie a la aparición de nuevos problemas y a la adquisición de nuevos contenidos. Hasta estos momentos, se ha distinguido de dicha psicología, principalmente, por el hecho de su percepción *dinámica* de los procesos mentales; ahora, además, se suma el hecho de querer tener también en cuenta la *tópica* psíquica e indicar, en relación con un acto psíquico cualquiera, el sistema dentro del cual se realiza o los sistemas entre los que tiene lugar. A causa de este intento, también se le conoce como "psicología de lo profundo".[14] Más adelante veremos que el psicoanálisis todavía puede enriquecerse aún más al tener en cuenta otro punto de vista. [Compárese la página 181.]

Si vamos a tomar en serio la tópica de los actos mentales, tenemos que dirigir nuestro interés a una duda que aparece en este punto. Cuando un acto psíquico (limitémonos aquí a los que tienen carácter de idea)[15] es traspuesto desde el sistema *Icc.* al sistema *Cc.* (o *Prcc.*), ¿debemos suponer que esta trasposición lleva consigo una nueva fijación —por decirlo de otro modo, un segundo registro— de la idea en cuestión, que entonces puede contenerse también en una nueva localidad psíquica a la vez que permanece la trascripción originaria, inconsciente?[16] ¿O más bien debemos creer que la trasposición consiste en un cambio que se produce en el estado de la idea y que utiliza el mismo material y se da en la misma localidad? Esta pregunta puede parecer abstrusa, pero tenemos que planteárnosla si queremos formarnos una concepción más precisa de la tópica psíquica, de la dimensión de lo profundo que hay dentro de la mente. Es difícil porque va más allá de la psicología pura y roza las relaciones del aparato psíquico con la anatomía. Sabemos que dichas relaciones existen, en el sentido más extenso. Las investigaciones científicas han aportado pruebas irrefutables de que la actividad mental se liga con la función del cerebro como no le ocurre con ningún otro órgano. Estamos dando otro paso más, aunque no sabemos si muy largo o no, con el descubrimiento de la importancia desigual de las distintas partes del cerebro y sus relaciones especiales con determinadas partes del cuerpo y con determinadas actividades mentales. Pero han fracasado por completo todos los intentos por llegar desde ahí al descubrimiento de una localización de los procesos mentales, todos los esfuerzos por concebir las ideas como algo que está almacenado en células nerviosas y las excitaciones como algo que viaja por las fibras nerviosas.[17] El mismo destino le esperaría a cualquier teoría que pretendiera reconocer, por así decirlo, la posición anatómica del sistema *Cc.* —es decir, la actividad consciente de la mente— en la corteza cerebral, por ejemplo, y situar los procesos inconscientes en las áreas subcorticales del cerebro.[18] Aquí se nos abre un vacío, que no es posible llenar hoy en día, ni tampoco es una de las tareas de la psicología hacerlo. Nuestra tópica psíquica no tiene nada que ver con la anatomía *por el momento*; no hace referencia a las localizaciones anatómicas, sino a las regiones del aparato mental, dondequiera que estén situadas dentro del cuerpo.

Nuestro trabajo, por tanto, está libre de trabas en este sentido y le está permitido proceder según sus propias necesidades. No obstante, será útil recordarnos que, según este estado de cosas, nuestras hipótesis no piden más que servir de ilustración gráfica. La primera de las dos posibilidades que consideramos, es decir, que la fase *Cc.* de la idea conlleva una trascripción nueva de ella, situada en otro lugar, es sin duda la más rudimentaria, aunque también la más cómoda. La segunda hipótesis, la de un cambio de estado meramente *funcional*, es *a priori* la más probable, pero es menos plástica, más difícil de manipular. Con la primera hipótesis, la tópica, se enlaza una separación tópica entre los sistemas *Icc.* y *Cc.* y también la posibilidad de que una idea pueda darse simultáneamente en dos lugares del aparato mental e, incluso, si no se ve inhibida por la censura, de que se traslade regularmente de un lugar a otro, posiblemente sin perder su primera localización o su primera trascripción.

Puede que esta visión parezca extraña, pero se apoya en observaciones derivadas de la práctica psicoanalítica. Si comunicamos a un paciente una idea que él ha reprimido en algún momento y que hemos logrado descubrir en él, el hecho de decírselo no modifica en nada su estado mental. Sobre todo, no cancela la represión ni deshace sus efectos, como quizá podría esperarse del hecho de que la idea antes inconsciente ahora se vuelva consciente. Al contrario, al principio no se conseguirá más que un nuevo rechazo de la idea reprimida. Pero de hecho el paciente tiene ahora la misma idea en dos formas en lugares diferentes de su aparato mental; en primer lugar, tiene el recuerdo consciente de la huella auditiva de la idea, transmitida de la forma en la que se la hemos comunicado, y en segundo lugar —como sabemos con certeza—, tiene el recuerdo inconsciente de lo que ha experimentado en la forma que había tenido antes.[19] En realidad, la represión no se disipa hasta que la idea consciente, tras vencer las resistencias, entra en conexión con la huella del recuerdo inconsciente. Sólo cuando esta última es hecha consciente se consigue el éxito. Por tanto, para una consideración superficial parecería comprobado que las ideas conscientes e inconscientes son trascripciones diversas, y separadas desde el punto de vista topográfico, de un mismo contenido. Pero una breve reflexión muestra que la identidad entre la información dada al paciente y el recuerdo reprimido que tiene el paciente es únicamente aparente. El haber oído y el haber experimentado algo son, por su naturaleza psicológica, dos cosas bastante diferentes, a pesar de que el contenido de ambos sea el mismo.

Así pues, por el momento no estamos en condiciones de optar por una de las dos posibilidades. Quizá más adelante nos encontremos con factores que puedan inclinar la balanza a favor de una u otra. Quizá nos aguarde el descubrimiento de que nuestra pregunta no contaba con el marco adecuado y que la diferencia que existe entre la idea inconsciente y la consciente tiene que definirse de una manera totalmente distinta.[20]

III. SENTIMIENTOS INCONSCIENTES

Hemos circunscrito el anterior debate a las ideas, pero ahora podemos plantear una nueva cuestión cuya respuesta tendrá que contribuir casi obligatoriamente a la aclaración de nuestras opiniones teóricas. Hemos dicho que existen ideas conscientes e inconscientes, pero ¿existen también mociones pulsionales, sentimientos y sensaciones inconscientes, o en este caso no tiene sentido formar compuestos de este tipo?

Opino, de hecho, que la antítesis entre consciente e inconsciente no es aplicable a las pulsiones. Una pulsión nunca puede pasar a ser objeto de la conciencia; sólo puede serlo la idea que representa a la pulsión. Ahora bien, incluso en el interior de lo inconsciente, una pulsión no puede estar representada si no es mediante una idea. Si la pulsión no se adhiriera a una idea ni se manifestara como un estado afectivo, nada podríamos saber de ella. A pesar de ello, cuando cada vez hablemos de una moción pulsional inconsciente o de una moción pulsional reprimida, es por causa del uso de una expresión no muy concreta. Lo único que podemos es aludir a una moción pulsional cuyo representante ideacional es inconsciente, pues no se tiene en consideración otra.[21]

Creeríamos que la respuesta a la pregunta por las sensaciones, los sentimientos, los afectos inconscientes se darían con igual facilidad. De lo que deberíamos estar prevenidos es de la esencia de un sentimiento, es decir, de que sea conocido por la conciencia. Por ello, la posibilidad de atribuirle la inconciencia quedaría totalmente excluida en lo que respecta a los sentimientos, sensaciones y afectos. Pero en la práctica psicoanalítica estamos acostumbrados a hablar de amor, odio, furia, etc., inconscientes, y aun hallamos inevitable la extraña combinación «conciencia inconsciente de culpa»[22] o una paradójica "angustia inconsciente". ¿Tiene el uso de estos términos mayor significado aquí que en el caso de la "pulsión inconsciente"?

En realidad, los dos casos no se presentan en buena armonía. En primer lugar, puede suceder que una moción de afecto o de sentimiento sea percibida, aunque resulte malinterpretada. Por la represión de su representante genuino se ha visto obligada a enlazarse con otra idea, y entonces la conciencia la tiene como la exteriorización de esta última. Si restauramos la vinculación correcta, llamamos "inconsciente" a la moción afectiva originaria, aunque su afecto nunca fuera inconsciente, ya que lo que había sucedido era que su *idea* había tenido que someterse a la represión. En términos generales, el uso de las expresiones "afecto inconsciente" y "sentimiento inconsciente" hace referencia a los destinos del factor cuantitativo de la moción pulsional, como consecuencia de la represión. Sabemos que son posibles tres de esos destinos:[23] que el afecto permanezca —en todo o en parte— como tal, o que se transforme en un monto de afecto cualitativamente diferente, particularmente en angustia; o que sea suprimido, es decir que se evite por completo su desarrollo. (Estas posibilidades son quizás incluso más fáciles de estudiar en el trabajo del sueño que en las neurosis.)[24] Sabemos también que la supresión del desarrollo del afecto es la meta auténtica de la represión, y que su trabajo queda inconcluso cuando no se alcanza este objetivo. En todos los casos en los que la represión consigue inhibir el desarrollo de los afectos, llamamos "inconscientes" a los afectos que recolocamos cuando enderezamos lo que el trabajo de la represión había hecho. Por tanto, no puede negarse la coherencia del uso de los términos en cuestión. Sin embargo, en comparación con la idea inconsciente existe una diferencia importante, el hecho de que las ideas inconscientes siguen existiendo después de la represión como estructuras reales del sistema *Icc.*, mientras que todo lo que se corresponde en ese sistema con los afectos inconscientes es un inicio potencial al que se le impide desarrollarse. En sentido estricto, pues, y aunque no se pueda encontrar ninguna falta en el uso lingüístico, no existen afectos inconscientes en la medida en la que hay ideas inconscientes. Sin embargo, dentro del sistema *Icc.* puede haber perfectamente estructuras afectivas que, al igual que otras, se vuelvan conscientes. Toda la diferencia estriba en el hecho de que las representaciones son investiduras —en el fondo, de huellas mnémicas—, mientras que los afectos y sentimientos se corresponden con procesos de descarga cuyas manifestaciones últimas se perciben como sensaciones. En el estado actual de nuestro conocimiento de los afectos y sentimientos no podemos expresar con mayor claridad esta diferencia.[25]

Tiene especial interés para nosotros el haber establecido el hecho de que la represión puede llegar a inhibir la trasposición de la moción pulsional en una manifestación de afecto. Esto nos demuestra que el sistema *Cc.* normalmente gobierna la afectividad así como el acceso a la motilidad, y realza la importancia de la represión, ya que demuestra que la represión no sólo da como resultado el evitar que las cosas lleguen a la conciencia, sino también que el afecto y la puesta en marcha de la actividad muscular se desarrollen. Con una formulación invertida podríamos decir: mientras el sistema *Cc.* gobierna la afectividad y la motilidad, el estado mental del individuo se conoce como normal. Sin embargo, hay una innegable diferencia en la relación del sistema dominante con las dos acciones de descarga contiguas.[26] Mientras que el control de lo *Cc.*, sobre la motilidad voluntaria está firmemente arraigado y, por regla general, resiste el asalto de la neurosis, y sólo se derrumba en la psicosis, su control del desarrollo de los afectos es menos sólido. Incluso dentro de los límites de la vida normal puede distinguirse un enfrentamiento permanente de los dos sistemas, *Cc.* e *Icc.*; determinados ámbitos de influencia quedan fuera el uno del otro y se dan contaminaciones entre las fuerzas operativas.

La importancia del sistema *Cc.* (*Prcc.*)[27] en cuanto al acceso al desprendimiento de afecto y a la acción nos permite también comprender el papel que desempeñan las ideas sustitutivas a la hora de determinar la forma que adopta la enfermedad. Es posible que el desprendimiento de afecto parta directamente del sistema *Icc.*, en cuyo caso tiene siempre el carácter de la angustia, por la cual se intercambian todos los afectos "reprimidos". No obstante, con frecuencia, la moción pulsional tiene que esperar hasta encontrar una idea sustitutiva en el interior del sistema *Cc.* Después, el desarrollo del afecto se hace posible desde este sustituto consciente, cuya naturaleza determina el carácter cualitativo del afecto. Hemos afirmado [p. 152] que en la represión se produce una ruptura entre el afecto y la idea a la que pertenece, y que luego cada uno de ellos va por caminos separados. Desde el punto de vista descriptivo, esto es incontrastable. Sin embargo, en realidad, el afecto no surge como regla hasta que no se ha logrado un avance significativo en una nueva idea en el sistema *Cc*.

IV. TÓPICA Y DINÁMICA DE LA REPRESIÓN

Hemos llegado a la conclusión de que la represión es, esencialmente, un proceso que afecta a las ideas que se encuentran en la frontera de los sistemas *Icc.* y *Prcc.* (*Cc.*). Ahora podemos hacer un nuevo intento de describir más detalladamente ese proceso.

Debe de tratarse de una *retirada* de investidura, pero la pregunta es ¿a qué sistema pertenece la investidura que se retira? La idea reprimida sigue teniendo capacidad de acción dentro de lo *Icc.*; por tanto, debe de haber conservado su investidura. Lo que se ha retirado debe de ser algo diferente. [Compárese lo que se dice en la página 202.] Consideremos el caso de la represión propiamente dicha (de la "presión de después") [p. 148], ya que afecta a una idea que es preconsciente o incluso realmente consciente. En este caso, la represión puede consistir únicamente en retirarse de la idea de que la investidura pre(consciente) pertenece al sistema *Prcc*. La idea queda entonces desinvestida, o recibe investidura de lo *Icc.*, o conserva la investidura de lo *Icc.* que ya tenía. Por tanto, hay retirada de la investidura preconsciente, conservación de la investidura inconsciente o sustitución de la investidura preconsciente por una inconsciente. Observamos, además, que hemos basado estas reflexiones (por decirlo así, sin intención) en el supuesto de que la transición desde el sistema *Icc.* al sistema que tiene a su lado no se produce mediante la realización de una nueva trascripción, sino mediante un cambio en su estado, una modificación en su investidura. La hipótesis funcional ha derrotado con facilidad aquí a la hipótesis tópica. [Véase más arriba, pp. 174–175].

No obstante, este proceso de retirada de libido[28] no es adecuado para hacernos inteligible otra característica de la represión. No está clara la razón por la cual la idea que sigue investida o que ha recibido la investidura desde el *Icc.* no renovaría los intentos de penetrar en el sistema *Prcc.*, en virtud de su investidura. Si pudiera hacerse así, la retirada de libido tendría que repetirse en ella y esa misma actividad tendría que proseguir interminablemente; pero el resultado no sería la represión. De igual modo, cuando se trata de describir la represión *primordial*, el mecanismo aludido de sustracción de una investidura preconsciente no funcionaría a la hora de hacer esta descripción, debido a que, en ese caso, se trata de una idea inconsciente que aún *no* ha recibido investidura alguna de lo *Prcc.* y, por tanto, la propia investidura no puede serle sustraída.

Por ese motivo, aquí necesitamos otro proceso que mantenga la represión, en el primer caso [es decir, el de la presión de ir detrás], y en el segundo [es decir, el de la represión primordial], asegure tanto su establecimiento como su continuidad. Sólo podemos hallar este otro proceso en el supuesto de una *contrainvestidura*, mediante la cual el sistema *Prcc.* se protege contra la presión que ejerce contra él la idea inconsciente. En ejemplos clínicos, veremos el modo en que se manifiesta una contrainvestidura de este tipo, operando en el interior del sistema *Prcc.* Es ella lo que representa el gasto permanente [de energía] de una represión primordial, pero es también lo que garantiza la permanencia de dicha represión. La contrainvestidura es el único mecanismo de la represión primordial y, en el caso de la represión propiamente dicha ("la presión de ir detrás") se suma la retirada de la investidura *Prcc.* Es muy posible que sea precisamente la investidura la que es retirada de la idea que se emplee para la contrainvestidura.

Observamos la forma en que, poco a poco, hemos llegado a adoptar, además del dinámico y del topográfico [p. 173], un tercer punto de vista en nuestra exposición de los fenómenos psíquicos, a saber, el *económico*, que aspira a perseguir los destinos de los montos de excitación y a lograr, al menos, una estimación *relativa* de su magnitud.

Sería razonable aplicar un nombre especial a todo este modo de considerar nuestro objeto de estudio, ya que supone la consumación de las investigaciones psicoanalíticas. Lo que propongo es que cuando hayamos logrado describir un proceso psíquico en sus aspectos dinámicos, topográficos y económicos, nos refiramos a ello como una presentación *metapsicológica*.[29] Debemos decir de inmediato que, dado el estado actual de nuestros conocimientos, hay muy pocos lugares en que lo lograremos.

Hagamos un tímido intento de ofrecer una descripción metapsicológica del proceso de la represión en las tres neurosis de transferencia que nos son conocidas. Aquí podemos sustituir "investidura" por "libido",[30] ya que, como sabemos, se trata de los destinos de las pulsiones *sexuales* a los que nos referiremos.

En el caso de la histeria de angustia, una primera fase del proceso suele descuidarse y quizás incluso pasa desapercibida, aunque al observarlo más detenidamente puede percibirse claramente. Consiste en que la angustia aparezca sin que el sujeto perciba a qué tiene miedo. Debemos suponer que en el *Icc.* existió una moción de amor que demandaba trasponerse al sistema *Prcc.*; pero la investidura dirigida hacia ella desde este último sistema se le retiró a partir del impulso (como si se tratara de un intento de huida), y la investidura libidinal inconsciente de la idea rechazada se descargó en forma de angustia.

Con ocasión de una repetición de este proceso (en caso de que la hubiera), se dio un primer paso hacia dominar ese desagradable desarrollo de angustia.[31] La investidura [*Prcc.*] fugada se une a sí misma a una idea sustitutiva que, por un lado, se conecta por vía asociativa con la idea rechazada y, por la otra, se escapa de la represión por su distanciamiento con respecto de aquella idea. Esta idea sustitutiva —un «sustituto por desplazamiento» [p. 155]— permite una racionalización del desarrollo de angustia todavía no inhibible. La idea sustitutiva juega ahora, para el sistema *Cc. (Prcc.)*, el papel de una contrainvestidura, al asegurarlo contra la emergencia en la *Cc.* de la idea reprimida. Por otra parte, es el punto de partida del desprendimiento del afecto de la angustia, que ahora se ha vuelto bastante no inhibible, y, en mayor medida, al menos, se comporta como si fuera ese punto de partida. La observación clínica muestra, por ejemplo, que un niño que tiene fobia a los animales siente angustia cuando se da una de estas dos condiciones: en primer lugar, cuando la moción de amor reprimida se intensifica; y, en segundo lugar, cuando percibe al animal que le da miedo. La idea sustitutiva se comporta, en un caso, como el punto en el que hay un pasaje a través del sistema *Icc.* al sistema *Cc.* y, en el otro caso, como una fuente autosuficiente de liberación de la angustia. La expansión del dominio del sistema *Cc.* suele manifestarse en el hecho de que el primero de estos dos modos de excitación de la idea sustitutiva retrocede más y más ante el segundo. Tal vez el niño acabe comportándose como si no tuviera ninguna inclinación hacia el padre, pero como si se hubiera liberado por completo de él y como si la angustia que experimenta frente al animal fuera real. Salvo que esa angustia frente al animal, alimentada como miedo que es desde la fuente pulsional inconsciente, se muestra refractaria y exagerada frente a todas las influencias que parten del sistema *Cc.*, en lo cual deja traslucir que su origen se sitúa en el sistema *Icc.* En la segunda fase de la histeria de la angustia, por tanto, la contrainvestidura desde el sistema *Cc.* ha llevado a la formación sustitutiva.

El mismo mecanismo encuentra pronto una nueva aplicación. Como sabemos, el proceso de la represión aún no ha concluido; tiene un cometido ulterior, el de inhibir el desarrollo de angustia que surge del sustituto.[32] Esto se consigue mediante todo el entorno asociado de la idea sustitutiva que es investido con una intensidad particular, de modo que puede exhibir una elevada sensibilidad a la excitación. Una excitación en cualquier lugar de esta estructura exterior dará lugar, como respuesta a su enlace con la idea sustitutiva, a un ligero desarrollo de angustia que ahora se usa como señal, con el fin de inhibir un avance más de este desarrollo de la angustia mediante una nueva huida de la investidura [*Prcc*].[33] Cuanto más lejos del temido sustituto estén las contrainvestiduras sensibles y alertas, con precisión tanto mayor podrá funcionar este mecanismo que está destinado a aislar la idea sustitutiva y a protegerla de nuevas excitaciones. No cabe duda de que estas precauciones sólo protegen contra excitaciones que apuntan a la idea sustitutiva desde el exterior, a través de la percepción, pero nunca contra la moción pulsional que alcanza a la percepción sustitutiva desde la dirección de su vínculo con la idea reprimida. Por tanto, las precauciones sólo empiezan a producir efectos hasta que el sustituto se haya hecho cargo satisfactoriamente de la representación de lo reprimido, y nunca pueden funcionar con fiabilidad total. Con cada incremento de la moción pulsional, la muralla protectora que rodea a la idea sustitutiva debe trasladarse un poco más hacia afuera. La construcción en su totalidad, establecida de manera análoga en las otras neurosis, lleva el nombre de *fobia*. La huida de la investidura consciente de la idea sustitutiva se manifiesta en evitaciones, renuncias y prohibiciones por las que reconocemos la histeria de la angustia.

Si repasamos todo el proceso, podemos decir que la tercera fase repite el trabajo de la segunda a una escala ampliada. El sistema *Cc.* se protege ahora contra la activación de la idea sustitutiva mediante la contrainvestidura de su entorno, igual que antes se había asegurado contra la emergencia de la idea reprimida mediante la investidura de la idea sustitutiva. De ese modo encuentra su continuidad la formación de sustitutos por desplazamiento. Debe añadirse también que el sistema *Cc.* poseía antes sólo un pequeño lugar desde el que la moción pulsional reprimida podía tener acceso, en otras palabras, la idea sustitutiva; pero, en última instancia, toda la estructura fóbica externa es un *enclave* de la influencia inconsciente. Puede hacerse hincapié, además, en la interesante consideración de que, mediante el mecanismo completo de defensa puesto en acción por ello, se ha logrado proyectar hacia afuera el peligro pulsional. El yo se comporta como si el peligro del desarrollo de la angustia no lo amenazara desde la dirección de una moción pulsional, sino desde la de una percepción, y por eso puede reaccionar contra ese peligro externo con intentos de huida, representados por las evitaciones fóbicas. En este proceso, la represión consigue algo en particular: de alguna manera se puede hacer frente a la liberación de la angustia, aunque sea a cambio del sacrificio de la libertad personal. Los intentos de huida frente a las exigencias pulsionales son, en general, inútiles, y el resultado de la huida fóbica sigue siendo insatisfactorio.

Una gran parte de lo que hemos hallado en la histeria de angustia vale también para las otras dos neurosis, de modo que podemos limitar nuestra discusión a sus puntos diferenciadores y al papel desempeñado por la contrainvestidura. En la histeria de conversión, la investidura pulsional de la idea reprimida se cambia a la inervación del síntoma. Será mejor reservar para una investigación especial sobre la histeria las preguntas de en qué medida y en qué circunstancias la idea inconsciente es drenada hasta quedarse vacía mediante esta descarga hacia la inervación, para que pueda abandonar su presión sobre el sistema *Cc.*, así como otras preguntas parecidas.[34] En la histeria de conversión, el papel desempeñado por la contrainvestidura que parte del sistema *Cc.* (*Prcc.*)[35] es claro y se manifiesta en la formación de síntoma. La contrainvestidura es lo que selecciona aquel fragmento del representante de pulsión sobre el cual se permite concentrarse a toda la investidura de esta última. La porción escogida para ser síntoma cumple la condición de expresar tanto la meta desiderativa de la moción pulsional como los esfuerzos defensivos o punitorios del sistema *Cc.*; así se vuelve sobreinvestido y se mantiene desde ambos lados, como sucede en el caso de la idea sustitutiva en la histeria de la angustia. De esta circunstancia podemos inferir sin dudarlo que la cantidad de energía gastada por el sistema *Cc.* en represión no necesita ser tan grande como la energía de investidura del síntoma; ya que la fuerza de la represión se mide por la cantidad de contrainvestidura gastada, y el síntoma no se apoya sólo en esta contrainvestidura, sino también en la investidura pulsional procedente del sistema *Icc.*, que se condensa en el síntoma.

Con respecto a la neurosis obsesiva, sólo deberíamos añadir a las observaciones realizadas en el ensayo anterior que en este caso la contrainvestidura del sistema *Cc.* se pone en primer plano de la manera más perceptible. Organizada como formación de reacción, es ella la que aporta la primera represión y en ella tiene lugar más tarde la irrupción de la idea reprimida. Podemos aventurar el supuesto de que es debido al predominio de la contrainvestidura, y a la falta de una descarga, que la obra de la represión parece haber logrado menos éxito en la histeria de angustia y en la neurosis obsesiva que en la histeria de conversión.

V. LAS CARACTERÍSTICAS ESPECIALES DEL SISTEMA ICC.

Cuando observamos que los procesos en uno de los sistemas, lo *Icc.*, muestra características que no se cumplen de nuevo en el sistema que está inmediatamente por encima se le aporta una nueva significancia a la distinción que hemos realizado entre los dos sistemas psíquicos.

El núcleo de lo *Icc.* consiste en representantes pulsionales que procuran descargar su investidura; consiste, por tanto, en mociones de deseo. Estas mociones pulsionales están coordinadas entre sí, conviven unas junto a otras sin influirse y están exentas de contradicción mutua. Cuando dos mociones de deseo cuyas metas no tendrían que parecernos incompatibles se vuelven activas de forma simultánea, los dos impulsos no se desmerecen el uno al otro ni se cancelan recíprocamente, sino que se combinan en la formación de una meta intermedia, de una solución de transición.

Dentro de este sistema no existe la negación, ni la duda, ni existen grados de certeza. Todo esto es introducido sólo por el trabajo de la censura entre el *Icc.* y el *Prcc.* La negación es un sustituto de la represión, en un nivel más alto.[36] Dentro de lo *Icc.* hay únicamente contenidos investidos con mayor o menor fuerza.

Las intensidades de investidura son [en el *Icc.*] mucho más móviles. Por el proceso del *desplazamiento*, una idea puede entregar a otra todo el monto de su investidura; y, por el proceso de la *condensación*, puede apropiarse de la totalidad de investidura de muchas otras ideas. He propuesto que se vean estos dos procesos como marcas distintivas del llamado *proceso psíquico primario*. Dentro del sistema *Prcc.* prevalece el *proceso secundario.*[37] Cuando a un proceso primario se le permite seguir su curso en relación con elementos que pertenecen al sistema *Prcc.*, aparece como algo "cómico" y provoca la risa.[38]

Los procesos del sistema *Icc.* son *atemporales*, es decir, no están ordenados de acuerdo con el tiempo, no se modifican por el transcurso de éste ni, en general, hacen referencia alguna a él. También la relación con el tiempo se vincula al trabajo del sistema *Cc.*[39]

Los procesos *Icc.* no prestan mucha atención a la *realidad*. Están sometidos al principio de placer; su destino sólo depende de lo fuertes que sean y de que cumplan los requisitos de la regulación de placer-displacer.[40]

Como resumen: *ausencia de contradicción mutua, proceso primario* (movilidad de las investiduras), *atemporalidad* y *sustitución de la realidad exterior por la psíquica* son las características cuya presencia podemos encontrarnos en procesos pertenecientes al sistema *Icc.*[41]

Los procesos inconscientes sólo se vuelven cognoscibles para nosotros bajo las condiciones del soñar y de las neurosis, es decir, cuando los procesos del sistema *Prcc.*, más alto, son trasladados a un estadio anterior, por obra de un rebajamiento (regresión). En sí, ellos no son cognoscibles, y de hecho no son ni siquiera susceptibles de acarrear su propia existencia, porque en un momento muy temprano al sistema *Icc.* se le superpuso lo *Prcc.*, que logró conseguir el acceso a la conciencia y la motilidad. La descarga del sistema *Icc.* pasa a la inervación somática que conduce al desarrollo de afecto, pero, como hemos observado, incluso esta vía de descarga le es disputada por el *Prcc.* Por sí solo, el sistema *Icc.* no podría en condiciones normales llevar a cabo ninguna acción muscular oportuna, con excepción de las que ya están organizadas como reflejos.

Únicamente podríamos apreciar la importancia global de los rasgos descritos del sistema *Icc.* si los contrastásemos y comparásemos con las características del sistema *Prcc.* Pero esto nos llevaría demasiado lejos, y yo propongo que hagamos un alto en el camino y no iniciemos la comparación de los dos hasta que podamos hacer algo en relación con nuestro debate del sistema superior.[42] En este momento lo único que se mencionará son los puntos más apremiantes.

Los procesos del sistema *Prcc.* exhiben —independientemente de que sean ya conscientes o únicamente susceptibles de volverse conscientes— una inhibición de la tendencia a la descarga que es propia de las ideas investidas. Cuando el proceso traspasa de una idea a otra, la primera idea retiene una parte de su investidura y sólo una pequeña porción de la misma es sometida al desplazamiento. Desplazamientos y condensaciones como las que se dan en el proceso primario están excluidos o son muy limitados. Esta situación hizo que J. Breuer asumiera la existencia de dos estados diferentes de energía investida en la vida mental: uno en el que energía está "ligada", tónica y otro que es móvil con libertad e insiste en la descarga.[43] En mi opinión, esta distinción representa la intelección más profunda que hemos adquirido hasta el momento presente del carácter de la energía nerviosa, y no veo cómo podemos prescindir de ella. Sería necesario con urgencia hacer una llamada para continuar la discusión sobre la presentación metapsicológica en este punto, aunque quizá se tratase de una empresa demasiado atrevida todavía.

Es más, se vuelve sobre el sistema *Prcc.* para que sea posible la comunicación entre los diferentes contenidos ideacionales de modo que puedan influirse unos a otros, tener un orden temporal[44] y establecer una censura o varias; también se encuentran allí el "examen de realidad" y el principio de realidad. Asimismo, la memoria consciente parece depender completamente de lo *Prcc.*[45]

Esto ha de separarse claramente de las huellas mnémicas en las que se fijan las vivencias de lo *Icc.*, y probablemente se corresponda con una trascripción particular tal como habíamos propuesto (aunque más tarde lo rechazamos) para explicar la relación de las ideas conscientes con la inconscientes. En esta conexión hallaremos también los medios para poner fin a nuestras fluctuaciones en la denominación del sistema superior, que, hasta ahora, hemos denominado indiferentemente unas veces *Prcc.* y otras *Cc.*

Es disparatado hacer una advertencia aquí contra cualquier generalización apresurada de lo que hemos sacado a relucir en relación con la distribución de las diversas operaciones mentales entre los dos sistemas. Estamos describiendo la situación tal como se presenta en los adultos, en quienes el sistema *Icc.*, en sentido estricto, funciona sólo como etapa previa de la organización superior. La cuestión de lo que son el contenido y los vínculos de este sistema durante el desarrollo del individuo, y la importancia que posee en los animales, no deben deducirse de nuestra descripción sino investigarse por separado.[46] Además, en el caso de los seres humanos, debemos estar preparados para descubrir, por ejemplo, afecciones patológicas bajo las cuales ambos sistemas alteran, o incluso intercambian, tanto su contenido como sus características.

VI. LA COMUNICACIÓN ENTRE LOS DOS SISTEMAS

No obstante, sería erróneo imaginarse que lo *Icc.* permanece en reposo mientras todo el trabajo de la mente es efectuado por lo *Prcc.*, que lo *Icc.* es algo acabado, un órgano rudimentario, un residuo del proceso de desarrollo. También sería erróneo suponer que la comunicación entre los dos sistemas está confinada al acto de la represión, en que lo *Prcc.* arrojaría al abismo de lo *Icc.* todo lo que le pareciera perturbador. Por el contrario, el *Icc.* está vivo y es capaz de desarrollarse, y mantiene con lo *Prcc.* toda una serie de relaciones; entre otras, la de la cooperación. En resumen, debe decirse que el *Icc.* se continúa en lo que se conoce como derivados,[47] que es asequible a las impresiones de la vida y que influye constantemente sobre lo *Prcc.* y, a su vez, está sometido a influencias de parte de lo *Prcc.*

El estudio de los derivados de lo *Icc.* decepcionará por completo nuestras expectativas de obtener una separación esquemáticamente bien definida entre los dos sistemas psíquicos. Ello acarreará sin duda insatisfacción con nuestros resultados y es probable que se lo utilice para poner en duda el valor de la forma en la que hemos dividido los procesos psíquicos. Sin embargo, responderemos que no tenemos otro objetivo que no sea traducir en teoría los resultados de la observación, y negamos que exista ninguna obligación sobre nosotros para alcanzar en nuestro primer intento una teoría bien definida que se recomiende a sí misma por su propia simplicidad. Saldremos en defensa de las complicaciones de nuestra teoría siempre que nos parezca que cumplen los resultados de la observación y no abandonaremos nuestras expectativas de que esas mismas complicaciones nos conduzcan, al fin y al cabo, al descubrimiento de un estado de cosas que, aunque sea simple en sí mismo, pueda dar cuenta de las complicaciones de la realidad.

Entre los derivados de las mociones pulsionales *Icc.*, del tipo que hemos descrito, hay algunos que reúnen dentro de sí caracteres de tipo contrapuesto. Por una parte, tienen una elevada organización, están exentos de contradicción, han aprovechado todas las adquisiciones del sistema *Cc.* y nuestro juicio los distinguiría con dificultad de las formaciones de ese sistema. Por otra parte, son inconscientes e incapaces de volverse conscientes. Por tanto, *cualitativamente* pertenecen al sistema *Prcc.*, pero, *de hecho*, pertenecen a lo *Icc.* Su origen es lo que decide su destino. Podemos compararlos con las personas mestizas que, *grosso modo*, se parecen a los blancos, pero traicionan su ascendencia de color por uno u otro rasgo llamativo, y por ese motivo están excluidos de la sociedad y no gozan de ninguno de los privilegios de los blancos. De esa naturaleza son las formaciones de la fantasía tanto de las personas normales como de los neuróticos, que hemos reconocido como etapas previas en la formación tanto de los sueños como de los síntomas, y que, a pesar de su elevado nivel de organización, permanecen reprimidas y, por ese motivo, no pueden volverse conscientes.[48] Se acercan a la conciencia y allí se quedan imperturbables siempre que no tengan una investidura intensa, pero son rechazadas en cuanto sobrepasan cierto nivel de investidura. Asimismo, las formaciones sustitutivas son derivados de lo *Icc.* de este tipo, que, no obstante, logran irrumpir en la conciencia cuando las circunstancias son favorables, por ejemplo, si sucede que se unen las fuerzas con una contrainvestidura procedente de lo *Prcc.*

Cuando, en otro lugar,[49] nos dediquemos a investigar más a fondo las condiciones previas del hecho de volverse consciente, podremos encontrar una solución para algunas de las dificultades que se producen en esta coyuntura. Aquí parece buena idea observar las cosas desde el punto de vista de la conciencia, en contraposición con nuestro enfoque anterior, que partía desde la *Icc.* hacia arriba. A lo *Icc.*, la suma total de los procesos psíquicos se le presenta como el reino de lo preconsciente. Una porción muy grande de este preconsciente proviene de lo inconsciente, tiene el carácter de sus derivados y está sometido a una censura antes de poder volverse consciente. Otra porción de lo *Prcc.* es capaz de volverse consciente sin ninguna censura. Aquí nos encontramos con una contradicción de un supuesto anterior. Al analizar el sujeto de la represión nos vimos obligados a situar la censura decisiva para volverse consciente en un lugar entre los sistemas *Icc.* y *Prcc.* [p. 173]. Ahora se vuelve probable que exista una censura entre lo *Prcc.* y el *Cc.*[50] Sin embargo, haremos bien en no considerar que esta complicación es una dificultad, sino en suponer que, para cualquier transición que se dé de un sistema a uno de rango superior de la organización psíquica, le corresponde una censura nueva. Se puede afirmar que ello hace abandonar el supuesto de una renovación continuada de las trascripciones [p. 174].

El motivo de todas estas dificultades se encuentra en el hecho de que el atributo se ser consciente, que es la única característica de los procesos psíquicos que se nos presentan de forma directa, de ningún modo resulta adecuado como criterio para diferenciar un sistema de otro. [Compárese lo que se ha dicho antes en la página 172.] Si dejamos de lado el hecho de que lo consciente no lo es siempre, sino que a veces también es latente, la observación nos ha demostrado que mucho de lo que comparte las características del sistema *Prcc.* no se vuelve consciente; y además aprenderemos que el acto de volverse consciente depende de que la atención de lo *Prcc.* se vuelva hacia determinadas direcciones.[51] Por tanto, la conciencia no sostiene una relación simple ni con los sistemas ni con la represión. La verdad es que no es únicamente lo reprimido psíquicamente lo que se mantiene ajeno a la conciencia, sino que son también algunas de las mociones que controlan nuestro yo, algo que también forma por eso la antítesis funcional más fuerte a lo reprimido. Cuanto más procuramos avanzar en la visión metapsicológica de la vida mental, más debemos aprender a emanciparnos de la importancia que se le otorga al síntoma de "estar consciente".[52]

Mientras sigamos aferrados a esta creencia, veremos nuestras generalizaciones incurridas regularmente por excepciones. Por una parte, nos parece que los derivados de lo *Icc.*[53] se vuelven conscientes como formaciones sustitutivas y síntomas, en general, ciertamente, tras haberse sometido a una enorme deformación en comparación con lo inconsciente, aunque con frecuencia mantienen algunas características que invitan a la represión. Por otro lado, nos parece que hay muchas formaciones preconscientes que siguen siendo inconscientes, aunque, por su naturaleza, se hubiera esperado que se volvieran conscientes. Es probable que, en el último caso, la mayor atracción de lo *Icc.* sea afirmarse a sí mismo. Eso nos lleva a buscar la distinción más importante entre algo que subyace, no entre lo consciente y lo preconsciente, sino entre lo preconsciente y lo inconsciente. Lo *Icc.* es rechazado por la censura en la frontera de lo *Prcc.*; pero los derivados de lo *Icc.* pueden librarse de esa censura, lograr un alto nivel de organización y alcanzar una determinada intensidad de investidura en lo *Prcc.* Sin embargo, cuando esta intensidad se ve sobrepasada e intentan forzarse a sí mismos dentro de la conciencia, son reconocidos como derivados de lo *Icc.* y son reprimidos de nuevo en la nueva frontera de censura, entre lo *Prcc.* y lo *Cc.* Por ello, la primera de estas censuras se ejercita contra el propio *Icc.* y la segunda, contra sus derivados *Prcc.* Se podría suponer que, en el transcurso del desarrollo individual, la censura ha dado un paso adelante.

En el tratamiento psicoanalítico, la existencia de la segunda censura, situada entre los sistemas *Prcc.* y *Cc.*, queda totalmente demostrada. Le pedimos al paciente que forme numerosos derivados de lo *Icc.*, hacemos que se comprometa con salvar las objeciones de la censura al hecho de que estas formaciones preconscientes se vuelvan conscientes y, mediante la derrota de *esta* censura, abrimos camino para la cancelación de la represión que se había logrado mediante la censura *anterior*. A esto podemos añadir que la existencia de la censura entre lo *Prcc.* y lo *Cc.* nos enseña que volverse consciente no es un mero acto de la percepción, sino que probablemente se trate también de una *sobreinvestidura*,[54] un avance posterior de la organización psíquica.

Volvámonos hacia la comunicación entre el *Icc.* y los otros sistemas, no tanto con el fin de establecer algo nuevo como para no pasar por alto lo más destacable. En las raíces de la actividad pulsional, los sistemas se comunican entre sí de la manera más extensa. Una parte de los procesos que allí se excitan pasa a través de lo *Icc.* como si se tratase de una etapa preparatoria, y logra el desarrollo psíquico más alto en lo *Cc.*; otra parte es retenida como *Icc.* Pero lo *Icc.* también se ve afectado por las vivencias procedentes de la percepción exterior. Normalmente, todos los caminos que van desde la percepción hasta lo *Icc.* permanecen abiertos, y sólo los que regresan de lo *Icc.* se ven sometidos a un bloqueo por parte de la represión.

El hecho de que lo *Icc.* de un ser humano pueda reaccionar sobre lo *Icc.* de otro, sin necesidad de pasar por lo *Cc.*, se trata de algo muy destacable y merece una investigación más a fondo, sobre todo con vistas a averiguar si la actividad preconsciente puede excluirse como algo que desempeña un papel en ello; pero, desde el punto de vista descriptivo, se trata de algo indiscutible. [Se puede contrastar un ejemplo de esto en Freud, 1913*i*.]

El contenido del sistema *Prcc.* (o *Cc.*) se deriva, por una parte, de la vida pulsional (mediante lo *Icc.*) y, por la otra, de la percepción. Resulta posible dudar sobre cómo los procesos de este sistema pueden ejercer una influencia directa sobre lo *Icc.*; la investigación de algunos casos patológicos suele revelar una autonomía y falta de susceptibilidad para influir en la parte de lo *Icc.* prácticamente increíbles. Una total divergencia de sus tendencias, una segmentación absoluta de los dos sistemas, es lo que, por encima de todo, caracteriza al estado patológico. No obstante, el tratamiento psicoanalítico se basa en la influencia de lo *Icc.* desde la dirección de lo *Cc.* y, en todo caso muestra que, aunque se trate de una dura labor, no es algo imposible. Los derivados de lo *Icc.* que actúan como mediadores entre los dos sistemas dejan el camino abierto para conseguir esto, como ya hemos afirmado [pp. 193–194]. Pero así podemos suponer sin temor a equivocarnos que una modificación de lo *Icc.* llevada a cabo espontáneamente desde la dirección de lo *Cc.* implica un proceso difícil y lento.

Puede producirse una cooperación entre una moción preconsciente y una inconsciente, incluso aunque esta última esté intensamente reprimida, si se da una situación en la que la moción inconsciente puede actuar en el mismo sentido que una de las tendencias dominantes. La represión se elimina en este caso y la actividad reprimida se admite como refuerzo de la que se encuentra en la intención del yo. Lo inconsciente se vuelve acorde con el yo en relación con esta conjunción única, sin que se produzca ningún cambio en esta represión que no sea éste. En dicha cooperación, la influencia de lo *Icc.* resulta inconfundible y las tendencias reforzadas se revelan a sí mismas como algo que se comporta, sin embargo, de manera muy distinta a lo normal. Hacen que sea posible un funcionamiento específicamente perfecto y evidencian una resistencia frente a la oposición que es semejante a la ofrecida, por ejemplo, por los síntomas obsesivos.

El contenido de lo *Icc.* puede compararse con la existencia de una población aborigen en la mente. Si en el ser humano se dan unas formaciones mentales heredadas —algo análogo al instinto[55] de los animales—, ésas son las que constituyen el núcleo de lo *Icc.* Más tarde viene a sumarse a ellas lo que se desechó durante el desarrollo infantil por ser inutilizable y esto no tiene que ser forzosamente diferente, en su naturaleza, de aquello que se ha heredado. En términos generales, no es hasta la llegada a la pubertad cuando se establece una división aguda y decisiva entre el contenido de un sistema y de otro.

VII. LA EVALUACIÓN DE LO INCONSCIENTE

Lo que hemos reunido en las anteriores argumentaciones es probablemente todo lo que puede decirse sobre el *Icc.* siempre que nos basemos en nuestro conocimiento de la vida onírica y de las neurosis de transferencia. Realmente no es mucho y en determinados momentos da la impresión de ser algo oscuro y confuso. Y, sobre todo, no ofrece ninguna posibilidad de coordinar o subsumir el *Icc.* a un contexto que ya nos resulta familiar. Es únicamente el análisis de una de las afecciones que llamamos psiconeurosis narcisistas lo que promete brindarnos unos conceptos a través del cual el *Icc.* enigmático se acerque más a nuestro alcance y, por decirlo de algún modo, se haga tangible.

Desde la publicación de un escrito de Abraham (1908), que este escrupuloso autor ha atribuido a algo que yo he sugerido, hemos intentado basar nuestra caracterización de la *dementia praecox* de Kraepelin (la esquizofrenia de Bleuler) según su posición en referencia a la antítesis que se da entre el yo y el objeto. En las neurosis de transferencia (histeria de angustia, histeria de conversión y neurosis obsesiva), no había nada que le diese una prominencia especial a esta antítesis. De hecho, sabíamos que la frustración en relación con el objeto genera el estallido de la neurosis y que la neurosis implica la renuncia al objeto real: también sabíamos que la libido sustraída del objeto real revierte en primer lugar sobre un objeto fantaseado y, desde ahí, sobre uno que ha sido reprimido (introversión).[56] Pero, en estos trastornos, la investidura de objeto misma es retenida con gran energía, y el examen más detallado del proceso de la represión nos forzó a suponer que la investidura de objeto persiste en el sistema *Icc.* a pesar de la represión —o, más bien, a consecuencia de ella—. [Compárese lo que se dice en la página 149.] De hecho, la capacidad para la transferencia, de la que hacemos uso para los fines terapéuticos en estas afecciones, presupone una investidura intacta de objeto.

Por otro lado, en el caso de la esquizofrenia, nos han obligado a asumir que, después del proceso de la represión, la libido que se ha retirado no busca un nuevo objeto, sino que busca su retiro en el yo, es decir, que aquí ceden las investiduras de objeto y se restablece un estado de narcisismo primitivo, que carece de objeto. La incapacidad de estos pacientes para la transferencia (hasta el punto al que llega el proceso patológico), su inaccesibilidad terapéutica para los esfuerzos terapéuticos, su repulsa característica del mundo exterior, la aparición de signos de una sobreinvestidura de su yo propio, la apatía total que resulta de todo el proceso, todas estas características clínicas parecen estar perfectamente en sintonía con el supuesto de que se ha renunciado a las investiduras de objeto. En lo que respecta a la relación que existe entre los dos sistemas psíquicos entre sí, a todos los observadores les ha sorprendido el hecho de que, en la esquizofrenia, se manifiesta como consciente una gran cantidad de lo que, en las neurosis de transferencia, sólo puede hacerse presente en lo *Icc.* por medio del psicoanálisis. Pero al principio no pudimos establecer una conexión inteligible entre la relación yo-objeto y las relaciones de la conciencia.

Lo que buscamos parece presentarse de la siguiente manera inesperada. En la esquizofrenia observamos, particularmente en sus estadios iniciales, que son tan instructivos, una serie de cambios en el *habla*, algunos de los cuales merecen ser considerados desde un determinado punto de vista. El paciente suele dedicar una atención especial a su manera de expresarse, que se vuelve "rebuscada" y "preciosista". La construcción de las frases sufre una peculiar desorganización, que hace que sean tan incomprensibles que sus comentarios carecen de sentido para nosotros. En el contenido de dichos comentarios, con frecuencia se le suele dar mayor importancia a algunas referencias a órganos o a inervaciones corporales. A esto podemos sumar el hecho de que, en tales síntomas de la esquizofrenia, que son comparables con las formaciones sustitutivas de la histeria o de la neurosis obsesiva, la relación que se da entre el sustituto y el material reprimido presenta unas peculiaridades que nos sorprenderían en los casos de esas dos formas de neurosis.

El doctor Víctor Tausk, de Viena, ha puesto a mi disposición algunas de sus observaciones sobre esquizofrenia en estados iniciales de una paciente, que resultan particularmente valiosas en cuanto que la propia paciente estaba dispuesta a explicar lo que decía.[57] Utilizaré dos de sus ejemplos para ilustrar el punto de vista que estoy intentando defender y no me cabe duda de que cualquier observador podría fácilmente producir dicho material en abundancia.

Una de las pacientes de Tausk, una joven que fue llevada a la clínica después de una discusión con su amante, se quejaba de que ella *no tenía derechos los ojos, que los tenía torcidos.* Ella misma lo explicaba aduciendo con lenguaje coherente una serie de reproches contra su amante. "Ella no puede entenderlo a él de ninguna manera, cada vez que lo ve tiene un aspecto diferente; era un hipócrita, un torcedor de ojos,[58] él le había torcido los ojos a ella, ahora ella tenía los ojos torcidos, ya no son los ojos que ella tenía, ahora ella veía el mundo con otros ojos".

Los comentarios de la paciente sobre lo que había dicho antes, y que era ininteligible, tienen el valor de un análisis, ya que contienen el equivalente del comentario, pero expresado de una forma comprensible, en términos generales. Al mismo tiempo, arrojan luz sobre el significado y sobre la génesis de la formación de las expresiones esquizofrénicas.

Estoy de acuerdo con Tausk al destacar en este ejemplo el hecho de que la relación de la paciente con un órgano corporal (el ojo) se ha arrogado la representación de todo el contenido [de sus pensamientos]. En este punto, las expresiones esquizofrénicas tienen un rasgo hipocondríaco, se han vuelto "el habla del órgano".[59]

Una segunda comunicación realizada por la misma paciente: "Ella estaba de pie en la iglesia, de repente le dio una sacudida, tuvo que *cambiar de postura, como si alguien la estuviera poniendo en una postura, como si fuera puesta en una postura determinada*".

Ahora llegaba el análisis de esto a través de una nueva serie de reproches proferidos en contra de su amante. "Es vulgar, y ha hecho que ella también lo sea, aunque ella era de origen refinado. Él había hecho que ella se pareciera a él al hacerle creer que él era superior a ella; así que ella se había vuelto como él, porque ella pensaba que sería mejor si fuera como él. Él le había dado una *falsa impresión* de su postura; ahora ella era lo mismo que él (por identificación), él la había *puesto a ella en una falsa postura*".

El movimiento físico de "cambiar de postura", comenta Tausk, describía bien la expresión "ponerla en una postura falsa" y la identificación de ella con su amante. Volveré a llamar la atención una vez más sobre el hecho de que toda la secuencia de pensamiento está dominada por el elemento que tiene por contenido una inervación corporal (o, más bien, la sensación de ello). Asimismo, una mujer histérica, de hecho, en el primer ejemplo, habría girado los ojos, y, en el segundo, habría dado sacudidas reales, en lugar de tener el *impulso* de hacerlo o la *sensación* de hacerlo: y en ninguno de estos ejemplos habría tenido pensamientos conscientes relacionados con ello, ni habría sido capaz de expresar ninguno de dichos pensamientos posteriormente.

Así pues, estas dos observaciones se manifiestan a favor de lo que hemos llamado lenguaje hipocondríaco o "lenguaje de órgano". Pero, lo que nos parece más importante, también nos apuntan a algo más, algo de lo que tenemos ejemplos innumerables (por ejemplo, en los casos recogidos en la monografía de Bleuler [1911]) y que pueden reducirse a una fórmula determinada. En la esquizofrenia, las *palabras* son sometidas al mismo proceso que hace que se creen las imágenes oníricas a partir de los pensamientos oníricos latentes, lo que hemos llamado el proceso psíquico primario. Se someten a la condensación y, a través del desplazamiento, transfieren sus investiduras unas a las otras de manera íntegra. El proceso puede llegar hasta el punto de que una sola palabra, si resulta especialmente adecuada para ello por sus numerosas conexiones, se hace cargo de la representación de toda una secuencia de pensamiento.[60] Los escritos de Bleuler, Jung y sus discípulos aportan abundante material que sirve precisamente para apoyar esta afirmación.[61]

Antes de que extraigamos ninguna conclusión de impresiones como ésta, queremos considerar aún las distinciones que se crean entre la formación sustitutiva de la esquizofrenia, por un lado, y de la histeria y la neurosis obsesiva, por el otro. Se trata de unas distinciones sutiles que, sin embargo, provocan una extraña impresión. Un paciente a quien tengo actualmente en observación se ha resignado a abandonar todos los intereses de la vida debido al deterioro que sufre la piel de su cara. Él afirma que tiene espinillas y agujeros profundos en la cara, que todo el mundo lo nota. El análisis muestra que está exponiendo en su piel su complejo de castración. En primer lugar, se ocupaba de esas espinillas sin ningún tipo de reproches y, de hecho, le suponía una enorme satisfacción reventárselas, porque, según decía, hacía que saliera algo al hacerlo. Luego empezó a pensar que cada vez que se libraba de una espinilla le salía una cavidad profunda y se reprochaba a sí mismo con todas sus fuerzas el hecho de haberse estropeado la piel para siempre al "toqueteársela constantemente con la mano". Es evidente que reventarse la espinilla es para él un sustituto de la masturbación. La cavidad que aparece entonces debido a su falta son los genitales femeninos, es decir, el cumplimiento de la amenaza de castración (o de la fantasía que representa dicha amenaza) provocada por su masturbación. Esta formación sustitutiva, a pesar de su carácter hipocondríaco, presenta una semejanza considerable con una conversión histérica, y, sin embargo, tenemos la sensación de que debe de estar sucediendo algo diferente, de que una formación sustitutiva de ese tipo no podría ser atribuible a la histeria, incluso antes de que podamos decir en qué consiste la diferencia. Una cavidad tan pequeña, del tamaño de un poro de la piel, difícilmente será usada por un histérico como símbolo de la vagina, que él, por otro lado, comparará con todos los objetos imaginables que contienen un hueco. Creemos, asimismo, que el hecho de que estos agujeritos sean múltiples le haría abstenerse de usarlos como sustituto de los genitales femeninos. Lo mismo se aplica al caso de un joven paciente de quien Tausk informó hace unos años en la Sociedad Psicoanalítica de Viena. Este paciente se comportaba en todos los sentidos como si padeciera una neurosis obsesiva, se pasaba horas aseándose y vistiéndose, etc.

Sin embargo, llamaba la atención que pudiera expresar sin resistencia alguna el significado de sus inhibiciones. Cuando se ponía los calcetines le perturbaba, por ejemplo, la idea de tener que separar los puntos del material, es decir, los agujeros, y para él, cualquier agujero era un símbolo de la abertura genital femenina. Una cosa así tampoco podría atribuirse a un neurótico obsesivo. Reitler observó a uno de estos pacientes, que también se demoraba mucho tiempo en ponerse los calcetines y que, tras vencer las resistencias, halló la explicación de que su pie era un símbolo del pene, y que, el cubrirlo con el calcetín representaba un acto masturbatorio; y él se veía forzado a ponerse y quitarse una y otra vez los calceties, en parte para completar la imagen de la masturbación y en parte para anular dicho acto.

Si nos preguntamos qué es lo que da ese carácter extraño a la formación sustitutiva y al síntoma de la esquizofrenia, finalmente caemos en la cuenta de que es el predominio de lo que tiene que ver con las palabras frente a lo que tiene que ver con las cosas. En cuanto a la cosa en sí, hay muy poco parecido entre reventarse una espinilla y una eyaculación del pene, y aún menos parecido entre los poros de la piel, que son innumerables y muy superficiales, y la vagina; pero, en el primer caso, en las dos ocasiones hay "algo que sale", mientras que, en el último caso, la expresión cínica "un agujero es un agujero" es una afirmación cierta como tal. Lo que ha dictado la sustitución no es el parecido que existe entre las cosas designadas, sino el parecido de las palabras empleadas para expresarlas. Siempre que las dos. —palabra y cosa— no coincidan, la formación sustitutiva de la esquizofrenia diverge de la que se da en el caso de las neurosis de transferencia.

Si ponemos este hallazgo junto a la hipótesis de que en la esquizofrenia las investiduras de objeto se ven resignadas, nos veremos obligados a modificar la hipótesis añadiendo que se mantiene la investidura de las representaciones-palabra de los objetos. Lo que nos hemos permitido denominar representación[62] consciente del objeto se puede descomponer ahora en la representación de la *palabra* y en la representación de la *cosa*, que consiste en la investidura, si no de la imagen mnémica directa de la cosa, sí al menos, de huellas mnémicas más remotas y derivadas de ella. Parece que ahora conocemos de repente la diferencia que existe entre una representación consciente y una inconsciente. Las dos no son, como suponíamos, trascripciones diferentes del mismo contenido en localizaciones psíquicas diferentes, ni tampoco estados funcionales de investidura diferentes en la misma localización, sino que la representación consciente abarca la representación de la cosa más la representación de la palabra que le pertenece, mientras que la representación inconsciente es la representación de la cosa sola. El sistema *Icc.* contiene las investiduras de cosa de los objetos, que son las investiduras de objeto primeras y verdaderas; el sistema *Prcc.* aparece cuando esa representación-cosa es sobreinvestida por el enlace con las representaciones-palabra que le corresponden. Son estas investiduras, según podemos suponer, las que producen una organización psíquica superior y hacen posible que el proceso primario sea seguido por el proceso secundario, que es el que domina en lo *Prcc.* Ahora también podemos indicar de manera precisa qué es lo que la represión niega a la representación en las neurosis de transferencia [p. 180]: lo que se le niega a la representación es la traducción en palabras, que permanecerán unidas al objeto. La representación que no es expresada en palabras, o el acto psíquico no sobreinvestido, se quedan a partir de ese momento, en el interior de lo *Icc.*, en un estado de represión.

Me gustaría subrayar lo pronto que ya poseíamos la intelección que en la actualidad nos permite entender una de las características más llamativas de la esquizofrenia. En las últimas páginas de *La interpretación de los sueños*, que se publicó en 1900, se desarrollaba el punto de vista de que los procesos de pensamiento, es decir, los actos de investidura que están comparativamente más alejados de la percepción, en sí carecen de cualidad y son inconscientes, y sólo logran su capacidad de hacerse conscientes por el enlace que tienen con los residuos de percepciones de las *palabras*.[63] Sin embargo, las representaciones de la palabra se derivan, por su parte, de la percepción sensorial, igual que ocurre con las representaciones-cosa, de tal manera que podría plantearse la pregunta de por qué las representaciones de los objetos no pueden volverse conscientes por medio de sus *propios* residuos de percepción. Sin embargo, probablemente el pensamiento se desarrolla en sistemas que están tan distanciados de los residuos de percepción originarios que ya no les queda ninguna de las cualidades de esos residuos, y para volverse conscientes necesitan verse reforzados por nuevas cualidades. Además, al enlazarse mediante palabras, a las investiduras se les puede aportar cualidad incluso cuando representan únicamente las *relaciones* que existen entre las representaciones de los objetos y, por tanto, son incapaces de derivar ninguna cualidad de dichas percepciones. Dichas relaciones, que se vuelven comprensibles únicamente a través de las palabras, constituyen una parte importante de nuestros procesos de pensamiento. Como podemos observar, estar enlazados con las representaciones de las palabras no coincide todavía con el hecho de volverse consciente, simplemente hace posible que se vuelva así: por tanto, es característica únicamente del sistema *Prcc*.[64] Sin embargo, con estos debates nos hemos apartado de nuestro objeto original y nos vemos sumidos en medio de los problemas relacionados con lo preconsciente y lo consciente, a los que, por buenas razones, hemos reservado un tratamiento aparte.[65]

En lo que respecta a la esquizofrenia, a la que, por cierto, únicamente hacemos referencia aquí hasta donde nos parece indispensable para el entendimiento general de lo *Icc.*, debe presentársenos una duda, a saber, si el proceso al que hemos denominado represión tiene todavía algo en común con la represión que se produce en las neurosis de transferencia. La fórmula según la cual la represión es un proceso que ocurre entre los sistemas *Icc.* y *Prcc.* (o *Cc.*) y da como resultado que algo se mantenga lejos de la conciencia, en cualquier caso tiene que ser modificada para que se pueda incluir el caso de la *dementia praecox* y de otras afecciones narcisistas. Pero el intento de huida del yo, que se manifiesta en la retirada de la investidura consciente, sigue siendo, no obstante, un factor común [a ambos tipos de neurosis]. La reflexión más superficial nos muestra que este intento de huida, esa huida del yo, se pone en marcha en las neurosis narcisistas de manera mucho más radical y profunda.

Si, en la esquizofrenia, esta huida consiste en la retirada de la investidura pulsional de los lugares que representan a la representación *inconsciente* del objeto, puede resultar extraño que la parte de esa misma representación del objeto que pertenece al sistema *Prcc* — principalmente, las representaciones-palabra que le corresponden— deba recibir, por el contrario, una investidura más intensa. Cabría esperar que la representación-palabra, al tratarse de la parte preconsciente, debiera resistir el primer asalto de la represión y se volviese por completo no investible después de que la represión haya avanzado hasta las representaciones inconscientes de la cosa. Sin duda, esto es algo difícil de entender. Resulta que la investidura de la representación-palabra no forma parte del acto de la represión, sino que constituye el primero de los intentos de restablecimiento o de curación que presiden de forma tan llamativa el cuadro clínico de la esquizofrenia.[66] Estos empeños van destinados a reconquistar el objeto perdido, y muy bien puede suceder que, para lograr este propósito, emprendan el camino hacia el objeto *a través de* la parte verbal del mismo, aunque luego se vean a sí mismos obligados a contentarse con las palabras y no con las cosas. Es una verdad aceptada generalmente que nuestra actividad mental se mueve en dos direcciones contrarias: o bien parte de las pulsiones y., atravesando el sistema *Icc.* llega a la actividad de pensamiento consciente, o bien comienza con una incitación desde fuera y atraviesa el sistema de lo *Cc.* y lo *Prcc.* hasta alcanzar las investiduras de lo *Icc.* del yo y de los objetos. A pesar de la represión que se ha producido, este segundo camino debe permanecer transitable, y en un tramo deja espacio para que tengan lugar los esfuerzos que hace la neurosis por reconquistar sus objetos. Cuando pensamos en las abstracciones, puede existir el peligro de que podamos descuidar las relaciones de las palabras con las representaciones de cosas inconscientes, y resulta obligado confesar que la expresión y el contenido de nuestra actividad filosófica empieza entonces a adquirir un parecido no deseado con el modo operativo de los esquizofrénicos.[67] Por otro lado, podemos intentar realizar una caracterización del modo de pensamiento esquizofrénico al afirmar que él trata las cosas concretas como si fueran abstractas.

Si hemos realizado una verdadera evaluación de la naturaleza de lo *Icc.* y hemos definido correctamente la diferencia que existe entre una representación inconsciente y una preconsciente, entonces nuestra investigación deberá reconducirnos desde muchos otros puntos a esta misma conclusión.

APÉNDICE A.

Freud y Ewald Hering

Entre los maestros que tuvo Freud en Viena se encontraba el fisiólogo Ewald Hering (1834–1918), quien, según nos cuenta el Dr. Jones (1953, p. 244), en 1884 le ofreció al joven Freud un puesto como ayudante suyo en Praga. Un episodio sucedido unos cuarenta años después parece sugerir, como señala Ernst Kris (1956), que la influencia de Hering pudo haber contribuido a las concepciones de Freud sobre lo inconsciente (compárese lo que se ha dicho antes en la página 162). En 1880, Samuel Butler publicó su obra *Unconscious Memory*, en la que se incluía la traducción de una conferencia dada por Hering en 1870, "Über das Gedächtnis als eine allgemeine Funktion der organisierten Materie" [Sobre la memoria como función universal de la materia organizada], con la que Butler se manifestaba, en términos generales, de acuerdo. Un libro de Israel Levine con el título *The Unconscious* fue publicado en Inglaterra en 1923, y en 1926 apareció una traducción suya al alemán, realizada por Anna Freud. Sin embargo, una sección del mismo (parte 1, sección 13), que trata sobre Samuel Butler, fue traducida por el propio Freud. En ella, aunque Levine mencionaba la conferencia de Hering, se ocupaba más de Butler que de Hering. En tal sentido (en la página 34 de la versión alemana), Freud añadió la siguiente nota al pie:

"El lector alemán, familiarizado con esta conferencia de Hering, a la que considera una pieza maestra, de ningún modo se inclinará, desde luego, a dar prioridad a las consideraciones que Butler basa en ella. Sin embargo, en Hering encontramos acertadas observaciones que confieren a la psicología el derecho a suponer una actividad mental inconsciente: "¿Quién podría esperar que desentrañará la trama de nuestra vida interior, formada por millares de hilos, si estuviéramos dispuestos a perseguirlos sólo en su recorrido por la conciencia? [...] Cadenas como estas de procesos nerviosos materiales inconscientes, que finalizan en un eslabón acompañado de una percepción consciente, han sido descritas como "series de representaciones inconscientes" y de "inferencias inconscientes", y esto puede justificarse también desde el punto de vista de la psicología. Ya que la mente se escabulliría de los dedos de la psicología, si la psicología se negara a aprehenderse de los estados inconcientes de la mente" [Hering, 1870, pp. 11 y 13].

APÉNDICE B.

El paralelismo psicofísico

(Se ha señalado anteriormente [p. 163], que las primeras concepciones de Freud sobre la relación que existe entre la mente y el sistema nervioso estuvieron muy influenciadas por Hughlings-Jackson. Esto se hace evidente, particularmente, por el siguiente fragmento extraído de su trabajo monográfico sobre las afasias (1891*b*, 56–58). Resulta particularmente instructivo comparar las últimas frases sobre el tema de los recuerdos latentes, con la posición posterior de Freud. Con el fin de que se mantenga una terminología uniforme, se ha llevado a cabo una nueva traducción.)

Tras esta digresión, volvemos a la concepción de la afasia. Recordamos que, sobre la base de las doctrinas de Meynert creció la hipótesis de que el aparato del lenguaje consistía en distintos centros corticales en cuyas células se contienen las representaciones-palabra; estos centros están separados por una región cortical que carece de funciones y se enlazan mediante fibras blancas (haces asociativos). Así pues, la pregunta que surge de inmediato es si una hipótesis de este tipo, que aloja representaciones en células nerviosas, puede ser de alguna manera correcta y admisible. Yo creo que no.

La tendencia de las épocas anteriores de la medicina se centraba en localizar las facultades mentales en su totalidad, tal como las define la terminología psicológica, en determinadas regiones del cerebro. Por el contrario, iba destinada a parecer un gran avance la declaración de Wernicke de que sólo era legítimo localizar los elementos psíquicos más simples, las representaciones sensoriales diferentes, y que estuvieran localizadas en la terminación central del nervio periférico que ha recibido la impresión. ¿Pero no estaremos cometiendo el mismo error de principio, ya se intente localizar un concepto complejo, una actividad mental en su totalidad o sólo un elemento psíquico? ¿Se puede justificar el hecho de tomar una fibra nerviosa, que a lo largo de todo su recorrido ha sido meramente un producto fisiológico sometido a modificaciones meramente fisiológicas, sumergir su extremo en el ámbito de lo psíquico y disponer este extremo con una representación o una imagen mnémica? Si ya se ha reconocido que "voluntad", "inteligencia", etc., son términos técnicos de la psicología a los cuales corresponden en el mundo fisiológico estados de cosas muy complejos, ¿podemos tener mayor certeza de que una "representación sensorial simple" sea otra cosa diferente a un término técnico del mismo tipo?

Es probable que la cadena de los acontecimientos fisiológicos que se dan dentro del sistema nervioso probablemente no mantenga una conexión casual con los acontecimientos psíquicos. Los acontecimientos fisiológicos no cesan en el momento en que comienzan los psíquicos; por el contrario, la cadena fisiológica continúa. Lo que sucede, simplemente, es que, tras un determinado punto en el tiempo, cada uno de estos eslabones (o algunos de ellos) tiene un fenómeno físico que se corresponde con el mismo. En consecuencia, lo psíquico es un proceso paralelo con lo fisiológico (algo concomitante y dependiente).[68]

Sé bien que no puedo acusar sin consideración a las personas cuyas opiniones pongo aquí en entredicho de haber dado este salto irreflexivamente y de este cambio en su ángulo de enfoque científico [es decir, del fisiológico al psicológico]. Es evidente que no quieren decir otra cosa que no sea que la modificación fisiológica de las fibras nerviosas que acompaña a la excitación sensorial produce otra modificación en la célula nerviosa central, que pasa a ser el correlato fisiológico de la "representación". Y dado que pueden decir mucho más acerca de las representaciones que acerca de las modificaciones desconocidas, de las que aún no se ha logrado ninguna caracterización fisiológica, hacen uso de la expresión elíptica de que la presentación se localiza en la célula nerviosa. Sin embargo, esta forma de presentar las cosas, en seguida lleva a que se produzca una confusión entre ambas cosas, que no tienen que tener necesariamente ningún parecido entre sí. En psicología, una idea simple es algo elemental para nosotros, que podemos distinguir con claridad de sus conexiones con otras representaciones. Esto nos conduce a suponer que también el correlato fisiológico de la representación, es decir, la modificación que se origina desde la fibra nerviosa excitada con su terminación en el centro, es también algo simple que puede localizarse en un punto concreto. No se justifica, desde luego, establecer un paralelismo de este tipo, con lo que las características de la modificación deben establecerse por su propia cuenta y de manera independiente con respecto a su contrapartida psicológica.[69]

Así pues, ¿cuál es el correlato fisiológico de una representación simple o de la misma representación que retorna en lugar de la anterior? Manifiestamente, no es algo estático, sino algo que está en la naturaleza de un proceso. Este proceso admite su localización y se inicia en un punto concreto de la corteza y desde ahí se expande por toda ella o a lo largo de determinadas vías. Una vez completado este proceso, en la corteza afectada por él, deja una modificación, a saber, la posibilidad del recuerdo. Resulta sumamente dudoso el que exista algo psíquico que tampoco se corresponda con esta modificación. Nuestra conciencia no sabe nada de algo que justifique el nombre de "imagen mnémica latente" desde el punto de vista psíquico. No obstante, en cuanto el mismo estado de la corteza vuelve a ser incitado, lo psíquico surge de nuevo como imagen mnémica ...

APÉNDICE C.

Palabras y cosas

(La sección final del artículo de Freud sobre "Lo inconsciente" parece tener sus raíces en su temprana monografía sobre la afasia [1891b]. Tal vez sea de interés, entonces, reproducir aquí un fragmento de esa obra que, aunque no resulta fácil de entender en sí mismo, arroja luz sobre los supuestos en los que se basaron algunos de los conceptos posteriores de Freud. Este fragmento tiene otro interés incidental en cuanto que se presenta a Freud utilizando el lenguaje técnico de la psicología "académica" de finales del siglo XIX, algo que no era nada habitual en él. El fragmento que se cita aquí continúa una línea de argumentaciones anatómicas y fisiológicas, tanto destructivas como constructivas, que ha llevado a Freud a un esquema hipotético de funcionamiento neurológico que él denomina "el aparato del lenguaje". Sin embargo, debe señalarse que hay una diferencia importante, y que quizá pueda crear confusión, entre la terminología que Freud emplea aquí y la de «Lo inconsciente», que puede dar origen a confusiones. Lo que aquí llama "representación-objeto" es lo que llama "representación-cosa" en «Lo inconsciente», mientras que a lo que allí se referiría como la "representación-cosa" denota un complejo compuesto de la "representación-cosa" y la "representación-palabra" combinadas, es decir, un complejo al que no se le atribuye ningún nombre concreto en el fragmento de *Afasia*. La traducción se ha hecho específicamente para esta ocasión[70] ya que, debido a los usos terminológicos, la que estaba publicada no se adaptaba por completo a la finalidad presente. Igual que sucede en la última sección de "Lo inconsciente", aquí siempre hemos empleado la palabra "representación" para referirnos al término alemán *Vorstellung*, mientras que "imagen" hace referencia a la palabra alemana *Bild*. El fragmento va desde la página 74 hasta la página 81 de la edición original en alemán.)

Propongo que ahora examinemos las hipótesis que nos hacen falta para explicar las perturbaciones del lenguaje sobre la base de un aparato del lenguaje construido de ese modo; dicho de otro modo, lo que nos enseña el estudio de las perturbaciones del lenguaje con respecto al funcionamiento de este aparato. Al hacerlo, mantendré lo más separadas posibles las partes psicológicas y anatómicas de la cuestión.

Desde el punto de vista de la psicología, la unidad de la función del lenguaje es la «palabra»: una representación compleja que demuestra ser una combinación de elementos acústicos, visuales y kinestésicos. Debemos nuestro conocimiento de esta composición a la patología, que nos enseña que en caso de lesiones orgánicas en el aparato del lenguaje se produce una fragmentación del habla siguiendo la línea en la que se reúne esta composición. De tal modo, confiamos en que la ausencia de uno de estos elementos de la representación-palabra tendrá que ser el indicativo más importante que nos permitirá llegar a la localización de la enfermedad. Suelen citarse cuatro componentes de la representación-palabra: la "imagen sonora", la "imagen visual de las letras", la "imagen motriz del lenguaje" y la "imagen motriz de la escritura". Sin embargo, esta composición se muestra más compleja cuando entramos en el probable proceso asociativo que se produce en cada operación lingüística:

1. Aprendemos a *hablar* cuando asociamos una "imagen sonora de palabra" con un "sentimiento de inervación de una palabra".[71] Después de haber hablado, estamos en posesión de una «representación motriz de lenguaje» (sensaciones centrípetas procedentes de los órganos del lenguaje), de modo que, desde el punto de vista motriz, la "palabra" queda doblemente determinada para nosotros. De los dos elementos determinantes, el primero, es decir, la representación de inervación de palabra, parece ser el que tiene menor valor desde el punto de vista psicológico; de hecho, se puede poner en entredicho que llegue a presentarse como factor psíquico. Además, después de hablar, recibimos una "imagen sonora" de la palabra pronunciada. Siempre que no hayamos desarrollado nuestra capacidad de hablar demasiado, esta segunda imagen sonora no tiene por qué ser igual a ella, basta con que esté asociada a ella.[72] En este estadio del desarrollo del lenguaje en la primera infancia hacemos uso de un lenguaje creado por nosotros mismos y nos comportamos como motores afásicos asociando diferentes sonidos externos de palabra con un sonido único producido por nosotros mismos.

2. Aprendemos a hablar el lenguaje de los otros cuando nos empeñamos en hacer que la imagen sonora producida por nosotros mismos se parezca el máximo posible a la que hizo surgir nuestra inervación lingüística. De este modo aprendemos a "repetir", o sea a "hablar como alguien" lo que ha dicho otra persona. Cuando hilamos las palabras en el discurso conectado, paramos la inervación de la siguiente palabra hasta que nos llega la imagen sonora de la presentación del lenguaje motriz (o de ambos) de la palabra precedente. La seguridad de nuestro lenguaje está, por tanto, sobredeterminada[73] y soporta bien la ausencia de uno u otro de los factores determinantes. Por otro lado, la ausencia de la corrección ejercida por la segunda imagen sonora y por la imagen motriz del

lenguaje explica algunas de las peculiaridades de la parafasia, tanto fisiológica como patológica.

3. Aprendemos a *deletrear* cuando enlazamos las imágenes visuales de las letras con nuevas imágenes sonoras que, por su parte, nos deben de recordar los sonidos verbales que ya conocemos. Enseguida "repetimos" la imagen sonora que caracteriza a la letra, de modo que las letras se ven como algo determinado por dos imágenes sonoras que coinciden, y por dos representaciones motrices que se corresponden la una con la otra.

4. Aprendemos a *leer* cuando enlazamos, conforme a ciertas reglas, la sucesión de las representaciones de inervación de palabra y motriz de palabra que recibimos al pronunciar las letras por separado, de tal manera que aparecen nuevas representaciones motrices de palabra. Tan pronto pronunciamos en voz alta las nuevas representaciones de palabra, descubrimos, a partir de sus imágenes sonoras, que hace ya mucho tiempo que estamos familiarizados con las dos imágenes, la motriz de palabra y la sonora de palabra, que hemos recibido de esta manera y que son idénticas a las imágenes usadas al hablar. Entonces asociamos el significado que aparece vinculado a los sonidos verbales primarios con las imágenes lingüísticas obtenidas por deletreo. Ahora leemos y entendemos. Si lo que hemos pronunciado primariamente era en dialecto y no un lenguaje literario, las imágenes motriz y sonora de las palabras adquiridas mediante el deletreo tienen que superasociarse con las imágenes antiguas; así pues, tenemos que aprender un nuevo lenguaje, una tarea que viene facilitada por la semejanza que existe entre el dialecto y el lenguaje literario.

Esta descripción nos permite advertir que aprender a leer es un proceso muy complejo, en el que el transcurso de las asociaciones realiza movimientos hacia atrás y hacia delante repetidamente. También estaremos preparados para encontrarnos con que las perturbaciones de la lectura en la afasia se producen en formas muy diversas. Lo único que indica indudablemente la existencia de una lesión del elemento *visual* de la lectura es un trastorno en la lectura de *letras por separado*. La *combinación* de las letras en una palabra se produce durante la transmisión a la vía del lenguaje y, por tanto, queda suprimida en la afasia *motriz*. La *combinación* de las letras para formar una palabra se produce sólo por medio de la transmisión de las imágenes sonoras producidas por las palabras que han sido pronunciadas, o por medio de las imágenes motrices de palabra surgidas en el habla. Por tanto, se presenta así como una función que no sólo desaparece cuando existe una lesión motriz, sino también cuando hay una lesión *acústica*. Entender lo que se lee se ve, además, como una función independiente de la ejecución real de la lectura. A través de la autoobservación, cualquiera puede discernir que existen distintos tipos de lectura, en algunos de las cuales nos las apañamos sin comprender lo que se lee. Cuando leo pruebas de imprenta, para lo cual procedo a prestar particular atención a las imágenes visuales de las letras y otros signos tipográficos, se me escapa el sentido de lo leído, tanto que tengo que volver a leer las pruebas de nuevo de una manera especial, si quiero corregir el estilo. Si estoy leyendo un libro que me interesa, por ejemplo una novela, paso por alto todos los errores de imprenta, y puede ocurrir que sólo me quede una impresión confusa del nombre de los personajes que aparecen, y, tal vez, que son largos o cortos y contienen alguna letra poco habitual, una "x" o una "z". Cuando tengo que leer en voz alta, con lo que tengo que prestar particular atención a las imágenes sonoras de mis palabras y a los intervalos que se dan entre ellas, corro también el peligro de ocuparme demasiado poco del sentido de las palabras; y, en cuanto me canso, leo de tal modo que, aunque otras personas pueden seguir entendiendo lo que estoy leyendo, yo mismo ya no sé lo que he leído. Todos estos son fenómenos causados por la atención dividida, que surgen aquí precisamente porque la comprensión de lo que se ha leído se produce siguiendo un camino lleno de rodeos. Si el propio proceso de lectura presenta dificultades, ya no existe ninguna duda sobre la comprensión. Esto queda claro mediante la analogía con nuestro comportamiento cuando estamos aprendiendo a leer; y debemos tener cuidado de no considerar la ausencia de comprensión como una prueba de interrupción de una vía. Leer en voz alta no puede considerarse como un proceso distinto al de la lectura en silencio, salvo por el hecho de que contribuye a apartar la atención de la parte sensorial del proceso de lectura.

5. Aprendemos a *escribir* cuando reproducimos las imágenes visuales de las letras mediante imágenes de inervación de la mano, hasta que aparecen las mismas imágenes visuales, o unas semejantes. Por regla general, las imágenes de la escritura son sólo semejantes a las imágenes de la lectura y están superasociadas a ellas, ya que cuando aprendemos a leer lo hacemos con caracteres de *imprenta*

y cuando aprendemos a escribir lo hacemos en letra *manuscrita*. La escritura demuestra ser un proceso relativamente simple y no tan fácil de perturbar como la lectura.

6. Asimismo, debe suponerse que más adelante llevamos a cabo estas funciones diferentes del lenguaje mediante las mismas vías asociativas que adoptamos al aprenderlas. En este estadio posterior, pueden darse abreviaturas y sustituciones, pero no siempre es fácil constatar su naturaleza. Su importancia se ve disminuida, además, por la consideración de que, en casos de lesión de los órganos, el aparato del lenguaje probablemente estará dañado hasta cierto punto como un todo y se verá forzado a retroceder a modos de asociación que sean primarios, bien establecidos y de mayor duración. En lo que respecta a la lectura, es indudable que la "imagen de la palabra visual" hace notar su influencia en los lectores con práctica, de modo que las palabras individuales (en particular, los nombres propios) pueden leerse incluso sin necesidad de deletrearlos.

Así pues, una palabra es una representación compleja, que consta de las imágenes que acabamos de mencionar; o, dicho de otro modo, a la palabra le corresponde un complicado proceso asociativo, en el que entran a la vez los elementos de origen visual, acústico y kinestésico que se han mencionado anteriormente.

Sin embargo, una palabra adquiere su *significado* mediante su enlace con una "representación-objeto",[74] en todo caso, si nos limitamos a considerar únicamente los sustantivos. Una vez más, la representación-objeto en sí misma es un complejo asociativo compuesto por la mayor variedad de representaciones visuales, acústicas, táctiles, kinestésicas y otras. Gracias a la filosofía sabemos que una representación-objeto consta únicamente de esto, es decir, que la apariencia de que haya una "cosa", cuyos diversos "atributos" demuestran estas impresiones sensoriales, se debe meramente al hecho de que, al hacer un listado de estas impresiones sensoriales que hemos recibido de un objeto, también asumimos la posibilidad de que haya una gran cantidad de nuevas impresiones dentro de la misma cadena de asociaciones (J. S. Mill).[75] La representación-objeto se nos presenta entonces como algo no cerrado y que casi no podría cerrarse, mientras que la representación-palabra se nos presenta como algo cerrado, aunque tiene posibilidad de ampliación.

[*Reading-image* = imagen de lectura
Writing-image = imagen de escritura
Word-[presentation] = [representación]-palabra
Motor-image = imagen motriz
Sound image = imagen sonora
Object-association = asociación de objetos
Acoustic = acústico
Tactile = táctil
Visual = visual]

Esquema psicológico de la representación-palabra.

La representación-palabra se muestra como un complejo cerrado de representaciones, mientras que la representación-objeto se muestra como un complejo abierto. La representación-palabra no se enlaza con la representación-objeto mediante *todos* sus elementos constitutivos, sino sólo mediante su imagen sonora. Entre las asociaciones de objeto, son las visuales las que ocupan el lugar del objeto, del mismo modo en que la imagen sonora ocupa el lugar de la palabra. No se indican las conexiones que vinculan la imagen sonora de la palabra con las asociaciones de objeto que no sean las visuales.

La patología de los trastornos del lenguaje nos lleva a afirmar *que la representación-palabra está vinculada a su extremo sensorial (mediante sus imágenes sonoras) mediante la representación-objeto*. Así pues, llegamos a suponer la existencia de dos clases de trastornos del habla: (1) una afasia de primer orden, *afasia verbal*, en la que solamente están perturbadas las asociaciones entre los elementos por separado de la representación-palabra, y (2) una afasia de segundo orden, *afasia asimbólica*, en la que está perturbada la asociación entre la representación-palabra y representación-objeto.

Empleo el término "asimbolia" en otro sentido distinto al que lo ha usado habitualmente Finkelnburg,[76] porque me parece que la relación que existe entre la [representación-]palabra y la representación-objeto es la que debe describirse como "simbólica", más que la que existe entre el objeto y la representación-objeto. Para las perturbaciones que se dan en el reconocimiento de los objetos, que Finkelnburg clasifica como "asimbolia", propongo que se emplee el término "agnosia". Sin embargo, es posible que los trastornos "agnósticos" (que únicamente pueden darse en casos de lesiones corticales bilaterales y extensas) también conlleven una perturbación del habla, ya que todas las incitaciones para el habla espontánea surgen del campo de las asociaciones de objeto. A estas perturbaciones del habla yo las llamaría afasias de tercer orden o *afasias agnósticas*. De hecho, la observación clínica nos ha acercado a algunos casos que tienen que ser observados de este modo ...

Notas

1. La posible influencia de Freud en este aspecto del fisiólogo Hering se argumenta más adelante en el Apéndice A (p. 205).
2. Por extraño que parezca, fue Breuer, en sus colaboraciones teóricas a los *Estudios*, quien hizo la primera defensa razonada de las ideas inconscientes (Ed. Estándar, 2, 222 s.).
3. Las palabras finales del capítulo I de *El yo y el ello*; para los lectores en inglés, debe observarse que hay una mayor ambigüedad en la palabra "inconsciente" que apenas se presenta en alemán. Las palabras alemanas *bewusst* y *unbewusst* tienen la forma gramatical de participios pasivos, y su uso habitual es algo parecido a "conocido conscientemente" y "no conocido conscientemente". En inglés "consciente", aunque puede usarse del mismo modo, también se emplea, y quizás con mucha más frecuencia, en sentido activo: "era consciente del sonido" y "estaba en el suelo inconsciente". Los términos en alemán no suelen tener este significado activo y es importante tener en cuenta que "consciente" debe entenderse, en general, de forma pasiva en el texto que viene a continuación. La palabra alemana *Bewusstsein*, por otro lado, que aquí se traduce como "conciencia") *sí* tiene un sentido activo. Por ello, por ejemplo, en la página 173, Freud habla de un acto psíquico que se vuelve "un objeto de conciencia"; una vez más, en el último párrafo de la primera sección del artículo (página 171) habla de la "percepción [de los procesos mentales] mediante la conciencia; y, en términos generales, cuando usa expresiones del tipo "nuestra conciencia" se está refiriendo a nuestra conciencia *de* algo. Cuando desea hablar de una conciencia de un estado mental en sentido pasivo, usa la palabra *Bewusstheit*, que se traduce aquí como "el atributo de ser consciente", "el hecho de ser consciente" o simplemente "ser consciente"—donde la palabra "consciente" tiene que tomarse en sentido pasivo, como ocurre casi siempre en estos artículos.
4. Véase Nota del editor, p. xxx nota al pie.
5. [Parece que el propio Freud se ve inclinado a aceptar esta teoría, como se sugiere en un pasaje de su libro sobre la afasia (1819*b*, 56 ss.). Esto se encontrará traducido en el Apéndice B (p. 206).]
6. [Compárese con *La interpretación de los sueños* (1900*a*), Ed. Estándar, 4, 133.]

7. [En este último debate del sujeto, en el fragmento inacabado "Algunas lecciones elementales de psicoanálisis" (1940*b*), Freud se extendió bastante sobre las pruebas aportadas por la sugestión posthipnótica.]

8. [En algunos de sus primeros escritos, el propio Freud empleó el término «subconsciente», por ejemplo, en su artículo sobre las parálisis histéricas (1893*c*) y en los *Estudios sobre la histeria* (1895), Ed. estándar, 2, 69 n. Pero deja de recomendar el término ya en *La interpretación de los sueños* (1900*a*), Ed. estándar, 5, 615. De nuevo hace referencia al punto en la Conferencia xix de la *Introducción al psicoanálisis* (1916–1917) y lo argumenta de forma un poco más completa cerca del final del capítulo II de *La cuestión del análisis profano* (1926*e*).]

9. [Término en francés empleado para "conciencia dual"].

10. [Esta idea ya había sido tratada de forma bastante extensa en el capítulo VII (F) de *La interpretación de los sueños* (1900*a*), Ed. estándar, 5, 615–617.]

11. [Freud recurre a esto más adelante en la p. xxx.]

12. [Freud ya ha introducido estas abreviaturas en *La Interpretación de los sueños* (1900*a*), Ed. estándar, 5, 540 ss.]

13. [Véase *Estudios sobre la histeria*, Breuer y Freud (1895), Ed. estándar, 2, 225.]

14. [De Bleuler (1914). Véase la "Historia del movimiento psicoanalítico" (1914*d*), arriba, 0. 41.]

15. [La palabra en alemán es *Verstellung*, que abarca los términos "idea", "imagen" y "representación"].

16. [La concepción de una idea como algo presente en la mente en más de un "registro" fue adelantada por Freud en una carta a Fliess fechada el 6 de diciembre de 1896 (Freud, 1950*a*, Carta 52). Se usa en relación con la teoría de la memoria en el capítulo VI (Sección B) de *La interpretación de los sueños* (1900*a*), Ed. estándar, 5, 539); y se alude a ella de nuevo en la sección F del mismo capítulo (ibíd., 610) en un argumento que presagia el actual.]

17. [Freud había estado muy preocupado por la cuestión de la localización de las funciones cerebrales en su trabajo sobre la afasia (1891*b*).]

18. [Freud había insistido en esto ya en el prefacio a su traducción de la obra de Bernheim, *De la sugestión* (Freud, 1888–1889).]

19. [La imagen tópica de la distinción entre ideas conscientes e inconscientes se presenta en la argumentación de Freud del caso del "Pequeño Hans" (1909*b*), Ed. estándar, 10, 120 f., y de forma más extensa en el último párrafo de su artículo técnico "Sobre la iniciación del tratamiento" (1913*c*).]

20. [Este argumento es seguido de nuevo en la p. 201.]

21. [Cf. La Nota del editor de "Pulsiones y sus destinos", p. 111 ss. Anterior.]

22. [En alemán, *Schuldbewusstsein*, un equivalente frecuente de *Schuldgefühl*, es decir, "Sensación de culpa"].

23. Compárese con el artículo anterior sobre "Represión" [p. 153].

24. [La argumentación principal de los afectos en *La interpretación de los sueños* (1900*a*) se encuentra en la Sección H del Capítulo VI, Ed. estándar, 5, 460–487.]

25. [Esta cuestión es tratada de nuevo en el Capítulo II de *El yo y el ello* (1923*b*).]

26. La afectividad se manifiesta fundamentalmente en la descarga motora (secretora y vasomotora) que resulta de una alteración (interna) del propio cuerpo del sujeto sin hacer referencia al mundo externo; la motilidad, en acciones diseñadas para producir cambios en el mundo externo.

27. [En la edición de 1915, únicamente, «(*Prcc.*)» no aparece.]

28. [Para el uso de "libido" aquí, véanse los cuatro párrafos siguientes.]

29. [Freud había usado este término por primera vez unos veinte años antes en una carta dirigida a Fliess, fechada el 13 de febrero de 1896. (Freud, 1950*a*, Carta 41.) Únicamente lo había usado una vez anteriormente en sus obras *publicadas*: en la *Psicopatología de la vida cotidiana* (1901*b*), Capítulo XII (C).]

30. [Freud ya lo había hecho antes cuatro párrafos antes.]

31. [Se trata de la segunda fase del proyecto.]

32. [La "tercera fase".]

33. [La noción de una pequeña liberación del displacer actuando como "señal" para impedir una liberación mucho mayor ya se encuentra en el "Proyecto" de Freud de 1895 (1950*a*, Parte II, Sección 6) y en *La interpretación de los sueños* (1900*a*), Ed. estándar, 5, 602. La idea se desarrolla, naturalmente, más adelante, en *Inhibición, síntomas y ansiedad* (1926*d*), p. ej., en el capítulo XI, sección A (b).]

34. [Probablemente una referencia al artículo metapsicológico perdido sobre la histeria de conversión. (Véase la Introducción del editor, p. 106.) Freud ya había tocado la cuestión en *Estudios sobre la histeria* (1895*d*), Ed. estándar, 2, 166–167.]

35. [En la edición de 1915 solo «(*Prcc.*)» no aparece.]

36. [Esto ya lo había afirmado Freud en el capítulo VI de su libro de chistes (1905*c*). Sin embargo, compárese con la argumentación posterior de Freud sobre la negación (1925*h*).]

37. Cf. la discusión del capítulo VII de *La interpretación de los sueños* (1900*a*) [Sección E, Ed. estándar, 5, 588 ss.] basada en ideas desarrolladas por Breuer en *Estudios sobre la histeria* (Breuer y Freud, 1895). [Un comentario sobre la atribución que hace Freud de estas hipótesis a Breuer se encontrará en la Introducción del editor a la obra posterior (Ed.

estándar, 2, xxvii) y en una nota al pie de página del mismo volumen (ibíd., 194).]

38. [Freud había expresado esta idea con palabras muy parecidas en el capítulo VII (E) de *La interpretación de los sueños* (1900*a*), Ed. estándar, 5, 605. El punto se desarrolla de forma más completa en su libro sobre chistes (1905*c*), en particular en las secciones segunda y tercera del capítulo VII.]

39. [En la edición de 1915 únicamente, aparece «(*Prcc*.)». Se encontrará menciones a la "atemporalidad" de lo inconsciente dispersas a lo largo de todos los escritos de Freud. El más temprano es quizás una oración que data de 1897 (Freud, 1950*a*, borrador M) en la que afirma que "hacer caso omiso a las características del tiempo es sin duda una distinción fundamental entre la actividad preconsciente e inconsciente". A este punto se alude de forma indirecta en *La interpretación de los sueños* (1900*a*), Ed. estándar, 5, 577–578, pero la primera mención explícita publicada de ello parece que se encuentra en una nota al pie añadida en 1907 a *La psicopatología de la vida cotidiana* (1901*b*), cercana al final del último capítulo. Otra alusión pasajera aparece en una nota al pie de página del artículo sobre narcisismo (más arriba, p. 56). Freud retoma la cuestión en más de una ocasión en sus escritos posteriores; particularmente en *Más allá del principio del placer* (1920*g*), Ed. estándar, 18, 28 y en la Conferencia XXXI de las *Nuevas conferencias de introducción al psicoanálisis* (1933*a*). Un debate sobre el tema tuvo lugar en una reunión de la Sociedad Psicoanalítica de Viena el 8 de noviembre de 1911, y las actas publicadas (Zbl. Psuchoan., 2, 476–477) aportan un breve resumen de algunos comentarios hechos por Freud sobre la ocasión.]

40. [Cf. la sección 8 de "Los dos principios del funcionamiento mental", (1911*b*), "El examen de realidad" se trata con cierto detenimiento en el siguiente artículo (p. 231 ss., más abajo).]

41. Estamos reservando para un contexto diferente la mención de otro privilegio destacado del *Icc*. [Puede referirse a la relación del *Icc*. con las palabras (p. 201 ss.); o posiblemente con uno de los artículos no publicados de la serie.]

42. [Una referencia probable al artículo perdido sobre la conciencia.]

43. [Cf. nota al pie 2, p. 186.]

44. [Cf. más arriba, p. 96 n.; En la edición de 1915 únicamente, esto aparece como «*Cc*».]

45. [Aquí se hace una insinuación al mecanismo por el cual lo *Prcc*.]

46. [Uno de los pocos comentarios realizados por Freud sobre la metapsicología de los animales se encontrará al final del capítulo I de su *Descripción del psicoanálisis* (1940*a*).]

47. [Véase "Represión", p. 149.]

48. [Esta pregunta se presenta de forma más extensa en una nota al pie añadida en 1920 a la sección 5 del tercero de los *Tres ensayos* de Freud (1905*d*), Ed. estándar, 7, 226 n.]

49. [Probablemente otra referencia al artículo perdido sobre la conciencia.]

50. [Véase la p. 173. Este punto ya lo había mencionado Freud en el capítulo VII (F) de *La interpretación de los sueños* (1900*a*), Ed. estándar, 5, 615, y 617–618. Se trata con mayor detenimiento más adelante, p. 193 s.]

51. [Literalmente: "además hemos aprendido que volverse consciente está restringido por determinadas direcciones de su atención". El "su" hace referencia casi cierta al (*Prcc*.) Esta oración bastante oscura probablemente sería más clara si tuviéramos acceso al artículo perdido sobre la conciencia. El hueco que hay aquí resulta particularmente tentador, pues parece probable que haga referencia a una argumentación sobre las funciones de la "atención"—un tema sobre el cual los escritos posteriores de Freud arrojan muy poca luz—. Hay dos pasajes de *La interpretación de los sueños* (1900*a*) que parecen relevantes en esta conexión: "Los procesos de excitación que se dan lugar en [el preconsciente] pueden entrar en la conciencia sin mayor impedimento a condición de que se cumplan otras condiciones: por ejemplo... que la función que puede describirse únicamente como "atención" se distribuya de un modo concreto" (Ed. estándar, 5, 541). "Volverse consciente está conectado con la aplicación de una determinada función psíquica, la de la atención" (ibíd., 593). "El sistema *Prcc* no bloquea simplemente el acceso a la conciencia, sino que también... tiene a su disposición una energía catéctica móvil para su distribución, una parte de la cual nos resulta familiar en la forma de atención" (ibíd., 615). En contraste con la escasez de alusiones que hay al tema en los escritos posteriores de Freud, el "Proyecto" de 1895 trata de la atención de forma extensa y lo considera una de las principales fuerzas en funcionamiento dentro del aparato mental (Freud, 1950*a*, en particular la sección 1 de la parte III). Aquí él (igual que en su artículo sobre "Los dos principios del funcionamiento mental", 1911*b*) lo relaciona en particular con la función del "examen de realidad". Véase la nota del editor a "Un suplemento metapsicológico de la teoría de los sueños" (más abajo, p. 220), en la que la que se tiene en cuenta la relación de la atención con el sistema *Prcc*.]

52. [La complicación que se trata en este párrafo se vio reforzada por Freud al final del capítulo 1 de *El yo y el ello* (1923*b*) y en el capítulo siguiente él propuso su nueva imagen estructural de la mente, que también simplificó enormemente su descripción completa de sus funcionamientos.]

53. [En todas las ediciones en alemán aparece "Vbw" (*Prcc*). Parece probable que sea un error de imprenta por "Ubw" (*Icc*).]

54. [Cf. más abajo, p. 202.]

55. [La palabra utilizada aquí en alemán es "Instinto", y no "Pulsión", como es habitual. (Véase la nota del editor a "Pulsiones y sus destinos", p. 111, más arriba). La cuestión de la herencia de las formaciones mentales sería tratada por Freud poco después en la Conferencia XXIII de sus *Conferencias de introducción al psicoanálisis* (1916–1917) y en su caso clínico del "Hombre lobo" (1918*b*), Ed. estándar, 17, 97].

56. [El proceso se describe detalladamente en la sección (a) del artículo de Freud sobre "Tipos de iniciación de la neurosis" (1912*c*).]

57. [Un artículo que se refiere a la misma paciente fue publicado por Tausk (1919).]

58. [La palabra alemana *Augenverdreher* tiene el significado figurado de «engañoso».]

59. [Cf. la argumentación de Freud sobre la hipocondría en su artículo sobre el narcisismo (1914*c*), más arriba, p. 83 ss.]

60. [*La interpretación de los sueños* (1900*a*), Ed. estándar, 5, 595.]

61. El trabajo del sueño, además, ocasionalmente trata a las palabras como cosas y, de este modo, crea expresiones o neologismos "esquizofrénicos" semejantes. [Véase *La interpretación de los sueños* (1900*a*), Ed. estándar, 4, 295, ss. Sin embargo, se extrae una diferenciación entre lo que ocurre en los sueños y en la esquizofrenia en "Suplemento metapsicológico a la Teoría de los sueños", p. 229 más adelante.]

62. [*Vorstellung*. Esta palabra se ha traducido por norma más arriba como "idea". (Véase la nota al pie 1, p. 174.) Desde este momento hasta el final del artículo, *Vorstellung* se traducirá uniformemente como "representación"—*Wortvorstellung* ("representación de la palabra" o "palabra-representación"; *Sachvorstellung* "presentación de la cosa" o "representación-cosa". Estas palabras fueron traducidas con anterioridad por los términos algo confusos "idea verbal" e "idea concreta". En "Luto y melancolía" (más abajo, p. 256), Freud sustituye *Sachvorstellung* por el sinónimo *Dingvorstellung*; y había usado esta segunda versión anteriormente en *La interpretación de los sueños* (1900*a*), Ed. estándar, 4, 295–296, y próximo al inicio del capítulo IV de su libro sobre los chistes (1905*c*). La distinción entre "representaciones-palabra" y "representaciones-cosa" ya la tenía presente cuando redactó estas obras tempranas, algo que sin duda se deriva de sus estudios sobre las afasias. La cuestión se debatió con cierto detenimiento en su monografía sobre el tema (1891*b*), aunque utilizando una terminología algo diferente. El pasaje relevante de esta obra ha sido traducida más abajo en el apéndice C (p. 209).]

63. [*La interpretación de los sueños* (1900*a*), Ed. estándar, 5, 617. Véase también ibíd., 574. Esta hipótesis había sido presentada por Freud de hecho incluso antes (aunque no la había publicado), en su "Proyecto" de 1895 (1950*a*, hacia el inicio de la sección 1 de la parte III). También la

había mencionado más recientemente, en su artículo sobre "Los dos principios del funcionamiento mental" (1911b).]

64. [Freud tomó de nuevo este tema al inicio del capítulo II de *El yo y el ello* (1923b).]

65. [Parece que esto es una nueva referencia al artículo no publicado sobre la conciencia. Sin embargo, véase, la p. 232.]

66. [Véase la parte III del análisis de Schreber sobre Freud (1911c). Un intento esquizofrénico posterior de recuperación se menciona más abajo, p. 230.]

67. [Freud ya había mencionado este punto al final del segundo ensayo en *Tótem y tabú* (1912–1913), Ed. estándar, 13, 73.]

68. [En inglés, en el original (*a dependent concomitant*). La frase es de Hughlings-Jackson.]

69. [Hughlings-Jackson ha dado la advertencia más enfática contra las confusiones de este tipo entre lo físico y lo psíquico en el proceso del habla: «En todos nuestros estudios de enfermedades del sistema nervioso debemos estar en guardia contra la falacia de que lo que son estados físicos en los centros inferiores se vuelven estados psíquicos en centros superiores; que, por ejemplo, las vibraciones de los nervios sensoriales se vuelven sensaciones, o que, de un modo u otro, una idea produce un movimiento» (1878, 306).

70. N. del T.: el texto se refiere a la traducción del original del texto inglés traducido.

71. [«Se supuso en alguna ocasión que los movimientos iniciados activamente implicaban un tipo peculiar de sensación que se conectaba directamente con la descarga de los impulsos nerviosos desde las áreas motrices del cerebro hasta los músculos... La existencia de esta "sensación de innervación" o sensación de energía presentada, se negaba ahora de forma generalizada" Stout (1938, 258). Este último comentario es confirmado por Freud unas cuantas líneas más abajo.]

72. [La segunda imagen sonora es la imagen sonora de la palabra pronunciada por nosotros mismos, y la primera es la de la palabra que estamos imitando (la imagen sonora mencionada al principio del párrafo)].

73. [En alemán, *überbestimmt*. El término sinónimo *überdeterminiert* es el que se usa con tanta frecuencia en los escritos posteriores de Freud para expresar la noción de la causación múltiple. Cf. Ed. estándar, 2, 212 n.]

74. [La "representación-cosa" del artículo sobre "Lo inconsciente" (p. 201 ss.).]

75. Cf. J. S. Mill, *A System of Logic* (1843), 1, libro 1, capítulo III, también *An Examination of Sir William Hamilton's Phylosophy* (1865).

76. Citado por Spanner (1876).

PARTE II

ANÁLISIS DE "LO INCONSCIENTE"

CAPÍTULO 1

La metapsicología y la práctica clínica: lecciones de "Lo inconsciente" de Freud

Peter Wegner

Algunas observaciones sobre la génesis del ensayo de 1915, "Lo inconsciente"

El ensayo de Freud "Lo inconsciente" fue el tercero que escribió de una serie de doce ensayos sobre la metateoría psicoanalítica prevista en 1915. Sabemos, por la correspondencia, que los artículos tienen que haberse escrito en un plazo de pocos días o semanas y, a principios de abril de 1915, Freud comunicó a Ferenczi que había completado el segundo ensayo de la "serie sintética" (Falzeder y Brabant, 1996, p. 55, carta 542F, con fecha de 8 de abril de 1915), y para finales de abril, también se había terminado el tercer artículo ("Lo inconsciente") y estaba en la "carpeta del editor" en el *Zeitschrift* (Falzeder y Brabant, 1996, p. 58, carta 544F, con fecha de 23 de abril de 1915).

El 4 de mayo de 1915, dos días antes de cumplir sesenta años, Freud escribió a Abraham:

> El trabajo va ya tomando forma. Tengo cinco ensayos listos: uno sobre *Los instintos y sus destinos,* que puede que sea muy árido, pero indispensable como introducción, y que también encuentra su justificación en los que vienen a continuación, luego *La represión,*

lo inconsciente, suplemento metapsicológico a la teoría de los sueños, y *Duelo y melancolía.* Los cuatro primeros se publicarán en el volumen que acaba de comenzar del *Zeitschrift,* y todo lo demás lo estoy guardando para mí. Si la guerra dura tiempo suficiente, espero reunir alrededor de una docena de esos artículos y, en tiempos más tranquilos, poder presentarlos al mundo ignorante con el título: *Ensayos en preparación de una metapsicología.* Creo que, en general, supondrá un avance. (Falzeder, 2002, p. 309, carta 276f, con fecha de 4 de mayo de 1915.)

A partir de finales de 1914, Freud parece haberse dedicado más concienzudamente a esta propuesta, cuando le escribe a Lou Andreas-Salomé: "Yo estoy trabajando en privado en ciertos asuntos que tienen un amplio alcance y que, a su vez, tienen un contenido muy rico. Después de dos meses de verme discapacitado para trabajar, parece que mi interés toma alas de nuevo" (Pfeiffer, 1985, carta con fecha de 25 de noviembre de 1914). También escribió a Abraham: "Además, he empezado una obra integral de mayor tamaño que, de paso, ha aportado la solución $\phi\alpha$ del problema del tiempo y el espacio" (Falzeder, 2002, carta 256F, de 25 de noviembre de 1914) y, a continuación, dice: "La única cosa que está pasando satisfactoriamente es mi trabajo, lo que de hecho conduce cada cierto tiempo a novedades y conclusiones respetables. Recientemente he tenido éxito en la búsqueda de una característica de ambos sistemas, lo Cc. y lo *Icc*…" (Falzeder, 2002, p. 291, carta 260F, de 21 de diciembre de 1914).

Hasta hace poco, sólo cinco de los ensayos de Freud de esta serie habían sido publicados: "Los instintos y sus destinos" (1915c), "Represión" (1915d), "Lo inconsciente" (1915e), "Un suplemento metapsicológico a la teoría de los sueños" (1917d) y "Duelo y melancolía" (1917e). El paradero de los otros escritos era una incógnita. Freud probablemente los escribió todos, pero rechazó o incluso destruyó algunos. Es lo que ocurrió en 1983, en Londres, cuando Ilse Grubrich-Simitis descubrió uno de los ensayos que faltaban: "Übersicht über Übertragungsneurosen. Ein bisher Unbekanntes Manuskript" (Descripción general de las neurosis de transferencia. Un manuscrito desconocido hasta ahora). Acerca de la génesis de los ensayos metapsicológicos y sus contextos científicos, véase también Grubrich-Simitis en *Freud,* 1987.

La Asociación Psicoanalítica Internacional había sido fundada pocos años antes, en 1910 (cf. Wegner, 2011), y Freud ya llevaba un período considerable dedicado a tiempo completo a la práctica psicoanalítica.

En 1914, lo mismo que algunos otros documentos clínicos importantes (por ejemplo, "Recordando, repitiendo y resolviendo" (1914g) y "Observaciones sobre el amor de transferencia" (1915a), él pudo publicar la obra clave de "Introducción al narcisismo" (1914c). Freud escribió a Andreas-Salomé: "Me gustaría observar que lo que cuento sobre el narcisismo es, en primer lugar, lo que algún día describiré como 'metapsicológico', es decir, algo puramente condicionado por los factores 'dinámico-tópicos', que no tienen relación con los procesos conscientes" (Pfeiffer, 1985, carta con fecha de 31 de enero de 1915).

Mientras Freud redactaba estos artículos, la situación política se iba volviendo cada vez más agitada. El 23 de julio de 1914, Austria-Hungría había enviado a Serbia un ultimátum que, en última instancia, provocaría la Primera Guerra Mundial. Las condiciones del tiempo de guerra no sólo obligaron a muchos psicoanalistas (incluidos Abraham y Ferenczi) a restringir sus actividades e incluso a cerrarlas temporalmente, sino que también impidió que muchos pacientes pudieran continuar sus análisis. Dos de los hijos de Freud fueron reclutados y rápidamente se vieron participando en actividades bélicas. A principios de 1915, Freud informó de que las condiciones de la guerra habían hecho imposible que él pudiera ver a más de dos o tres pacientes al día, y escribía:

> Mi productividad probablemente tiene que ver con la gran mejoría de mi actividad intestinal. Ahora bien, si se lo debo a un factor mecánico (a lo duro que está el pan de la guerra), o a uno psíquico, mi necesidad de relación alterada con el dinero, lo dejo como una pregunta abierta. En cualquier caso, la guerra ya me ha costado una pérdida de alrededor de 40.000 coronas. Si he comprado la salud en compensación por ello, sólo puedo citar al gorrón [Schnorrer] que le dice al barón: "Yo considero que nada es demasiado caro para mi salud". (Falzeder y Brabant, 1996, p. 55, carta 542F, de 8 de abril de 1915.)

Freud no sólo tenía más tiempo debido a la cancelación de las sesiones de tratamiento, sino que también había incurrido en pérdidas financieras considerables. A Andreas-Salomé, le escribió: "El fruto de la actualidad probablemente tomará la forma de un libro que consta de doce ensayos, comenzando por uno sobre los instintos y sus destinos... El libro está ya terminado, a excepción de la revisión que requiere la organización y el montaje de los ensayos independientes" (Pfeiffer, 1985, carta con fecha de 30 de julio de 1915).

En "Lo inconsciente" (1915e), el enfoque, a saber, "el punto de vista tópico o sistemático"... es el punto central que Freud ya había tratado en su ensayo sobre lo inconsciente en el año 1912, en el que distinguía entre lo descriptivo, lo dinámico y lo sistemático inconsciente (Holder, 1992, p. 18). Lo inconsciente no es idéntico a lo que se reprime en cualquier aspecto sistemático. Lo reprimido es sólo una parte de lo inconsciente. Las otras partes se componen de los deseos y fantasías a las que no se les impide la realización en manifestaciones preconscientes o conscientes (cf. Holder, 1992, p. 19). Habiendo ya postulado una "censura" entre los sistemas inconsciente y consciente en el séptimo capítulo de *La interpretación de los sueños* (1900a), Freud amplía luego esta idea con una "censura" más entre los sistemas preconsciente y consciente. Los movimientos y las restricciones de los representantes de los impulsos, los pensamientos y los afectos que hay entre los sistemas consciente, preconsciente e inconsciente se describen desde perspectivas tópicas. Finalmente, se delimita una estructura altamente compleja de funcionamiento entre lo consciente y lo inconsciente. El siguiente ejemplo demuestra la amplia escala del logro intelectual de Freud a la hora de teorizar estas conexiones:

> Ahora parece que todos sabemos de pronto cuál es la diferencia entre una manifestación consciente y una inconsciente. Los dos no son, como habíamos supuesto, diferentes registros del mismo contenido situado en diferentes localidades psíquicas, ni aún diferentes estados funcionales de investidura en la misma localidad; sino que la manifestación consciente comprende la manifestación de la cosa más la manifestación de la palabra correspondiente a la misma, mientras que la manifestación inconsciente es la manifestación de la cosa sola. El sistema inconsciente contiene las investiduras de la cosa de los objetos, las primeras y verdaderas investiduras de la cosa; el sistema *Prcc.* surge mediante cuando esta representación-cosa es hiperinvestida a través de estar vinculado con las representaciones-palabra correspondiente, a la misma. Es en estas hiperinvestiduras cuando podemos suponer que provocan una organización psíquica superior y hacen posible que el proceso primario venga seguido del proceso secundario, que es el que controla lo *Prcc*. Ahora bien, también estamos en condiciones de indicar con precisión qué es lo que la represión niega a la manifestación rechazada en las neurosis de transferencia: lo que niega a la manifestación es la traducción en palabras que seguirán unidas al objeto. Una manifestación que no se pone en forma en palabras, o un acto

psíquico que no es hiperinvestido, sigue a continuación en lo *Icc.*, en un estado de represión. (Freud, 1915*e*, pp. 201–202)

Algunas observaciones sobre el desarrollo de una "metapsicología"

Los argumentos relativos a si una metapsicología está o no intrínsecamente justificada o es o no necesaria han sido objeto de una feroz disputa en los últimos cien años. El propio Freud no tenía ninguna duda de que la "psicología de lo inconsciente" requiere una conceptualización teórica con el fin de oponerse a las raíces comunes de la "superstición" y la "visión mitológica del mundo", con una psicología basada en la ciencia que "conduce por detrás de la conciencia" (Freud, 1901*b*, p. 258f). Utilizó por primera vez el concepto de la metapsicología en una carta dirigida a Fliess (Masson, 1985, p. 301; cf. Loch, 1980, p. 1298). En "Lo inconsciente", él entonces definía los componentes necesarios de una metateoría:

> Propongo que cuando hayamos conseguido hacer una descripción de un proceso psíquico en sus aspectos dinámico, tópico y económico, debemos hablar de él como una presentación metapsicológica. Debemos decir de inmediato que, en el estado actual de nuestros conocimientos, hay únicamente unos pocos puntos en los que vamos a conseguir esto. (1915*e*, p. 181)

El punto de vista tópico, finalmente, abrió el camino al "estructural" (cf. Freud, 1920*g*, 1923*b*). Más tarde, Hartmann (1958) y Hartmann y Kris (1945) añadieron el *genético*, y Rapaport y Gill (1959) las perspectivas *de adaptación* como una ampliación y una necesaria extensión de una *metapsicología* (cf. Akhtar, 2009*b*, p. 171; Laplanche y Pontalis, 1973, p. 249; Loch, 1980, p. 1298). Rapaport y Gill hacen referencia con ello, sin saberlo, a Edward Glover, que mucho tiempo antes había llegado a las mismas conclusiones:

> Ningún acontecimiento mental puede describirse en lo relativo a la pulsión únicamente, a la estructura del yo por sí sola, o al mecanismo funcional por sí solo. Incluso si se juntan estos tres ángulos de enfoque [*dinámico, estructural y económico*, la cursiva es mía] resultan insuficientes. Cada caso debe estimarse también en cuanto a su *desarrollo genético* [la cursiva es mía] o a la importancia de la

regresión y, en última instancia, debe evaluarse en relación con los factores ambientales pasados y presentes. La lista de estos criterios, a saber, *la relación del yo total con su entorno*, es lo más prometedor de todo. Sugiere que el criterio más práctico (*clínico*) de debilidad o fuerza debe ser el referido a la *adaptación*. (Glover, 1943, p. 8)

Las cinco perspectivas aportan una descripción adecuada que servirá para sentar las bases de una metateoría psicoanalítica y, en cierta medida, para actualizar un acercamiento al legado de Freud. Son las siguientes:

> la *dinámica* (las fuerzas), la *económica* (cómo interactúan y entran en conflicto estas fuerzas, algo que se puede expresar como un equilibrio de energía), la *estructural* (la formación y el desarrollo de la reacción de formas constantes en la personalidad) y la *genética* (en referencia a las etapas concretas de la maduración) y la *adaptativa* (todo lo que sucede dentro de un ambiente psicosocial). (Loch, 1999, p. 25)

Estas perspectivas juntas describen una *metapsicología de tres personas*, en la que la tercera persona, además del niño-madre (yo-entorno, lo consciente-lo inconsciente, y analista-analizando) simboliza no sólo al padre, sino también al grupo (consciente-preconsciente-inconsciente [cuerpo] yo-ello-superyó, padre-madre-hijo, analizando-analista-entorno). El desarrollo es intrínsecamente inconcebible sin la premisa de una estructura triangular.

El destino de la adopción teórica y clínica de este fundamental enfoque freudiano se ha evaluado de muy diversas maneras. En las últimas décadas, la metateoría se ha diferenciado por nuevos hallazgos, puntos de vista, simplificaciones y ampliaciones individuales, pero casi todas las tentativas concluyen sugiriendo que aún está por venir una continuación o una integración. Únicamente tenemos que tener en cuenta los escritos de Melanie Klein y de sus sucesores, como Bion, Hartmann, Winnicott, Kohut, Balint, y la escuela francesa, que incluye los nuevos enfoques de la psicosomática, para darse cuenta de que el conocimiento psicoanalítico está siendo diferenciado y diversificado de una manera que hace que cualquier esfuerzo de integración parezca imposible. Anteriormente, Bergmann (1993) había intentado, al menos, describir la forma de los enfoques más recientes en sus tendencias cuando hace referencia a "los herejes, modificadores y extensores" de la metateoría de Freud. La obra recientemente publicada, *The Unconscious. Further reflections* (Calich y Hinz, 2007), tiene como objetivo representar, comentar y evaluar las tendencias más contemporáneas. Este volumen también demuestra las dificultades con las que tiene que verse ahora el psicoanálisis contemporáneo en la búsqueda de un acercamiento a una metapsicología universalmente reconocida. La integración de los distintos enfoques no parece posible, por el momento. Así pues, no es casualidad que la técnica de tratamiento psicoanalítico haya sido el enfoque principal de las investigaciones psicoanalíticas de las últimas décadas (cf. Etchegoyen, 1991).

En el psicoanálisis alemán, Loch ha realizado esfuerzos constantes por conectar e integrar el legado de Freud con un punto de vista metapsicológico más reciente también (cf. Eickhoff, 1995, p. 176). El último trabajo importante de Loch, que fue publicado póstumamente en 1995 en el *Jahrbuch der Psychoanalyse*, con el que "con toda intención concluía" su trabajo científico (Loch, 1995, p. 103, nota de F.-W. Eickhoff), fue concebido como una conferencia para el 39° Congreso de la Asociación Psicoanalítica Internacional celebrado en 1995 en San Francisco ("La realidad psíquica: su influencia en el analista y el paciente de hoy"). Él enfatiza sucintamente la *construcción* como una herramienta psicoanalítica actual de la técnica de tratamiento. Al tratar de descubrir un criterio para diferenciar entre la realidad material y la psíquica, tiene en cuenta el tiempo, el desarrollo del acto de soñar, los mecanismos de defensa, la percepción, el pensamiento y las acciones en una serie de ampliaciones, trascripciones (por ejemplo, proceso primario y proceso secundario) y transformaciones (por ejemplo, desde la doble unión primaria a la relación de tres personas). Loch finalmente llega a la conclusión de que "la realidad psíquica está condicionada por la negación de la realidad material, y viceversa", debido a que "la realidad material es concreta, mientras que la realidad psíquica es abstracta" (2010 [1995], p. 256). Por otra parte, "*el mundo psíquico*, el mundo *privado interior* a través de la percepción del mundo externo" se construye mediante las *experiencias*, las *percepciones sensoriales* y las *ideas no sensoriales* (Loch, 2010 [1995], pp. 275, 285). En consecuencia, la *realidad externa* es también un producto de nuestras *construcciones*. Como dijo Freud: "Si el análisis se lleva a cabo correctamente, producimos en él una convicción segura de la verdad de la construcción que logra el mismo resultado terapéutico que un recuerdo recuperado"

(1937*d*, pp. 265–266). Las experiencias de la infancia construidas o recordadas en el proceso psicoanalítico pueden ser consideradas, con Freud, como buenas o malas, pero sobre todo como "compuestas de la verdad y la mentira" (Freud, 1916–1917, p. 367, citado por Eickhoff, 1995, p. 176). Eickhoff finalmente escribe:

> Loch relativiza la distinción de Freud [entre el *bien* y el *mal*, la cursiva es mía] de una manera diferente, negando —creo que para su propia sorpresa— la naturaleza de los fenómenos psíquicos inconscientes como algo atemporal, ya que estos tienen que conectarse con puntos de referencia temporales, y clasificándolos como algo externo y localizable, añadiendo que la terapia psicoanalítica puede tener éxito cuando las interpretaciones se vivencian como algo concreto, como una realidad externa: las construcciones vivenciadas de manera concreta sientan unas nuevas bases para las acciones y el pensamiento del analizando. Desde este punto de vista, los socios del diálogo psicoanalítico construyen su realidad psíquica en el proceso interpretativo dentro de la dinámica de la transferencia y la contratransferencia, que son dos aspectos de un mismo fenómeno, en el aquí y ahora con la esperanza de lograr una mejor base para el estado mental interno y para la actuación futura. (1995, p. 176)

Sin embargo, ¿qué condiciones previas tienen que darse en la parte del paciente para que sea capaz de experimentar las interpretaciones y la actitud del psicoanalista como algo concreto, como una realidad externa? Él tiene que ser capaz de sentir y pensar sobre sí mismo y experimentarse a sí mismo como una persona en el tiempo. Él tiene que ser capaz de reconocer al otro y a sí mismo como dos entes separados el uno del otro. Él debe ser capaz de distinguir entre la realidad material concreta y la realidad psíquica abstracta. Si todas estas condiciones previas se cumplen únicamente en una medida limitada, o se ven parcialmente hundidas, el trabajo psicoanalítico exige una enorme dosis de paciencia porque tendrán que recuperarse o ser creados de nuevo. La ilustración clínica siguiente muestra que esto fue lo que le sucedió a la señora E, aunque ella trató de ocultarme esta catástrofe. De ningún otro paciente he aprendido tanto sobre lo desastrosa que puede ser la experiencia de no sentir. El desarrollo y la percepción de un sentimiento real y su transformación en lenguaje significaba una nueva forma de existencia de la señora E y ella llegó a este punto, únicamente después de un análisis muy largo.

Ilustración clínica

La Sra. E comunicó en las entrevistas iniciales (Wegner, 2012*b*) que había tenido una "infancia feliz" y que fue sólo durante la pubertad cuando se había sentido "tan diferente a otras personas". Había acudido a mí por causa de su neurodermatitis y me dijo que siempre se había sentido "sola" y que sentía un fuerte deseo de establecer relaciones según un modelo de "dos-en-uno", lo que implicaba adaptarse completamente a la otra persona y llevar una "vida para dos" (cf. McDougall, 1989), perdiendo todo sentido de su propio cuerpo, que violentamente se rebelaba contra esto.

A nivel interno, ella no se separó de un objeto materno-paterno que difícilmente podría diferenciarse. Siempre había experimentado su sexualidad como algo "difícil" y no podía tolerar que su marido la penetrara. El rechazo de la excitación sexual se produjo inconscientemente a través de los tratamientos de la piel y más adelante a través de muchas visitas a los médicos, a los que mostraba sus diversos orificios corporales. El análisis estaba dominado por las enfermedades físicas reales que se desarrollaron más y siguieron cambiando: neurodermatitis (que desapareció después de tres años de análisis), alergias, trastornos de la alimentación, náuseas, ansiedad sobre ruidos corporales, problemas en los oídos y en los ojos, inflamaciones con ampollas, vejiga irritable, trombosis anal y, finalmente, una hernia.

La dimensión psicológica de nuestro trabajo la hizo sentirse "completamente abierta" y llegó a tener ansiedad de que yo pudiera "llegar al interior de ella" en cualquier momento. Esta indefensión que experimentaba en la transferencia representaba la contrapartida de su deseo de ser "dos-en-uno" con el otro, lo cual era un conflicto interno irresoluble. Fue únicamente mediante el establecimiento y la comprensión de este conflicto de transferencia cuando se hizo posible cualquier cambio. Sin embargo, ella se sintió entonces como si la hubieran enterrado viva. Tenía miedo de irse a dormir, y de la muerte.

La Sra. E luego desarrolló un sistema obsesivo compulsivo a una escala extraordinaria. Ella transformó el piso compartido en una fortaleza contra la invasión de los peligros externos. Más adelante, le pareció que ella podría contaminar peligrosamente a otras personas.

El "intercambio de fluidos corporales" se convirtió en un peligro real. Ella tenía miedo de contaminar mi suelo, el marco de mi puerta, o mi mano, y siempre "tenía" que preguntarme si me iba todo bien. Por último, se las arregló para comunicar el pensamiento de que a ella también le gustaría que yo me "consumiera", como ella había hecho durante tanto tiempo.

La siguiente sesión tiene lugar cuando se aproxima el final de su análisis.

E: Yo sólo pienso que... bueno... me estoy dando cuenta... de que todo el tiempo yo... hmm,... que se trata solo de la *contaminación*... la *transferencia de algo... a alguna parte*... ¡y por eso es por lo que estoy tan preocupada! De todos modos, los peligros reales no me preocupan tanto. Es como si fueran dos cosas diferentes... la verdad es que eso es bastante extraño, ¿no? *Pausa.*

E: Me pregunto por qué estoy en realidad tan tranquila... hmm... A mí me parece que es como sentirse... ¡en el ojo del huracán! Lo que hay es una calma total... *justo en el centro*... lo que de alguna manera tendría sentido porque desde ayer he estado pensando... hmm... como estuvimos hablando ayer del artículo sobre el *celibato*... entonces el *intercambio de fluidos corporales*... ¿no es el punto en el que varias cosas se juntan... o se separan... hmm... lo *concreto*... y... lo *simbólico*... lo *peligroso*... y... el *deseo*? *Pausa.*

A: Sí, siga.

E: Bueno, todo el tiempo estoy buscando el lugar donde todo coincide. Lo sé... todavía hay una conexión que falta. Ayer cuando salí de aquí y miré a mi alrededor otra vez... para ver si lo tenía todo... si tenía una chaqueta allí, un paraguas o algo más... entonces me di cuenta de que, ¿cómo podría decirlo?... ojalá *pudiera dejar algo aquí*. Por un lado, me da miedo olvidarme de algo y, por otro lado, siento la necesidad de dejar algo aquí o espero... que algo mío se quede aquí.

A: Sí.

E: En realidad es muy simple... Sólo debo *traducir* lo que es *concreto* para mí, pero no consigo entenderlo. *Pausa.*

E: ¿Categorizar el sentimiento presente correctamente?

E: Sí, creo que eso es lo que quiero decir con mi confusión. Entonces estoy confundida y no puedo distinguir nada. No puedo separar lo que *es concreto* y lo que *no es concreto*. *Silencio.*

E: ¿Y eso significa, lo que *es real* y lo que *no es real*. *Pausa*. Si *no es concreto*, tampoco es *real*?

A: ¡Sólo lo que es *concreto* es *real*!

E: Sí, exactamente.

A: Porque entonces no puede percibir su deseo de que algo de lo suyo se quede aquí conmigo... como si estuviera en mi memoria... ¿porque eso *no es concreto*? Y no surge ningún sentimiento porque no es concreto.

E: ¡Y ni idea... de cómo podría suceder! Pero recientemente ha dicho que mi desconfianza persistente era hiriente y... pensé... ¡pero yo ni siquiera sabría eso! Ya veo la posibilidad... ¡pero no es tan fácil porque no puedo imaginarlo! Por supuesto que puedo tener esta idea teóricamente o saber algo al respecto... pero no puedo *imaginarlo como algo sentido*.

A: No puede sentirlo.

E: Exactamente. Creo, no es de extrañar... no es de extrañar que si no puedo sentirlo yo misma... cuando encuentro algo que hace daño. Entonces, ¿cómo podría yo sentir que hay algo que hace daño a otras personas? Cuando puedo sentir algo, de repente me puedo imaginar todo lo posible... pero entonces me pongo *ansiosa* porque entonces los demás también pueden sentir algo... que viene de mí. Sólo pienso que es una locura la forma en que ha cambiado todo mi comportamiento o la experiencia. Anteriormente, mis problemas principales eran cuando llegaba a casa... debido a toda la *contaminación*... y ahora tengo más problemas cuando estoy saliendo de casa o... digamos, cuando vengo a verle a usted. *Pausa*. Antes, cuando mi marido estaba fuera, me ponía a hacer una limpieza en profundidad... a desinfectarlo todo, etc... y ahora me preocupo cuando él viene a casa. *Largo silencio*.

R: La calma en el ojo del huracán...

E: Yo quería decir el sentimiento... *¡de sentirme acurrucada en mitad de ella!* Simplemente *no huyendo*, a pesar de la sensación de pánico y de trastorno. A veces me las arreglo para tener este sentimiento: *¡Estoy acurrucada en el medio! Largo silencio*.

E: Apenas acabo de decirlo... ¡y se pone en marcha de nuevo! No... *Pausa*... algo me ocurre...

  ... Son las palabras indecentes que aparecen de nuevo... al igual que con la "p" [ella quiere decir *puta*]. Quería decir algo así como... tal vez simplemente no sé lo que significa [ella hace un gemido].

Lo digo tranquilamente… parece como si yo quisiera… Yo podría llevarme algo de aquí y algo mío podía quedarse aquí. Hmm… después de que, de alguna manera, tengo la sensación de que una cosa podría funcionar… Espero que también funcione al revés. Pero la pregunta es por qué… ¿Es eso así muy peligroso? *Silencio.*

A: ¿Tiene alguna idea?

E: Hmm… ¿tal vez sea sólo peligroso porque yo lo quiero? Hmm… el tema de la necesidad. ¿Pero sé realmente lo que significa? *Silencio.*

E: ¡No creo que yo lo sepa realmente! *Pausa.*

A: ¿Usted no tiene ninguna idea… tal idea sobre mí, cuando tiene estos deseos?

E: Hmm… sí. *Silencio.*

E: Sí… ¡o… lo que va a hacer con ello! *Largo silencio.*

E: Creo que eso es correcto. Mi idea es que por ahora va *al vacío.*

A: ¿No puede imaginarse su deseo de ser recibida por mí… sin que sea amenazante o peligroso para mí? *Silencio.*

E: O… si quiere deshacerse de ello de nuevo inmediatamente…

A: ¡Ese algo de usted puede quedarse! ¿Podría ser que usted no puede imaginarse que el deseo de recibir algo de mí o de dejar algo de mí olvidado podrían ser sentimientos maravillosos que podría compartir y disfrutar conmigo? ¿Una experiencia enriquecedora que podría hacer que su vida valiera la pena y fuera satisfactoria? *Largo silencio.*

E: Hmm… [tose]… hmm… Obviamente eso es una idea estupenda [¡¡llora!!].

A: La tristeza y la felicidad pueden dar lugar tanto a las lágrimas… o a dejarse *conmover* por algo.

E: Hmm… ¡eso es en realidad lo que quería decir! ¡Eso es! Me he dado cuenta de que estoy llorando ahora mismo. Eso es como una confirmación de lo que ha dicho…

A: Yo la he conmovido en el buen sentido. Del mismo modo que me conmueve que pueda recibir este nuevo pensamiento. *Largo silencio.*

E: Lo que hay de nuevo… Yo creo… es en realidad la idea *real.*

A: Y si eso es realmente imaginable, ¿entonces sería una sensación completamente diferente a la de estar solo? Entonces eso *no es dos-en-uno*, sino *solo y como un par. Largo silencio.*

E: La sensación de *estar solo* se caracteriza, en realidad, por no ser capaz de *llegar a ninguna parte.* Que todo lo que viene de mí llega al vacío… y no es recibido. *Silencio.*

A: Y esta sensación también puede establecerse en realidad sin que la cause la otra persona.

E: Lógicamente. Si puedes tener la idea... entonces... siempre puede funcionar. *Largo silencio.*

E: Hmm... y luego... ¿entonces nada más le puede pasar a la idea tampoco?

A: ¡No! *Largo silencio.*

A: No... porque esta idea ahora se puede sentir, como una idea compartida, compartida con el otro y no, por ejemplo, como una esperanza o una fantasía que se mantiene en silencio. *Silencio.*

E: Eso es la dependencia del otro... eso a veces también es tan insoportable.

A: ¡Sí! Estamos llegando al final...

E: OK.

El análisis de la señora E transcurría sólo después de un largo y difícil trabajo sobre sus síntomas psicosomáticos, la transformación de la anteriormente generalizada *pensée opératoire* hasta llegar a una capacidad de expresar sentimientos verbalmente, y, finalmente, solucionar los sentimientos depresivos mediante el desarrollo de una fuerte defensa compulsiva. Al mismo tiempo, la paciente siempre dice que esto también ayuda a su "ser-yo" a "defenderse". Sin embargo, ella puede reconocer que esto es sólo un paso intermedio para la autonomía edípica.

En nuestras sesiones durante este tiempo, la paciente se acercaba, en sentido estricto, a un estado de neurosis de transferencia. Los contenidos instintivos, tanto agresivos como sexuales, ahora se mantenían en jaque únicamente a través de poderosas defensas compulsivas, pero la presión era tal como para amenazar con superar los límites que existían entre lo *Icc.*, lo *Prcc.* y lo *Cc.* La Sra. E tenía un problema aparte, que era su confusión e incredulidad sobre su incapacidad para distinguir la realidad concreta y la "realidad" de fantasía, porque, para ella, sólo la realidad concreta (sobre todo la realidad corporal) podría ser recordada.

Freud designó como "inoportuna" (Freud, 1915e, pp. 167–168) esta objeción general a la existencia y al poder de lo inconsciente "Que se basa en la ecuación —no, es cierto, indicada explícitamente pero tomada como axiomática— de lo que es consciente y lo que es mental". Esto no es, sin embargo, por supuesto, argumento suficiente contra una defensa neurótica. Para la señora E, un deseo sexual en la transferencia con respecto al padre/analista se equipara con una acción sexual concreta, que, naturalmente, está estrictamente prohibida por su superyó. En esta sesión, en mi opinión, su deseo de que la transferencia sexual mutua de "algo" a "algún lugar" se traduce en palabras y, por lo tanto, ella llegue a conocer la existencia de los deseos no reconocidos como parte de su realidad psíquica independiente de su estricto superyó, es decir, su control voluntario. En este contexto, otro aspecto hace que su confusión sea aún más difícil y se trata de la excitación sexual concreta que ha experimentado en la sesión, conectada con un deseo sexual que, hasta ahora, apenas era sentido y aún no se había traducido en palabras. No es únicamente la tormenta de emociones lo que está amenazando, sino que éstas van acompañadas de palabras "indecentes" que la llevan al pánico y amenazan las defensas compulsivas. En cualquier caso, ella puede preguntarse "¿por qué es esto tan peligroso?" El reconocimiento de su dependencia de los demás y de los deseos reprimidos de dependencia representa una amenaza existencial concreta porque ella de nuevo se vería empujada al vacío, es decir, que no sería capaz de alcanzar el Objeto por el cual ella sería rechazada. El avance decisivo que se produce en esta sesión es el hecho de que, por unos momentos, la paciente haya sido capaz, dentro del proceso de transferencia-contratransferencia, de ser introducida a sus deseos.

Deseo referirme sólo a una de las muchas cuestiones técnicas relacionadas con esto. ¿Por qué, en esta sesión, no se interpretaron correctamente las relaciones que eran ahora aparentes? Uno podría suponer que las defensas de la paciente se habrían visto amenazadas y sus temores confirmados. Esto, en realidad, podría formar parte de mi motivación inconsciente. Yo había aprendido de ella que, por el contrario, una interpretación demasiado concreta fortalecía sus defensas y el proceso anterior no se había producido. Traté de encontrar un lenguaje lo suficientemente lejano de lo concreto de modo que la paciente pudiera desarrollar su verdadera comprensión. ¡Así pues, yo me encontré en el territorio de la incertidumbre! ¿Cuál es la palabra adecuada, qué voz, qué entonación? ¿Qué trae a la paciente a una posición de escuchar para que ella pueda responder? ¿Qué tono es el aceptable para que ella misma pueda encontrar las conexiones sin verse forzada a una situación de "dos-en-uno". Esta sola sesión representa muchas sesiones. El objetivo era que la paciente fuera capaz de encontrar su propio lenguaje, apropiado para sus sentimientos y pensamientos y para acceder a su propio preconsciente e inconsciente. El reconosocimiento de la realidad psíquica del "aquí y ahora" y, con ello, de sus deseos y sentimientos reales, está conectado con la "esperanza de lograr una mejor sensación interna y sus interacciones futuras" (Eickhoff, 1995, p. 176).

Podría surgir una segunda pregunta sobre la destructividad latente pero perceptible de esta paciente. Este aspecto no se recoge en esta sesión, pero se produjo antes y después. En esta sesión, una intervención de destructividad sólo habría aumentado la confusión, aunque en la psicopatología de esta paciente el deseo de destruir el objeto primario desempeñó un papel importante.

Algunas observaciones sobre la práctica clínica

En todos los niveles del diálogo nacional e internacional, los psicoanalistas, cada vez en mayor número, de formas altamente individuales, cada uno con un pequeño número de conceptos teórico-clínicos de las más diversas escuelas y tradiciones psicoanalíticas, están llevando a cabo su trabajo clínico práctico sin sentir ninguna presión para lograr ninguna clasificación metateórica. Parece que trabajamos principalmente en el llamado "aquí-y-ahora" y que estamos totalmente forzados por ello, como se puede ver también en mi material clínico.

Curiosamente, al mismo tiempo, no existe actualmente ninguna prueba de que aún pueda llegarse a un entendimiento sobre cuestiones de técnicas terapéuticas, incluso cuando desempeñe un papel el pensamiento divergente basado en la escuela. Sin embargo, la técnica psicoanalítica parece ser algo que puede formularse de una manera tan sistemáticamente precisa y refinada que las diferencias pueden ser llevadas a cabo verbalmente, entendidas lingüísticamente y ser también debatidas.

Fue Joseph Sandler quien trató en primer lugar de implementar este fenómeno como fuente de avances en el psicoanálisis. En consecuencia, previó nuevos conceptos que son, a la vez, formulados elásticamente y capaces de ser introducidos con flexibilidad en el canon de las teorías existentes:

> Los conceptos elásticos juegan un papel muy importante a la hora de mantener unida la teoría psicoanalítica. Como el psicoanálisis se compone de formulaciones situadas en diferentes niveles de abstracción, y de teorías parciales que no se integran bien entre sí, la existencia de conceptos flexibles, y dependientes del contexto, permite que se monte un marco general de la teoría psicoanalítica.

Algunas partes de este marco se explican de forma rigurosa, pero sólo se pueden articular con teorías parciales similares si no están conectadas estrechamente, si los conceptos que forman las articulaciones son flexibles. Por encima de todo, el valor de dicha teoría que se ha articulado vagamente es que permite que tengan lugar desarrollos en la teoría psicoanalítica sin causar necesariamente abiertas interrupciones radicales en la estructura teórica general del psicoanálisis. Los conceptos elásticos y flexibles ocupan la cepa del cambio teórico, absorbiéndola mientras se pueden desarrollar teorías o teorías parciales más recientes y más organizadas. Uno de los mejores ejemplos de esto es el uso que hace Susan Isaacs de la noción de fantasía inconsciente para absorber una visión de la fantasía que era radicalmente diferente de la de Freud. (Sandler, 1983, p. 36)

De hecho, el concepto de "fantasía inconsciente" en muchos dominios clínicos ha sustituido a la metateoría de lo inconsciente-preconsciente-consciente o del yo-ello-superyó y, relativamente, puede aplicarse con facilidad en su lugar. Sandler trató de hacer avances equivalentes mediante el análisis de los dominios de la práctica clínica que él llamó "privada" y de guiar, principalmente de manera "inconsciente" a los diferentes analistas en su comportamiento técnico.

Las teorías psicoanalíticas de la técnica y las psicologías psicoanalíticas relacionadas de nivel superior han sido, por supuesto, formuladas explícitamente de diferentes maneras por diferentes autores, pero representan lo que podríamos llamar la "cara pública" de la técnica psicoanalítica. El aspecto *privado* de la forma en que trabajamos con nuestros pacientes —y yo estoy hablando aquí de lo que puede ser considerado como trabajo psicoanalítico *bueno*— puede ser significativamente diferente de las formulaciones públicas más explícitas. Por otra parte, la *cara privada* de nuestro marco técnico de referencia está sólo en parte a disposición de la conciencia. Una gran parte se compone de organizaciones conceptuales inconscientes que se basan en lo que el psicoanalista recién formado ha sacado de su análisis, sus maestros, sus lecturas y su experiencia clínica. Lo que tendrá conscientemente en cuenta son ideas psicoanalíticas de varios tipos que son, en su mayor parte, las que son *oficiales* o *públicas*, de acuerdo con los puntos de vista particulares de su propio analista. Con el tiempo, sin embargo, el analista va a crear, de manera inconsciente, un gran número de teorías parciales de inconscientes a las que puede acudir cuando sea necesario. He señalado en otra parte (Sandler, 1983) que el hecho de que puedan contradecirse entre sí no es ningún problema, siempre y cuando se mantengan inconscientes. Por otro lado, son probablemente teorías más útiles y apropiadas que las *oficiales* y *públicas*, y cuando pueden reunirse de una manera que es plausible y aceptable para la conciencia, puede surgir una nueva teoría que puede representar un desarrollo en el dominio más público de la teoría. (1992, p. 190)

Estas ideas fueron adoptadas con entusiasmo, pero, con el tiempo, se vio claro que la generación de "buenas prácticas" de este modo resultaba muy complicada y, con frecuencia, constituía un desafío excesivo.

En realidad, la experiencia del practicante en la situación clínica (por ejemplo, en una entrevista inicial) se asemeja a la del joven psicoanalista en el encuentro desafiante con enfoques teóricos divergentes: la herramienta de investigación es el analista solo, sin la ayuda de equipo, instrumentos, pruebas, etc., y él se enfrenta a la dificultad de que "el objeto de la investigación y el instrumento de la investigación ... pertenecen a la misma categoría" (Loch, 1965, p. 21). El analista, de este modo, registra y procesa las señales en dos direcciones, dos vectores, por así decirlo, en el campo psicodinámico de la situación investigadora: un vector se dirige a las comunicaciones conscientes y a sus posibles correlatos inconscientes, en los que las distorsiones reconocibles de las comunicaciones del paciente en el contexto del aquí-y-ahora (tales como los aspectos contratransferenciales) son especialmente importantes. Un segundo vector se dirige a las actividades en proceso (también podríamos decir, a los efectos provocados por las señales) que se producen en el analista, una dimensión que yo llamaría "introspectiva" y que se refiere a procesos internos (pre)conscientes y, en cierta medida, también a procesos inconscientes.

Incluso en los primeros momentos de una entrevista, la cantidad de datos procesada por los analistas aumenta hasta un grado infinito, especialmente debido a que, junto con la información del paciente que es comunicada y se hace perceptible, muchos procesos reactivos y verificadores son añadidos cada vez que son, en cierta medida, altamente subjetivos. Es decir, el psicoanalista se enfrenta a una situación de resolución de problemas que puede describirse como un sistema complejo y en el que puede seguir funcionando con habilidad como terapeuta sólo mediante una reducción o jerarquización artificiales. De lo contrario, el sistema del analista se vendría abajo, algo que, en cualquier caso, suele suceder realmente en cierta medida, y conlleva una gran importancia diagnóstica por su parte (cf. Wegner, 2012a, p. 231): por ejemplo, si un analista, en lugar de seguir las comunicaciones de su paciente, comienza a pensar en sus propias sensaciones corporales perturbadoras.

Parece que es un hecho incuestionable que la cantidad de datos que se van procesado en una sesión psicoanalítica en algunas condiciones aumenta rápidamente hasta ser infinita, lo mismo que la cantidad de las teorías psicoanalíticas contradictorias en parte, durante el transcurso de la historia del psicoanálisis. ¿Pero qué estrategias de resolución de problemas podemos implementar para reducir nuestros datos artificialmente, jerarquizarlos o entenderlos como conjuntos de procesos? Me parece que, en la gran mayoría de los casos, utilizamos un método "natural", basado en el azar o en nuestro preconsciente, dejando a nuestras llamadas reacciones contratransferenciales espontáneas que procesen, estructuren y formulen nuestras interpretaciones, así como sus afectos acompañantes. Este método "natural", por supuesto, también está incorporado y basado en la afirmación de Freud de que el analista "debe convertir su propio inconsciente en un órgano receptivo hacia lo inconsciente transmisor del paciente" (Freud, 1912e, p. 115). Por otro lado, lo que puede y debe calificarse como "el arte o la habilidad" en la práctica clínica se vuelve cuestionable en la conceptualización de nuestras ideas metateóricas. La combinación de la subjetividad, los datos, y la organización de éstos, así como de las afirmaciones sobre realidades, se vuelve algo desordenado y seguimos confundidos en la incertidumbre.

En cualquier caso, ninguna esperanza todavía ha demostrado que se justifiquen aún más investigaciones que conduzcan realmente a la simplificación de nuestra comprensión de la interacción que existe entre la realidad interna y externa o entre la realidad psíquica y material. Nos estamos dando cuenta de que las condiciones y el funcionamiento de la psique humana son aún más complicados de lo que pensábamos.

Observaciones finales

Estas consideraciones llevan a conclusiones diferentes que pueden resumirse aquí sólo de forma muy generalizada. O bien deploramos esta situación como una deficiencia significativa y exigimos medidas correctoras fundamentales, o entendemos este hecho como un elemento aceptable de conocimiento psicoanalítico actual. La adopción de la primera posición requeriría reducir los componentes de la teoría psicoanalítica mientras se hacen esfuerzos importantes por lograr un consenso sobre los conceptos metateóricos y clínico-técnicos correctos o equivocados. Yo, personalmente, no creo que esto pueda tener éxito en la actualidad por motivos fundamentales. Por un lado, dicho compromiso implicaría el peligro de procesos de escisión adicionales en todo el movimiento psicoanalítico. Adoptar la segunda posición también requeriría un esfuerzo extenuante porque la *incertidumbre* concomitante a largo plazo será una carga para la totalidad de nuestro sistema de formación y nuestra comprensión interna y externa. Sin embargo, en mi opinión personal, no tenemos alternativa a la última posición. Además de aceptar nuevos conceptos teóricos y clínicos elásticos, esto requiere una gran flexibilidad en el pensamiento y el comportamiento teóricos, así como la capacidad de tolerar la incertidumbre en nuestro trabajo. No obstante, esto es algo que sólo puede tener éxito si nuestra formación mantiene específicamente esta incertidumbre abierta y hace que sea tolerable.

La necesidad de reconocer la incertidumbre se basa en el hecho de que todo lo consciente pertenece a un inconsciente que aún está por conocer y que se volverá accesible sólo cuando "interpolemos entre ellos los actos inconscientes que hemos inferido" (Freud, 1915e, p. 167). El trabajo posterior se acerca en su tendencia con el descubrimiento de que una verdad, o, mejor dicho, una verdad subjetiva, no es en sí misma la verdad. Freud escribe: "Al igual que lo físico, lo psíquico no es necesariamente en realidad lo que nos parece que es" (Freud, 1915e, p. 171). Freud también afirmó que "es algo muy notable que lo Icc. de un ser humano pueda reaccionar ante el del otro, sin pasar por lo Cc.» y

> […] el tratamiento psicoanalítico se basa en una influencia de lo Icc. desde la dirección de lo Cc., y, de cualquier manera, muestra que esto, aunque se trate de una tarea laboriosa, no es imposible […] [sino] que es un proceso difícil y lento. (p. 194)

Son los "diversos significados de lo inconsciente" (Freud, 1915e, p. 172) los que complican nuestro propio trabajo y, aparte de eso, nos confrontamos con la idea de que los diferentes procesos mentales latentes inferidos por nosotros gozan de un alto grado de independencia recíproca, como si no tuvieran ninguna conexión entre sí ni supieran nada el uno del otro. De ser así, tenemos que estar preparados para asumir la existencia en nosotros, no sólo de una segunda conciencia, sino de una tercera, cuarta, o tal vez un número ilimitado de estados de conciencia, que son todos desconocidos para nosotros y que se desconocen entre sí. (Freud, 1915e, p. 170)

Es debido a estos hechos, observados desde una construcción metapsicológica general, que nuestro trabajo en cada punto del tiempo, y también al final del trabajo psicoanalítico con un paciente en particular, nos sitúa en un enfoque de "todavía no", también en un futuro que no podemos conocer.

Otro de los elementos que más reclamarán nuestra atención en el futuro es el aumento del *miedo ante el propio método psicoanalítico*, que se manifiesta, por ejemplo, en que cada vez hay más psicoanalistas que llevan a cabo cada vez menos psicoanálisis de alta frecuencia, como indican diversos autores (Danckwardt, 2011a, 2011b; Reith, 2011). Danckwardt va un paso más allá al afirmar aquí que:

Las ansiedades en la situación psicoanalítica no sólo son una expresión de la patología del analizando en la ocurrencia de la transferencia y la contratransferencia. Son una expresión de ansiedades que son evocadas por la estructura y los procesos del método psicoanalítico. Tales ansiedades son contingentes en el sistema y, por tanto, específicas para la profesión. El método psicoanalítico permite que se dé un torrente dialéctico de palabras, frases, sonidos e imágenes con el fin de hacer visible y perceptible la realidad psíquica invisible del analizado. El método psicoanalítico implica ansiedades de la inseguridad, de conflictos de percepción, de aporía, invasión, de amenaza de ser confundido y de no ser capaz de tolerar la propia incompetencia frente a la estructura psíquica real del analizando. Son ansiedades sobre la pérdida de la omnipotencia terapéutica de uno. Además, hay ansiedades acerca de la dependencia de la visión psicoanalítica sobre el estado actual y sobre el desarrollo de una memoria psicoanalítica. (Danckwardt, 2011a, pp. 121–122)

Estas reflexiones que he presentado siguen siendo fragmentarias y no logran alcanzar lo que realmente deseamos. En el estado de teórica incertidumbre y provisionalidad, ¿cómo podemos discutir el camino a seguir que garantizará la supervivencia del psicoanálisis y continuará para que podamos comprender a nuestros pacientes lo suficientemente bien? ¿Cómo podemos preparar mejor a nuestros candidatos en formación para hacer frente a estas incertidumbres y hacer que ellos formen parte de su práctica clínica sin que tengan que ceder imprudentemente a la arbitrariedad completa? Es una tarea difícil, tal vez algo que siempre es demasiado difícil, pero esta es la fuente misma de la motivación que es necesaria para continuar la búsqueda.

CAPÍTULO 2

"Lo inconsciente" en el psicoanálisis y la neuropsicología

Mark Solms

La mayoría de los procesos mentales son inconscientes

Freud afirmó: "Muchos sectores disputan nuestro derecho a asumir la existencia de algo mental que es inconsciente y emplear esa suposición para los fines de nuestro trabajo científico" (p. 166).[1] Esta afirmación ya no es válida, ya que en la neuropsicología actual, la insistencia de Freud de que lo inconsciente mental es a la vez necesario y legítimo está aceptada mayoritariamente.

Sin embargo, no se logró el consenso mediante los argumentos que Freud estableció en "Lo inconsciente", sino que se derivó de una tradición investigadora diferente. Cuando Freud citaba las pruebas clínicas psicopatológicas (y la llamada psicopatología de la vida cotidiana), los teóricos neuropsicológicos postulaban de manera independiente los procesos mentales inconscientes basándose en las pruebas clínicas neuropatológicas. Más importante fueron las observaciones de casos de "cerebro dividido" en los que las respuestas psicológicas (por ejemplo, el hecho de sonrojarse y de reír tímidamente) se suscitaban en los pacientes mediante estímulos que brillaban únicamente hacia el hemisferio derecho aislado (por ejemplo, las imágenes pornográficas), de los que el hemisferio izquierdo no recibía noticia (Galin, 1974). También influyeron los informes de efectos de aprendizaje significativos en casos amnésicos, que, según la lobectomía temporal mesial bilateral, habían perdido la capacidad de codificar nuevos recuerdos conscientes (Milner, Corkin y Teuber, 1968). Lo más sorprendente eran los informes de "vista ciega": casos de ceguera cortical en los que los pacientes podían localizar estímulos visuales de los que no tenían conocimiento (Weiskrantz, 1990). Estos ejemplos sirven de prueba de la existencia de los procesos conscientes que únicamente podrían ser descritos como algo mental: vergüenza inconsciente, recuerdos inconscientes y vista inconsciente. Los ejemplos podrían multiplicarse fácilmente.

En estudios experimentales, como la demostración de Liber (1985) de que los actos motores voluntarios se inician antes de que un sujeto tenga conocimiento de la decisión de moverse (volición inconsciente), únicamente han fortalecido la convicción. El punto de vista general actual es como lo describió Freud:

> Que en cualquier momento dado, la conciencia incluye únicamente un pequeño contenido, de modo que la mayor parte de lo que llamamos conocimiento consciente debe estar, en cualquier caso, por períodos considerables de tiempo en un estado de latencia, es decir, de ser psíquicamente inconsciente (p. 167)

Asimismo, ahora se acepta de manera generalizada que algunos procesos mentales no están meramente "en un estado de latencia"; no son *"capaces de volverse conscientes"* (p. 173). Dicho de otro modo, frente a ello, todos parecemos estar de acuerdo con que la actividad mental se puede dividir en tres grados: lo que Freud llamó *Cc.*, *Prcc.* e *Icc.* (consciente, actualmente no consciente, no consciente).

Sin embargo, en este punto, las nociones neuropsicológicas de lo inconsciente comienzan a divergir de las de Freud.

Los procesos inconscientes son una cognición automatizada

Es cierto que el propio Freud llegó poco a poco a reconocer lo inadecuado de su taxonomía, especialmente cuando reconoció que muchos procesos del yo, que despliegan procesos secundarios y obedecen al principio de la realidad, son dinámicamente inconscientes (Freud, 1923b). Sin embargo, la existencia de los procesos inconscientes del yo no se discute, lo controvertido es la idea misma de los procesos *dinámicamente* inconscientes, es decir, de todas las cosas sobre las que Freud teorizó bajo los títulos de "resistencia", "censura" y "represión". Para Freud, estos *mecanismos para la evitación del displacer* eran fundamentales para su concepción de lo inconsciente, dando lugar, a medida que lo hacen, a la exclusión activa de determinados contenidos mentales a partir de la conciencia. Con excepciones relativamente raras (por ejemplo, Ramachandran, 1994, Anderson *et al.*, 2004), sobre lo inconsciente de los neurocientíficos cognitivos se teoriza sin hacer ninguna referencia a tales procesos psicodinámicos; de hecho, no tiene ninguna relación especial con el afecto en absoluto. En la neuropsicología contemporánea, lo inconsciente es un repositorio de las capacidades automáticas y automatizadas de procesamiento de la información; es una entidad puramente cognitiva (véase Bargh y Chartrand, 1999 para una revisión). En la neurociencia cognitiva actual, no existe aún, en definitiva, ninguna concepción del ello.

En consecuencia, no tiene sentido para los neurocientíficos cognitivos hablar de las "características especiales del sistema inconsciente", como hace Freud (p. 187). Aunque algunos *neuropsicoanalistas* llaman la atención sobre la evidencia neurocientífica clínica y los hallazgos experimentales que parecen confirmar la concepción de Freud (por ejemplo, Kaplan-Solms y Solms, 2000; Shevrin, Bond, Brakel, Hertel y Williams, 1996), los neuropsicólogos cognitivos caracterizan los sistemas inconscientes (por ejemplo, sus sistemas de memoria múltiple) utilizando términos muy diferentes. Además, no siempre hablan de sistemas "conscientes" frente a los "inconscientes"; en su lugar, se refieren a sistemas "declarativos" frente a los "no declarativos". Esta diferencia no es accidental.

La conciencia es endógena

En este punto, es importante llamar la atención sobre el hecho, tal vez no ampliamente reconocido entre los psicoanalistas, de que la neurociencia conductual está tan escindida por las "escuelas" de la competencia como lo está el psicoanálisis. Lo más relevante para nuestros propósitos es la división entre neurocientíficos *cognitivos* y *afectivos*. Los neurocientíficos afectivos lamentan el antropocentrismo de sus colegas cognitivos, y su enfoque excesivo en procesos corticales. Argumentan que esto escotomiza el papel fundamental desempeñado en la vida mental por las estructuras cerebrales troncales filogenéticamente antiguas y los procesos instintivos y afectivos con los que están asociadas. La tradición de la neurociencia afectiva, que se basa más en la investigación con animales que en los seres humanos, se puede remontar de nuevo a *La expresión de las emociones en el hombre y los animales* de Darwin (1872) y desde Paul Maclean (1990) hasta la obra de Jaak Panksepp (1998), que fue quien, en realidad, acuñó el término "neurociencia afectiva".

Lo que hemos afirmado sobre el hecho de que los neurocientíficos cognitivos todavía no tengan concepción del ello no se aplica a los neurocientíficos afectivos. Lo que Freud llamó el ello es el objeto principal de estudio de la neurociencia afectiva. Panksepp proclama que el núcleo de su investigación son los "procesos principales" del cerebro de los mamíferos, los afectos instintivos en bruto. Él sostiene que estos se conservan de manera evolutiva en los seres humanos, en cuyo comportamiento desempeñan un papel fundamental, aunque en gran parte no reconocido. Sus conclusiones al respecto son, por tanto, de suma importancia para los psicoanalistas (véase Panksepp y Biven, 2012).

A diferencia de sus colegas cognitivos, a Panksepp no le resultaría muy difícil coincidir con esta afirmación de Freud:

> El contenido de lo *Icc.* puede compararse con la existencia de una población aborigen en la mente. Si en el ser humano se dan unas formaciones mentales heredadas —algo análogo al instinto[2] de los animales— esas son las que constituyen el núcleo de lo *Icc.* Más tarde viene a sumarse a ellas lo que se desechó durante el desarrollo infantil por ser inutilizable y esto no tiene que ser forzosamente diferente, en su naturaleza, de aquello que se ha heredado. (p. 195)

Pero hay un aspecto crucial en el que Panksepp y sus colegas *no estarían* de acuerdo con esta afirmación, y esto nos deja directamente sin apoyo. Ellos no estarían de acuerdo en que el contenido básico de lo que Freud llama el sistema *Icc.*, es decir, el estrato más profundo de la mente, es *in*consciente. Panksepp, con Damasio (2010) y un número cada vez mayor de científicos (por ejemplo, Merker, 2009) argumentarían que las estructuras cerebrales primitivas que procesan lo que Freud llamó "pulsiones" (*Triebe*, en alemán) —"los estímulos procedentes de dentro del organismo y que alcanzan la mente, como una medida de la exigencia que se le hace a la mente para que trabaje en consecuencia de su relación con el cuerpo" (1915c, p. 122)— son la *propia fuente de la* *conciencia* (véase Solms y Panksepp, 2012). Según estos científicos, la conciencia se deriva del núcleo de activación del tronco cerebral superior, un mecanismo muy antiguo de excitación.

Hemos sabido esto desde hace muchos años. Sólo una década después de la muerte de Freud, Moruzzi y Magoun (1949) demostraron por primera vez que el estado de estar consciente, en el sentido de estar medido por la activación del EEG, se genera en una parte del tronco cerebral que viene a conocerse como "aparato reticular de activación". La destrucción total de las contribuciones exteroceptivas no tuvo ningún efecto sobre las propiedades endógenas de generación de la conciencia del tronco cerebral (por ejemplo, el sueño/la vigilia). Las conclusiones de Moruzzi y de Magoun fueron confirmadas por Penfield y Jasper (1954), cuyos extensos estudios les llevaron a la conclusión de que las crisis convulsivas de *ausencia* (eliminaciones paroxísticas de conciencia) sólo podían ser provocadas de forma fiable en un lugar del tronco cerebral superior. También quedaron impresionados por el hecho de que la eliminación de gran parte de la corteza humana bajo anestesia local, incluso con hemisferectomía total, tuviera efectos limitados sobre la conciencia. La eliminación cortical no interrumpió la presencia del yo capaz de sentir, de *ser* consciente, sino que simplemente privó al paciente de "ciertas formas de información" (Merker, 2009, p. 65). Las lesiones del tronco cerebral superior, por el contrario, destruyeron rápidamente toda la conciencia, tal como ocurría con las convulsiones inducidas. Estas observaciones demostraron un punto de importancia fundamental: la conciencia siempre procede del tronco cerebral superior. Esto contradecía una suposición de la neurología conductual del siglo XIX: que la conciencia se deriva de la percepción y está adjunta a la corteza. No parece que exista nada que sea la conciencia intrínseca cortical; el tronco cerebral superior lo suministra todo.

Freud nunca cuestionó lo que ahora se conoce como la "falacia corticocéntrica". A pesar de las ocasionales limitaciones de responsabilidad en el sentido de que "nuestra topografía psíquica no tiene *por el momento* nada que ver con la anatomía" (p. 175), Freud afirmó en varias ocasiones que su sistema *Prcc.-Cc.* era anatómicamente localizable y, además, que se trataba de un sistema cortical.

Por ejemplo:

> Lo que da de sí la conciencia consiste fundamentalmente en las percepciones de las excitaciones provenientes del mundo exterior y

de los sentimientos de placer y displacer que sólo pueden surgir desde dentro del aparato mental; por lo tanto, es posible asignar al sistema de *Prcc.-Cc.* una posición en el espacio. Debe estar en la frontera entre dentro y fuera; se debe girar hacia el mundo externo y debe envolver los demás sistemas psíquicos. Se observará que no hay nada atrevidamente nuevo en estos supuestos; *simplemente hemos adoptado los puntos de vista en la localización mantenida por la anatomía cerebral, que localiza el «asiento» de la conciencia en la corteza cerebral,* la capa más externa, que envuelve el órgano central. La anatomía cerebral no tiene necesidad de tener en cuenta por qué, desde el punto de vista anatómico, la conciencia debe hospedarse en la superficie del cerebro en lugar de estar alojada con seguridad en algún lugar de su interior más íntimo. (Freud, 1923*b*, p. 24, la cursiva es nuestra.)

Las observaciones de Moruzzi y Magoun (1949) y de Penfield y Jasper (1954), que anularon este supuesto clásico han resistido la prueba del tiempo, pero se ha añadido mayor precisión anatómica (véase la crítica de Merker, 2009). Resulta significativo que el gris periacueductal, una estructura afectiva intensa, parece ser un punto nodal en el sistema de activación. Esta es la región más pequeña de tejido cerebral en la que el daño conduce a la eliminación de la conciencia. Esto pone de relieve uno de los cambios principales de las concepciones actuales del sistema de activación: las estructuras profundas que generan conciencia no sólo son responsables del *nivel* (cantidad), sino también de una *calidad* nuclear de la conciencia. Los estados conscientes generados en el tronco cerebral superior son intrínsecamente *afectivos*. El hecho de haberse dado cuenta de esto está revolucionando ahora los estudios de la conciencia.

La concepción clásica se ha dado la vuelta. La conciencia no se genera en la corteza, se genera en el tronco cerebral. Por otra parte, la conciencia no es intrínsecamente perceptual, es intrínsecamente afectiva.

La conciencia básica (tronco cerebral) consiste en *estados*, más que en *objetos* (cf. Mesulam, 2000). Las estructuras del tronco cerebral superior que generan conciencia no mapean nuestros sentidos externos, mapean el estado interno del cuerpo (visceral, autónomo). Este mapeo del medio interno no genera objetos sino, más bien, el *objeto* de la percepción. Genera el estado de los antecedentes de *ser* consciente y esto es de suma importancia, ya que podríamos imaginar esta calidad nuclear de la conciencia como la página en la que están inscritos los objetos perceptuales externos. Los objetos son percibidos, en consecuencia, *por* un sujeto que ya es sensible.

Los afectos son estados de valencia del sujeto. Se piensa que estos estados representan el valor biológico de las cambiantes condiciones internas (por ejemplo, el hambre, la excitación sexual). Cuando las condiciones internas favorecen la supervivencia y el éxito reproductivo, se sienten "bien" y, cuando no, se sienten "mal". Este es el *valor* biológico, que es evidentemente *para* lo que existe la conciencia, es decir, para decirle al sujeto lo bien que lo está haciendo. (En este nivel del cerebro, la conciencia está estrechamente vinculada a la homeostasis.) Todo esto es totalmente coherente con la concepción freudiana del afecto:

> El ello, aislado del mundo exterior, cuenta con un mundo de percepción por sí mismo. Detecta con extraordinaria agudeza ciertos cambios en su interior, particularmente oscilaciones en la tensión de sus necesidades instintivas, y estos cambios se vuelven conscientes en forma de sentimientos en la serie placer-displacer. Resulta difícil decir, para estar seguro, por qué medios y con la ayuda de qué órganos sensoriales terminales se producen estas percepciones. Pero es un hecho declarado que los sentimientos de autopercepción-cenestésicos controlan el paso de los acontecimientos en el ello con una fuerza despótica. El ello obedece al principio del placer inexorable. (Freud, 1940*a* [1938], p. 198)

En consecuencia, el afecto puede describirse como una modalidad sensorial interoceptiva, pero eso no es todo lo que es. El afecto es una propiedad intrínseca del cerebro. Esta propiedad también *se expresa* en las emociones, y las emociones son, sobre todo, formas imperativas de descarga motriz. Esto refleja el hecho de que las cambiantes condiciones internas mencionadas anteriormente están estrechamente vinculadas a la evolución de las condiciones externas. Esto es así porque, las necesidades vitales (representadas como desviaciones de los puntos de ajuste homeostático) sólo pueden satisfacerse a través de interacciones con el mundo exterior. En segundo lugar, ciertos cambios en las condiciones externas tienen implicaciones predecibles para la supervivencia y el éxito de la reproducción. Por lo tanto, los afectos, aunque sean intrínsecamente subjetivos, van normalmente dirigidos hacia los objetos: "Me siento así *sobre* eso" (cf. el concepto filosófico de "sobriedad"—intencionalidad). Damasio (1999) define la relación "me siento así sobre eso" como la unidad básica de la conciencia, lo que denomina la "conciencia núcleo".

Desde esta perspectiva, la conciencia se deriva de los estratos más profundos de la mente, es intrínsicamente afectiva, y únicamente está "extendida" secundariamente (por usar el término de Damasio) hacia arriba a los mecanismos perceptuales y cognitivos más elevados que Freud describió como los sistemas *Pcpt.-Cc.* y *Prcc.* Dicho de otro modo, son los sistemas *superiores* los que son inconscientes "en sí mismos", al tomar prestada la conciencia a través de los vínculos asociativos del sistema inferior, y no al revés.

A pesar de esta contradicción aparentemente fundamental del modelo freudiano, una pequeña reflexión revela que no podía ser de otra manera. Si el principio de la realidad inhibe el principio del placer, que es lo que debe hacer obviamente, entonces, ¿de dónde provienen los sentimientos inexorables de placer (y displacer)? Seguramente no de arriba. El principio del placer no es un mecanismo de control de arriba hacia abajo, sino todo lo contrario. Y ¿cómo se puede hablar de los *sentimientos* de placer y displacer sin hablar de la conciencia? La conciencia tiene que venir desde abajo.

Pero esta no es la forma en que Freud lo veía:

> El proceso de que algo se vuelva consciente está por encima de todo lo relacionado con las percepciones que nuestros órganos de los sentidos reciben del mundo exterior. Por lo tanto, desde el punto de vista topográfico, es un fenómeno que tiene lugar en la corteza más externa del yo. Es cierto que también recibimos información desde el interior del cuerpo —los sentimientos, que en realidad ejercen una influencia más perentoria en nuestra vida mental que las percepciones externas—. Además, en determinadas circunstancias, los propios órganos de los sentidos transmiten sentimientos, sensaciones de dolor, además de las percepciones específicas de los mismos. Sin embargo, dado que estas sensaciones (como las llamamos en oposición a las percepciones conscientes) también emanan de los órganos terminales *y ya que consideramos que todas ellas son prolongaciones o vástagos de la capa cortical*, todavía somos capaces de mantener la afirmación que hemos hecho anteriormente. La única distinción sería que, en lo que se refiere a los órganos terminales de la sensación y el sentimiento, el cuerpo en sí ocuparía el lugar

del mundo externo. (Freud, 1940*a* [1938], pp. 161–162, la cursiva es nuestra.)[3]

El afecto es siempre consciente

Por otra parte, Freud no tuvo ninguna dificultad en reconocer que la afectividad es "más primordial, más elemental, que las percepciones que se derivan externamente" (p. 22), dicho de otro modo, que es una forma más antigua de conciencia que la percepción (véase Freud, 1911*b*, p. 220). También admitió sin dudarlo que los afectos se sienten conscientemente desde el principio; que *no existe nada como el afecto inconsciente*, algo análogo a las ideas inconscientes:

> Sin duda, es de la esencia de la emoción de lo que debemos ser conscientes, es decir, es algo que debe darse a conocer a la conciencia. Así pues, la posibilidad del atributo de la inconsciencia quedaría completamente excluida en lo relativo a emociones, sentimientos y afectos. (p. 177)

Freud explicó:

> Toda la diferencia surge del hecho de que las ideas son investiduras, fundamentalmente de huellas anémicas, mientras que los afectos y las emociones se corresponden con los procesos de descarga, cuya manifestación final se percibe en forma sentimientos. En el estado actual de nuestro conocimiento de los afectos y las emociones, no podemos expresar esta diferencia más claramente. (p. 177)

En otras palabras, los afectos no son *estructuras* estables que existen en la mente, ya estén activadas o no, ellos descargan *los procesos de activación* en sí mismos. Freud expuso esto más claramente en sus escritos metapsicológicos más tempranos (1894*a*), cuando aún teorizaba sobre el proceso de activación como "cuotas de afecto [...] repartidas en las huellas mnémicas de las ideas, un tanto como una carga eléctrica se extiende sobre la superficie de un cuerpo" (p. 60). Sin embargo, más adelante, él concibió el proceso de activación como una "energía instintiva" inconsciente, de la cual lo único que era percibido como afecto era la descarga *terminal*.

Strachey añadió una nota al pie a la última frase de la cita anterior (en la que Freud dice que "en el estado actual de nuestros conocimientos sobre los afectos y las emociones, no podemos expresar esta diferencia más claramente") remitiendo al lector al pasaje siguiente de *El yo y el ello*. Este pasaje es de una importancia tan fundamental que debo citarlo completamente, a pesar de su longitud:

> Mientras que la relación de las percepciones *externas* con el yo es algo bastante perspicuo, la de las percepciones *internas* con el yo requiere una investigación especial. Una vez más, da lugar a la duda de si tenemos razón realmente cuando remitimos la totalidad de la conciencia al sistema superficial único *Pcpt.-Cc.* Las percepciones internas producen sensaciones de procesos que surgen en los estratos más diversos y, sin duda, también más profundos del aparato mental. Muy poco se sabe acerca de estas sensaciones y sentimientos; los que pertenecen a la serie placer-displacer todavía pueden considerarse como el mejor ejemplo de ellos. Son más primordiales, más elementales, que las percepciones que surgen externamente y pueden ocurrir incluso cuando la conciencia está obnubilada. He expresado en otra parte mis puntos de vista acerca de su mayor importancia económica y de las razones metapsicológicas de esto. Estas sensaciones son multiloculares, como las percepciones externas; que pueden provenir de diferentes lugares al mismo tiempo y, por lo tanto, pueden tener cualidades diferentes e incluso opuestas. Las sensaciones de carácter placentero no tienen nada en ellas que las impulse intrínsicamente, mientras que las de displacer lo tienen en el grado más alto. Esto último induce hacia el cambio, hacia la descarga, y por eso interpretamos el displacer en el sentido de una elevación y el placer como una disminución de la investidura energética. Llamemos a lo que se convierte en placer y displacer como "algo" cuantitativo y cualitativo en el transcurso de los acontecimientos mentales; la pregunta entonces es si ese "algo" puede llegar a ser consciente en el lugar donde se encuentra, o si debe ser primero transmitido al sistema *Pcpt*. La experiencia clínica se decide por este último. Nos muestra que este "algo" se comporta como un impulso reprimido. Se puede ejercer la fuerza impulsora sin que el yo note la compulsión. No es hasta que haya resistencia a la compulsión, se descarga una retención en la reacción, hace que el "algo" de una vez tome conciencia como displacer. [...] Sigue siendo cierto, por lo tanto, que las sensaciones y sentimientos, también, sólo se vuelven conscientes llegando al sistema

Pcpt.; si el camino a seguir está bloqueado, no llegar a existir como sensaciones, aunque el "algo" que se corresponde con ellos en el transcurso de la excitación es el mismo que si lo hicieran. Entonces llegamos a hablar, de manera condensada y no totalmente correcta, de "sentimientos inconscientes", manteniendo una analogía con las ideas inconscientes que no es del todo justificable. En realidad, la diferencia es que, mientras que con las ideas *Icc.* los enlaces de conexión deben crearse antes de que puedan ser traídos a lo *Cc.*, con los *sentimientos*, que se transmiten directamente en sí mismos, esto no sucede. Dicho de otro modo, la distinción entre *Cc.* y *Prcc.* no tiene ningún significado en el que se vean afectados los sentimientos; el *Prcc.* aquí se retira y los sentimientos son, o conscientes o inconscientes. Incluso cuando se unen a las representaciones-palabra, el hecho de que se vuelvan conscientes no se debe a esa circunstancia, sino a que se vuelven así de forma directa. (Freud, 1923*b*, pp. 21–23)

Aquí deben tenerse en cuenta dos puntos. El primero es que las investigaciones llevadas a cabo en neurociencia afectiva sugieren que ese "algo" de Freud *puede* convertirse en consciente "en el lugar donde está" (en el tronco cerebral superior y las estructuras subcorticales asociadas). Hay múltiples líneas de pruebas que demuestran esto (véanse las críticas de Merker, 2009, y Damasio, 2010), pero quizá lo más llamativo es el hecho de que los niños que nacen sin corteza (sin ningún sistema *Pcpt.-Cc.*) muestran abundantes pruebas de afectividad.

Estos niños son sordociegos, etc.,[4] pero no son inconscientes. Muestran ciclos normales de sueño-vigilia y sufren crisis de ausencia en las que sus padres no tienen problemas para reconocer los lapsos de conciencia y cuando el niño está de nuevo "de vuelta". Existen informes clínicos detallados (Shewmon, Holmse y Byrne, 1999) que aportan una prueba más de que los niños no sólo se pueden calificar como "conscientes" por los criterios de comportamiento de la Escala de coma de Glasgow, sino que también muestran vívidas reacciones emocionales:

Expresan el placer mediante la sonrisa y la risa, y la aversión mediante las "quejas", el arqueo de la espalda y el llanto (en muchos grados), sus rostros están animados por estos estados emocionales. Un adulto que esté familiarizado con ellos puede emplear esta capacidad de respuesta para construir secuencias de juego que progresan predeciblemente desde la sonrisa, pasando por la risa tímida, hasta que el niño llega a la risa y a mostrar un gran entusiasmo. (Merker, 2009, p. 79)

También muestran un aprendizaje emocional asociativo. Ellos

adoptan iniciativas de comportamiento dentro de las limitaciones severas de sus discapacidades motrices, en forma de conductas instrumentales, tales como hacer ruido dando patadas a los sonajeros que cuelgan en un marco especial construido a propósito ("espacio pequeño"), o activar sus juguetes favoritos mediante interruptores, presumiblemente basándose en el aprendizaje asociativo de la conexión que existe entre las acciones y sus efectos. Tales comportamientos van acompañados de signos situacionalmente apropiados de placer y excitación por parte del niño. (Merker, 2009, p. 79)

Aunque en estos niños existe una degradación significativa de los tipos de conciencia que normalmente se asocian con la cognición de adultos, no puede haber ninguna duda de que son conscientes, tanto cuantitativa como cualitativamente. No sólo están despiertos y alerta, sino que también experimentan y expresan una amplia gama de emociones instintivas. En pocas palabras, el "ser" subjetivo está completamente presente. El hecho de que la corteza esté ausente en estos casos demuestra que la conciencia nuclear es a la vez generada y *percibida* subcorticalmente; esa energía instintiva puede llegar a ser consciente en el lugar donde se encuentra, sin ser transmitida al sistema *Pcpt.-Cc.* Esto contradice los supuestos teóricos de Freud, que se han citado más arriba, en el sentido de que "los sentimientos, también, sólo se vuelven conscientes una vez que consiguen llegar al sistema *Pcpt.* Parece que los afectos verdaderamente *son* conscientes en sí mismos.

La única razón posible para dudar de esto es el hecho de que los niños sin corteza no pueden *contarnos* lo que sienten (no pueden "declarar" sus sentimientos). Esto conduce a un segundo punto que necesita subrayarse en relación con la larga cita de *El yo y el ello*, en relación con la naturaleza intrínsecamente consciente del afecto.

No toda conciencia es declarativa

En las frases finales de la cita, dice Freud:

En realidad, la diferencia es que, mientras que con las ideas *Icc.* los enlaces de conexión deben crearse antes de que puedan ser traídos a lo *Cc.*, con los *sentimientos*, que se transmiten directamente en sí mismos, esto no sucede. Dicho de otro modo, la distinción entre *Cc.* y *Prcc.* no tiene ningún significado en el que se vean afectados los sentimientos; el *Prcc.* aquí se retira y los sentimientos son o conscientes o inconscientes. Incluso cuando se unen a las representaciones-palabra, el hecho de que se vuelvan conscientes no se debe a esa circunstancia, sino a que se vuelven así de forma directa. (Freud, 1923*b*, p. 123)

En "Lo inconsciente", Freud añade:

El sistema *Icc.* se ve superpuesto en cada momento por lo *Prcc.*, que se ha ocupado del acceso a la motilidad. La descarga del sistema *Icc.* pasa a inervaciones somáticas que conducen al desarrollo del afecto; pero incluso esta vía de descarga es, como hemos visto, impugnada por lo *Prcc.* Por sí mismo, el sistema *Icc.* no podría provocar, en condiciones normales, ningún acto muscular expediente, con la excepción de los que ya están organizados como reflejos. (pp. 187–188)

Lo que se presenta aquí es un punto de vista *del desarrollo*. Inicialmente, lo *Icc.* tiene acceso directo a la afectividad y la motilidad, que son normalmente controladas por lo *Cc.* (véase la p. 179), pero este control es "respondido" poco a poco y acaba, finalmente, "tomado" (p. 187) por lo *Prcc.*

Freud llega a la conclusión de que:

Estamos describiendo el estado de cosas tal y como aparece en el ser humano adulto, en quien opera el sistema *Icc.*, en sentido estricto, únicamente como una etapa preliminar de la organización superior [*Prcc*]. La pregunta de cuáles son el contenido y las conexiones de ese sistema durante el desarrollo del individuo y de cuál es la importancia que posee en los animales —estos son los puntos de los que no se puede extraer ninguna conclusión a partir de nuestras descripciones: deben ser investigados de forma independiente—. (p. 189)

Esto aclara en gran medida el punto que nos ocupa. El plan primordial del aparato mental (que pertenece a muchos animales y a los niños pequeños) probablemente no incluía la organización de lo *Prcc.*, a la que Freud atribuye el control de la motilidad y la conciencia (incluido, hasta un cierto límite, el afecto).

La organización de lo *Prcc.* está ligada, más que cualquier otra cosa, a las "representaciones-palabra". Así pues, nos enteramos de que, para Freud, la conciencia en los seres humanos adultos depende en gran medida del *idioma.* Aclaremos definitivamente la postura de Freud:

> Ahora nos parece saber de una vez cuál es la diferencia entre una representación consciente y una inconsciente. [...] La representación consciente comprende la representación de la cosa más la representación de la palabra que pertenece a la misma, mientras que lo inconsciente es la representación de la cosa sola. El sistema *Icc.* contiene las investiduras de cosa de los objetos, las primeras y verdaderas investiduras de objetos; el sistema *Prcc.* aparece a través de esta representación de cosa cuando es superinvestida a través de que se vincula con las representaciones-palabra correspondientes a la misma. Es en estas hiperinvestiduras, supongamos, cuando aparece una organización psíquica superior y ello hace posible que el proceso primario venga sucedido por el proceso secundario, que es el dominante en lo *Prcc.* [...] una representación que no se traduce en palabras, o un acto psíquico que no es hiperinvestido, sigue a partir de entonces en lo *Icc.* en un estado de represión [...] Por otra parte, al estar vinculadas con las palabras, las investiduras pueden estar provistas de calidad, incluso cuando representan sólo las *relaciones* que existen entre las representaciones de los objetos y son, por lo tanto, incapaces de derivar cualquier cualidad de las percepciones. (pp. 210–212)

Lo que excluye esta concepción es la distinción que existe entre lo que hoy en día se denomina conciencia "primaria" y "secundaria" (Edelman, 1993). El uso que hace Freud de la palabra "conciencia" se refiere principalmente a la conciencia secundaria, es decir, la *toma de conciencia de* la conciencia en oposición a la conciencia *en sí misma.* Los diferentes teóricos le dan otros nombres a la conciencia secundaria, tales como conciencia "reflectiva", conciencia de "acceso", conciencia "declarativa", conciencia "autonoética", conciencia "extendida", pensamiento "de orden superior", etc. La conciencia primaria, por el contrario, se refiere a la *materia* directa, *concreta de la capacidad de sentir.* Como hemos visto, Freud era apenas consciente de esta distinción, pero él no pensaba a través de las implicaciones.

A la vista de los conocimientos contemporáneos, podemos aclarar algo: junto a la forma secundaria (declarativa, reflexiva) de la conciencia que Freud subrayó habitualmente, existen otras dos formas (primarias) de la conciencia, que son la conciencia *afectiva* y la conciencia simple *perceptual.* Estas formas no dependen del idioma.

Como ya hemos visto, a pesar de sus incertidumbres topográficas, Freud reconoció la naturaleza primaria de la conciencia afectiva. Él también parece haber reconocido indirectamente que la simple conciencia de la percepción se activa de forma endógena. Consideremos el pasaje siguiente (que tiene varios equivalentes en otros escritos suyos):

> Las inervaciones de investidura se envían y se retiran en los rápidos impulsos periódicos desde dentro hacia el sistema completamente permeable *Pcpt.-Cc.* Mientras que el sistema sea investido de esta manera, recibe percepciones (que van acompañadas de la conciencia) y pasa la excitación hacia adelante al sistema mnémico inconsciente; pero tan pronto como la investidura [endógena] se retira, la conciencia se extingue y el funcionamiento del sistema llega a un punto muerto. Es como si lo inconsciente extendiera sus antenas, a través del medio del sistema *Pcpt.-Cc.*, hacia el mundo externo y las retirase apresuradamente en cuanto le hubiesen muestreado las excitaciones que provienen de él. (Freud, 1925*a*, p. 231)

Téngase en cuenta que es lo inconsciente lo que extiende las antenas de la percepción "desde dentro". Sin embargo, las investiduras en cuestión siguen siendo inconscientes hasta que alcanzan el sistema cortical *Pcpt.-Cc.* Esto revela que incluso la simple conciencia perceptiva, en el modelo de Freud, es endógena, en última instancia. Si ahora añadimos que él se había *equivocado* al pensar que las "antenas" de investidura no pueden generar la conciencia hasta que llegan a la corteza, como es nuestra obligación, entonces llegamos a una formulación diferente—, que es más coherente con los hallazgos de la neurociencia moderna: la conciencia es *afectiva* hasta que llega a la corteza, en cuyo punto se convierte en *percepción* consciente ("Me siento así sobre eso"). Esto da lugar a la conciencia de los objetos, que podrían o no ser *re-representados* entonces en forma de palabras (conciencia secundaria).

Los sistemas Cc. y Prcc. son inconscientes en sí mismos

Esta formulación tiene implicaciones sustanciales para la metapsicología freudiana, algunas de las cuales se abordan en otros lugares (véase Solms, 2013, para empezar). Me gustaría abordar aquí sólo la implicación más básica de la idea de que los sistemas cognitivos *Pcpt.-Cc.* y *Prcc.* son inconscientes en sí mismos.

Empiezo por retomar una observación que ya hemos citado aquí dos veces, que es que la visión puede darse de forma inconsciente ("visión ciega"). Esto implica que la percepción en sí es un proceso inconsciente y plantea la pregunta: ¿qué *añade* la conciencia a la percepción?

La respuesta es que la conciencia añade *sentimiento* (Damasio, 1999, 2010), que se deriva, en última instancia, de la serie placer-displacer, es decir, la conciencia suma *valencia* a la percepción, nos permite conocer:

> "¿Cómo me siento acerca de esto? ¿Es esto bueno o malo para mí?" En lo que se refiere a la escala de valores biológicos que dio origen a la conciencia en primera instancia, nos permite decidir: "¿Esta situación mejora o reduce mis posibilidades de supervivencia y de éxito en la reproducción? "Esto es lo que la conciencia añade a la percepción. Nos dice lo que significa una situación particular y, de ese modo, nos dice qué *hacer* al respecto, de la manera más simple, es decir, si debemos acercarnos o retirarnos. Algunas de estas decisiones son "incondicionadas", es decir, la decisión se toma de forma *instintiva*. Esto es para lo que sirven las respuestas instintivas, facilitan modelos genéricos predictivos que nos libran de los peligros inherentes al hecho de aprender por nosotros mismos.

Tales situaciones se explican por el modo primitivo de funcionamiento mental que Freud llamó el "principio del placer". Sin embargo, en la vida se producen un gran número de situaciones que no pueden ser predichas de antemano. Este es el propósito de *aprender* de la experiencia, y el modo completo de funcionamiento que Freud llamó el "principio de realidad". El principio de realidad utiliza la inhibición del "proceso secundario" (el modo de conocimiento que domina en lo *Prcc*) para restringir el principio del placer y lo sustituye por las soluciones flexibles que sólo puede aportar el pensamiento. Por ese motivo, el propósito del principio de realidad es el de construir un modelo predictivo individualizado del mundo.

Freud se refiere al pensamiento como una "actuación experimental" (es decir, una actuación virtual o imaginaria). En la neuropsicología contemporánea, esto se conoce como "memoria operativa". La memoria operativa es consciente por definición. (No todo conocimiento es consciente; pero aquí nos ocupa únicamente la cognición consciente.) La función de la memoria operativa es la de "aportar la sensación de vía a través de" un problema. La sensación te indica cómo lo estás haciendo dentro de la escala biológica de los valores descritos anteriormente, lo que determina cuándo se ha dado con una buena solución (cf. el concepto de Freud de "afecto de señal").

Pensar sólo es necesario cuando surgen los problemas. Esto requiere la "presencia" consciente del afecto, es decir, la *atención* a los objetos de la percepción y la cognición. Sin embargo, todo el propósito del principio de realidad (de aprender a partir de la experiencia) es mejorar el modelo predictivo de uno; es decir, reducir al mínimo las posibilidades de sorpresa, *minimizar la necesidad de la conciencia*. El modelo clásico, por lo tanto, vuelve a darse la vuelta.

El proceso secundario de Freud se basa en las energías de los impulsos de "unión" y de los "libres". Dicha unión (es decir, inhibición) crea una reserva de activación tónica que se puede utilizar para la función de pensamiento, que acabamos de describir, que Freud atribuyó al yo *Prcc*. De hecho, la concepción más temprana de Freud lo definía como una red de neuronas "constantemente" investidas que ejercen efectos inhibidores colaterales las unas sobre las otras (Freud, 1895*a*). Esto llevó a Carhart-Harris y Friston (2010) a equiparar el "depósito" del yo de Freud con la "red en modo por defecto" de la neurociencia contemporánea. Sea como fuere, el trabajo de Karl Friston se basa en los mismos conceptos de energía *helmholtziana* que el de Freud (véase Friston, 2010). Su modelo (en relación con el cual el error de predicción o la «sorpresa» [igualada a la energía libre] se minimiza a través de la codificación de modelos más exactos del mundo, que dan como resultado mejores predicciones) es totalmente coherente con el de Freud. Su modelo reconceptualiza el principio de realidad de Freud en términos computacionales, con todas las ventajas que esto conlleva para la cuantificación y el modelado experimental. Según este punto de vista, la *libre energía es un afecto no transformado*, energía liberada del estado ligado, o bloqueada desde el estado ligado, debido a errores de predicción.

Resulta de enorme interés señalar que en el modelo de Friston, el error de predicción (mediado por sorpresa), que aumenta la "importancia incentiva" (y, por lo tanto, la atención consciente) en la percepción y la cognición, es *algo malo* desde el punto de vista biológico. Cuanto más verídico sea el modelo predictivo del mundo, menos sorpresa, menos importancia; cuanta menos atención, más *automaticidad*, mejor. Nos recuerda al "principio del Nirvana" de Freud.

El mismo propósito del principio de realidad, que inicialmente dio lugar a la cognición del proceso secundario, es la automaticidad, que evita la necesidad de que el sujeto "sienta su camino" a través de situaciones impredecibles. Esto, a su vez, sugiere que el ideal de la cognición consiste en renunciar al procesamiento consciente, y reemplazarlo por el procesamiento automatizado, que pasa de los modos "episódicos" a los "procedurales" de funcionamiento (y, de este modo, de los modos corticales a los subcorticales). Parece que la conciencia en la cognición es una medida temporal: una solución intermedia. Pero siendo la realidad lo que es, es decir, algo siempre incierto e impredecible, siempre lleno de sorpresas, existe poco riesgo de que a lo largo de nuestra vida alcancemos el estado de Nirvana parecido al de los zombis, algo que ahora sabemos que es a lo que aspira la cognición. El afecto no se supera tan fácilmente.

Conclusión

Esta crítica de "Lo inconsciente" de Freud, en relación con la neuropsicología contemporánea sugiere que su modelo necesita una revisión importante, al menos por tres razones: 1) el núcleo del sistema *Icc.* (lo que más adelante Freud llamaría el ello) no es inconsciente, es la fuente de la conciencia, que es principalmente afectiva; 2) los sistemas *Pcpt.-Cc.* y *Prcc.* (lo que más adelante Freud llamaría el yo) son inconscientes en sí mismos, y al inhibir lo *Icc.* aspiran a seguir siéndolo; pero 3) toman prestada la conciencia como una solución intermedia y toleran la conciencia, con el fin de resolver las incertidumbres (de vincular el afecto).

Notas

1. A menos que se indique lo contrario, todas las citas de Freud son de "Lo inconsciente" (1915*e*).

2. [La palabra utilizada aquí en alemán es "instinto", y no "pulsión", como es habitual. (Véase la nota del editor a "Pulsiones y sus destinos", p. 111 más arriba.) La cuestión de la herencia de las formaciones mentales sería tratada por Freud poco después, en la Conferencia XXIII de sus *Conferencias de introducción al psicoanálisis* (1916–1917) y en su caso clínico del "Hombre lobo" (1918*b*), Ed. Estándar, 17, 97.]

3. La localización de Freud del sistema *Cc.* siguió destinos muy diferentes. Al principio, no hacía ninguna distinción entre la conciencia perceptiva y la afectiva (Freud, 1894*a*). Más bien, distinguía entre las *huellas mnémicas de la percepción* ("ideas") y *la energía que las activa*. Esta distinción coincidía con los supuestos convencionales de la filosofía empirista británica, pero Freud curiosamente describió la energía de activación en forma de "cuotas de afecto", que se "extienden sobre las huellas mnémicas de las ideas un poco como una carga eléctrica se reparte por la superficie de un cuerpo" (Freud, 1894*a*, p. 60). Strachey (1962, p. 63) describió esto correctamente como la "más fundamental de todas las hipótesis [de Freud]" pero hay muchas razones para creer que Freud preveía dichas huellas mnémicas activadas de las "ideas" como procesos *corticales*. En su modelo "Project", más elaborado, (1895*a*) atribuía explícitamente la conciencia a un sistema especial de neuronas corticales (ω), que localizaba en el extremo *motriz* del prosencéfalo. Esta localización facilitaba a la conciencia la posibilidad de registrar la descarga (o falta de ella) de la energía que se acumula en el interior del sistema de huellas mnémicas (que ahora se conocen como sistema ψ), a partir de fuentes tanto endógenas como sensoriales. (Téngase en cuenta que, desde 1895 en adelante, Freud describía la energía mental como estar *in*consciente en sí mismo; ya dejó de describirse como una "cuota de afecto".) La conciencia, que Freud ahora dividió en dos formas, surgió de la *manera en que la energía excitaba las neuronas*. Ello dio lugar a la conciencia *afectiva* cuando las diferencias en el nivel cuantitativo de energía en el sistema ψ (causadas por grados de descarga motriz) se registraban en ω como placer-displacer, y daban lugar a la conciencia de *percepción* cuando las diferencias en los aspectos cualitativos de las energías exógenas (por ejemplo, longitud de onda o frecuencia) derivadas de los diferentes órganos de los sentidos se transmitían a través de las neuronas de la percepción (φ), a través de las huellas mnémicas de las ideas (ψ), sobre ω. En una revisión de 1896 de este modelo "Proyecto", Freud trasladó las neuronas ω a una posición entre φ y ψ y, al mismo tiempo, reconoció que toda la energía que había en el aparato mental se generaba endógenamente; la energía no entraba literalmente en el aparato a través del sistema de percepción. (Freud pareció olvidarse de esto más adelante; por ejemplo, en 1920.) En *La interpretación de los sueños*

(1900*a*), sin embargo, Freud volvió a la disposición del "Proyecto", y de nuevo localizó los sistemas de percepción y conciencia en los extremos opuestos del aparato mental. Su indecisión en este sentido parece, sobre todo, que se deriva del hecho de que sus sistemas (sensorial) perceptivo y (motriz) de conciencia formaban una unidad funcional integrada, ya que la descarga motriz produce necesariamente información kinestésica (perceptual). En consecuencia, Freud se estableció (en 1917) en una localización híbrida de los sistemas de percepción y de conciencia. En esta última disposición, φ (rebautizada como *"Pcpt."* en 1900) y ω (*"Cc"*) se combinaron en una única unidad funcional, el sistema *"Pcpt.-Cc."*. En este punto, Freud aclaró que el sistema *Prcc.-Cc.* es realmente un sistema único que es *excitable* desde dos direcciones: los estímulos exógenos generan una conciencia perceptiva, los estímulos endógenos generan una conciencia afectiva. Freud también abandonó la idea de que la conciencia afectiva registra el "nivel" cuantitativo de excitación dentro del sistema φ, y sugirió en cambio que eso mismo registra, igual que la conciencia perceptual, algo cualitativo, como la longitud de onda (es decir, las fluctuaciones en el nivel de energía dentro del sistema *Prcc.* a lo largo de una unidad de tiempo; véase Freud, 1920*g*). Lo más importante que debe subrayarse en esta breve historia de la localización de la conciencia que hace Freud es que, de principio a fin, fue conceptualizada como un proceso cortical. (Aunque Freud parecía tener dudas fugaces acerca de esto, a veces; por ejemplo, 1923*b*, p. 21.) Véase Solms (1997) para un primer indicio de que algo andaba mal con la localización superficial de Freud de la superficie (afectiva) interna del sistema *Pcpt.-Cc.*

4. Ellos carecen de *conciencia* perceptiva. Esto no quiere decir que no puedan procesar la *información* perceptual a través de vías subcorticales. La conciencia no es un requisito previo para la percepción (cf. "visión ciega").

"Lo inconsciente" de Freud: ¿Se puede encuadrar esta obra dentro de una explicación biológica?

Linda Brakel

"Lo inconsciente" es un artículo relativamente breve escrito hace casi un siglo que contiene mucha miga, y una gran parte de ello es increíblemente contemporáneo. No sólo presenta Freud de forma sucinta sus ideas más influyentes sobre un inconsciente lleno de contenido y significado, sino que lo hace de un modo que 1) sugiere la posibilidad de que exista un vínculo entre la biología y la psicología de lo inconsciente; 2) pone de relieve los aspectos topográficos, económicos, dinámicos y estructurales de su marco metapsicológico y 3) ofrece un argumento filosófico sutil y eficaz en contra de sus detractores (y de quienes vendrán más tarde) que afirman que los procesos y los contenidos psicológicos deben ser conscientes, *por definición*.[1] Con respecto a este desafío a la posibilidad misma de la mención de lo inconsciente, Freud (1915e, p. 167) afirma que:

> [...] este [tipo de] objeción se basa en la igualación —aunque, ciertamente, no indicada explícitamente, sino tomada como un axioma— de lo que es consciente con lo que es mental. Esta ecuación es, o bien *petito principia* [la cursiva es de Freud] que plantea la cuestión de si todo lo que es psíquico también es necesariamente consciente; o bien es una cuestión de convención, de nomenclatura. En este

último caso está, por supuesto, como cualquier otra convención, no abierta a la refutación.

Freud defiende aquí el argumento de que quienes se oponen al concepto de un inconsciente significativo y representacional deben hacerlo con más argumentos potentes que simplemente descartando la mención inconsciente por exclusión de definición, ya que, con la estipulación de definición cualquier cosa que sea significativamente mental o psicológica es también, y necesariamente, consciente.

John Searle, un filósofo de la mente muy reconocido, defiende simplemente dicho argumento, por definición, en su importante obra de 1992 *El redescubrimiento de la mente*, y afirma que (p. 168), "Freud piensa que nuestros estados mentales inconscientes existen a la vez como estados inconscientes y como estados intencionales[2] que se producen intrínsecamente, incluso cuando su ontología es mental, incluso cuando son inconscientes". A continuación, Searle continúa con la siguiente pregunta y da una respuesta rápida (p. 168): "¿Puede él [Freud] hacer que tal imagen sea coherente? Yo [Searle] no puedo encontrar o inventar una interpretación coherente de esta teoría".

El problema de Searle con la coherencia gira en torno a lo que resulta ser su propio entendimiento restrictivo de lo "mental". Al afirmar que él observa: 1) "verdaderas atribuciones de la vida mental inconsciente como algo que corresponde a una ontología neurofisiológica objetiva, pero que se describe en cuanto a su capacidad para causar fenómenos mentales subjetivos y conscientes" (p. 168), y 2) que los fenómenos mentales son simplemente "… causados por procesos neurofisiológicos del cerebro y son, a su vez, características del cerebro" (p. 1), Searle no reconoce que es difícil llegar a entender "cómo cualquier versión de un estado mental inconsciente y representacional [como la mantenida por Freud y los teóricos psicoanalíticos] no conseguiría cumplir con estos criterios" (Brakel, 2009, p. 18). El enigma sólo puede resolverse si nos damos cuenta de que "*Searle requiere fundamentalmente que la conciencia sea una característica necesaria de lo mental*. Así pues, si la conciencia es un criterio ontológico para ser mental, *por definición* nada que sea inconsciente puede ser mental" (Brakel, 2009, p. 18).[3 y 4]

Freud demuestra un mayor tino filosófico en "Lo inconsciente" cuando sostiene que el conocimiento de lo inconsciente tiene el mismo estatus que el conocimiento sobre las mentes de los demás (1915*e*, p. 169). No podemos *saber* realmente si se trata de una de las dos cosas; y, sin embargo, al asumir tanto que los demás tienen mentes como las nuestras, como que todos funcionamos debido a los procesos psicológicos conscientes *e* inconscientes, permite que una gran parte de lo que es observable pueda ser explicado y entendido fácilmente. Al hacer esta suposición, Freud está empleando tácitamente una herramienta filosófica conocida como "la inferencia a la mejor explicación" (Lipton, 1991), que utilizan con frecuencia los científicos (y otros teóricos) a la hora de evaluar la fuerza relativa de diversas hipótesis. Curiosamente, Freud prosigue esta argumentación invocando la distinción que hace Kant (1781–1787) entre lo que podemos aprehender, la "apariencia de la cosa" de Kant, y lo que no podemos aprehender, pero que subyace a las cosas como aparecen, es decir, la "cosa en sí", para advertirnos de que, "al igual que lo físico, lo psíquico no es necesariamente en realidad lo que nos parece que es" (1915e, p. 171). Dicho de otro modo, Freud nos advierte de que hay que recordar que lo que percibimos y/o creemos con respecto a la mención consciente podría o no mantenerse para la mención inconsciente.

Continuando con sus puntos de vista sobre uno de los problemas más perdurables en la filosofía en general (y en particular en la filoso-fía de la mente, la metafísica y la epistemología), Freud ofrece, aunque muy brevemente, en "Lo inconsciente" una clara expresión de su pos-tura sobre el problema mente-cuerpo, que es enormemente sofisticada. A pesar de las diferencias que hay entre lo que está presente en lo cons-ciente y lo inconsciente (diferencias que enumero a continuación), para Freud (1915e, p. 207, Apéndice B), debido a que los acontecimientos tanto conscientes como inconscientes son psicológicos, comparten una relación de dependencia concomitante" sobre los acontecimientos fisio-lógicos en el sistema nervioso".[5] Es sobre la importancia de esta pers-pectiva fundamentalmente biológica, en particular en lo que respecta a la tensión con otros aspectos de la caracterización de lo inconsciente de Freud en "Lo inconsciente", de lo que trato a lo largo de este capítulo.

Lo inconsciente biológico

Desde un punto de vista biológico, la mayor parte de lo que cuenta Freud sobre los entresijos de lo inconsciente en este artículo de 1915 es, en realidad, algo que no presenta ningún problema. Para empezar, la afirmación de Freud de que existen los impulsos instintivos de deseo "uno al lado del otro, sin influirse mutuamente" y que están, por lo tanto, "exentos de contradicción mutua" (1915e, p. 186) se puede encuadrar fácilmente dentro de una gran parte del comportamiento organizado por las pulsiones que se ha observado en los animales.[6] Un animal hambriento, que se ve impulsado a buscar su alimento al aire libre, pero que al mismo tiempo presta atención al impulso de huir siempre que está a cielo abierto con el fin de poder ocultarse de los depredadores, muestra con fuerza los dos impulsos derivados de la pulsión.

Resulta igualmente apto para nuestro modelo animal la descripción más detallada que hace Freud de las operaciones inconscientes:

> Cuando dos impulsos de deseo cuyos objetivos nos parecen incompatibles se vuelven activos simultáneamente, los dos impulsos no disminuyen entre sí ni se anulan entre sí, sino que se combinan para formar un objetivo intermedio, una solución intermedia. (1915e, p. 186)

Por lo tanto, el recolector recoge el forraje rápidamente en ráfagas cortas, lanzándose hacia atrás para cubrirse después de cada breve incursión en lugar de quedarse en estado vulnerable, expuesto a cielo abierto sobre una extensa área de superficie y un amplio período de tiempo. Mientras que la cantidad de alimento y de calorías adquiridos de esta manera podría no parecer óptima, es necesario correr el riesgo ya que el coste de ser presa de algún depredador es, por supuesto, altamente prohibitivo, ya que acaba en una muerte casi segura.

La naturaleza del proceso primario de las operaciones mentales inconscientes que Freud detalla a continuación (1915e, p. 186) — operaciones organizadas de acuerdo con los desplazamientos, las condensaciones y los tipos de categorizaciones que se derivan de estos organizadores de procesos primarios— es asimismo bastante compatible con el propio tipo de comportamiento animal que muestra claramente el estado físico selectivo (evolutivo). Si retomamos a nuestro recolector, por ejemplo, ciertas características visuales singulares de varias plantas pueden indicar de manera verídica una riqueza de nutrientes y/o una peligrosa toxicidad. Las características perceptivas individuales, entre las que se incluyen el olfato, el gusto y la textura, así como los atributos visuales de color, forma y tamaño, no sólo son captados fácilmente por los pensadores de procesos primarios, sino, lo que es más importante, pueden constituir el núcleo de categorizaciones basado en estos atributos de los procesos primarios. Como ya he señalado en un escrito anterior (Brakel, 2010, p. 61):

Hay muchos tipos de categorías de procesos primarios basados arracionalmente. Entre ellos se incluyen las categorías formadas asociativamente sobre la base de la similitud superficial, y las que se basan en la similitud de las partes [aparentemente] no esenciales. Los poetas (y otros) pueden utilizar tales categorías arracionales para los símiles y las metáforas. Por ejemplo, Shakespeare puede preguntar: "¿Puedo compararte con un día de verano?"

Continúo (p. 62):

> Las categorías arracionales predicadas en las similitudes asociativas también incluyen clasificaciones de parecido familiar de todo tipo; las categorías formadas debido a los roles funcionales comunes de los miembros; y las categorías a las que se ha llegado debido a un estado de ánimo o a un estado de sensación que se despierta. Se puede ver un ejemplo de este último tipo en mi amigo Z [...] [que] experimenta un sentimiento muy distinto [...] de nostalgia cada vez que ve cualquier pintura expresionista, huele un aroma particular (leña ardiendo), o se cruza con un gato callejero. Sobre la base de los sentimientos únicos que ocasiona cualquiera de estos elementos aparentemente dispares, (o alguna combinación de éstos) forman para Z una categoría de procesos primarios basados arracionalmente.

Y, volviendo a la cuestión que nos ocupa en la actualidad:

Además, las aves (y otros animales) pueden utilizar categorías basadas arracionalmente para recoger el forraje con éxito. Tienden a regresar a determinadas zonas compartiendo algunos pequeños rasgos visuales comunes [desde nuestro punto de vista humano] que se asocian con los mejores lugares para alimentarse. Los colibríes, por ejemplo, eligen formas estriadas de una sombra de color rojo anaranjado (Brakel, 2010, pp. 61–62).

(Para más información sobre las categorías de los procesos primarios/arracionales, véase Brakel, 2009, pp. 8, 16, 43–46.)

El resultado es que estas categorías de procesos primarios a menudo son capaces de entregar más información y con mayor velocidad de lo que lo harían las evaluaciones basadas en el conocimiento del proceso secundario, como la familiaridad con la ubicación exacta de cada una de varias especies específicas que han sido plantadas, y los detalles del perfil de crecimiento de cada una de estas plantas. (Para más información sobre las posibles ventajas evolutivas de cognición organizadas de acuerdo con los procesos primarios, véase Brakel y Shevrin, 2003; y para un ejemplo de las caracterizaciones de los procesos primarios de un animal (la paloma), véase Garlick, Gant, Brakel y Blaisdell, 2011.)

* * *

El hecho de que el mismo Freud fuera consciente de la importancia potencial de su sistema Inconsciente como si se tratase de un sistema biológicamente relevante se revela en dos pasajes de "Lo inconsciente". El primero es un poco provisional. Al comentar sobre el sistema Inconsciente, dice (1915e, p. 189):

> La cuestión de lo que son el contenido y las conexiones de ese sistema durante el desarrollo de la persona, y de qué significado posee en los animales, estos son puntos de los que no se deduce ninguna conclusión a partir de nuestra descripción: deben ser investigados de forma independiente.

Unas seis páginas más adelante, Freud (1915e, p. 195) parece mucho más seguro cuando afirma que:

> El contenido de lo *Icc.* puede compararse con la existencia de una población aborigen en la mente. Si en el ser humano se dan unas formaciones mentales heredadas —algo análogo al instinto de los animales— esas son las que constituyen el núcleo de lo *Icc.*

Y, sin embargo, a medida que nos aproximamos a considerar algunos de los comentarios posteriores de Freud en "Lo inconsciente" sobre su sistema Inconsciente, tendremos que admitir que existen problemas graves que surgen de cualquier noción de un inconsciente fundamentalmente biológico. En la sección siguiente describo estos comentarios y el conflicto que se engendró.

El conflicto

Las otras caracterizaciones de lo inconsciente de Freud que aparecen en "Lo inconsciente" entran en conflicto directo con cualquier explicación biológica plausible de dicho sistema. Por lo tanto, continuando con su descripción de las operaciones inconscientes fundamentales, nos encontramos con las siguientes afirmaciones (1915e, p. 187): "Los procesos del sistema *Icc.* son *atemporales*, es decir, no están ordenadas por el paso del tiempo; no tienen referencia al tiempo en absoluto". Además, Freud plantea que:

> Los procesos *Icc.* no prestan mucha atención a la *realidad*. Están sometidos al principio de placer; su destino sólo depende de lo fuertes que sean y de que cumplan los requisitos de la regulación de placer-displacer. (1915*e*, p. 187)

La tensión que hay en el pensamiento de Freud acerca del sistema Inconsciente se hace evidente ahora: a pesar de que él parece querer que este sistema de deseos y ruegos esté constituido por pulsiones biológicas fundacionales y fundamentales, su explicación declarada de lo inconsciente nos fuerza a enfrentarnos a la siguiente pregunta de difícil respuesta: ¿cómo puede sobrevivir cualquier sistema biológico sin tener en cuenta el tiempo y otros aspectos de la realidad? Ningún organismo biológico sería capaz de adaptarse a su medio ambiente sin unos registros y ajustes integrados debido a las consideraciones del tiempo y la realidad. Incluso las criaturas unicelulares deben responder a la realidad acercándose a entornos con nutrientes y evitar los que son tóxicos. Consideremos la exquisita precisión que necesita un depredador para llegar a tiempo a capturar a su presa y que una presa tiene que escaparse del predador, cada uno de ellos controlando la velocidad, la aceleración y la dirección previstas del otro.

Sopesando la evidencia empírica

Según Freud, se ha demostrado que los procesos inconscientes son bastante sensibles tanto al tiempo como a la realidad. Permítanme describir tres estudios de investigación realizados, dos de ellos dirigidos al tiempo y el tercero a la realidad.

En primer lugar, con respecto al tiempo, hay dos estudios en estado de pruebas sobre el condicionamiento inconsciente. El primero se llama "Otras pruebas del aprendizaje inconsciente: apoyo preliminar para el condicionamiento de los EMG [electromiogramas] faciales a los estímulos subliminales", escrito por Bunce, Bernat, Wong y Shevrin (1999), y el segundo se titula "Correlatos cerebrales relacionados con los acontecimientos del aprendizaje asociativo sin toma de conciencia", escrito por Wong, Bernat, Snodgrass y Shevrin (2004). Cada uno de estos dos experimentos implicaba el condicionamiento de las respuestas a los estímulos aversivos, en los que el éxito del condicionamiento se demostraba mediante los cambios en una medida particular y biológica. En el primer experimento de estos dos, la medida biológica era la electromiografía (EMG) facial, que se utilizó para registrar las respuestas musculares de los músculos de la cara que se habían especificado. En el experimento dos, los cambios en las ondas cerebrales llamados potenciales evocados por la respuesta (PER), registrados en lugares del cuero cabelludo que contaban con electrodos, sirvieron como mediciones de interés.

En ambos experimentos, se presentaron a todos los participantes dos conjuntos de palabras que se emparejaban (emparejados en cuanto al contenido afectivo). Inicialmente, los estímulos de las palabras se presentaron todos supraliminalmente, dicho de otro modo, en la toma de conciencia de la conciencia plena, cuando se grababan las medidas biológicas. En la siguiente fase, la fase de condicionamiento, ambos conjuntos se presentaban subliminalmente, fuera de la toma de conciencia, pero ahora la mitad de los ítems de palabras (que componían el conjunto experimental) se emparejaron con estímulos aversivos, mientras que la otra mitad de las palabras (que constituían el conjunto de control) no lo hicieron. Lo que resulta tan importante acerca de estos estudios en particular es que en la fase de condicionamiento de ambos experimentos, los estímulos del conjunto experimental que se iban a acondicionar se presentaban *subliminalmente, totalmente fuera de la conciencia,* seguidos por la entrega del estímulo aversivo *en un intervalo de tiempo preciso* después de la representación subliminal. Por lo tanto, en el estudio anterior (1999), después de cada representación subliminal de una palabra de estímulo del conjunto experimental, se entregaba una descarga aversiva exactamente 800 milisegundos más tarde. En el segundo estudio (2004), una explosión de ruido blanco se producía exactamente tres segundos después de la representación subliminal de cada ítem de palabra del conjunto de los estímulos experimentales.

La siguiente fase era la de poscondicionamiento, en la que se volvían a examinar las mediciones biológicas, ya que los dos conjuntos de palabras de estímulo (tanto las experimentales como las de control) se presentaban todas de nuevo supraliminalmente. En ambos experimentos, las reacciones biológicas diferenciales (RBD en el primer estudio y PER en el siguiente) ante el conjunto experimental y el conjunto de control de los ítems de palabras de estímulo proporcionaron pruebas que confirmaban que el condicionamiento aversivo se había producido realmente, y, extraordinariamente, con los ítems que iban a ser condicionados presentados de forma totalmente subliminal.

Si los procesos inconscientes de los participantes no hubieran sido fácilmente capaces de asociar cada una de las palabras de estímulo subliminales en los conjuntos experimentales con el estímulo aversivo que estaba cronometrado con precisión para venir a continuación, el condicionamiento aversivo no se habría logrado con éxito, y estos resultados no podrían haberse obtenido. En resumen, entonces, estos estudios sirven de apoyo a la conclusión de que los procesos inconscientes pueden demostrar una extrema sensibilidad con respecto al tiempo.

Si pasamos a continuación a la cuestión de lo inconsciente y la realidad, un experimento del que se informó en 2001, "Los estímulos visuales subliminales excéntricos evocan un componente P300", escrito por Bernat, Shevrin y Snodgrass, proporciona pruebas simples y elegantes sobre la capacidad de lo inconsciente de procesar y discriminar entre las características importantes de la realidad externa. En este estudio, mientras que las ondas cerebrales —potenciales de respuesta evocada (PRE)— se estaban midiendo en diversos sitios convencionales con electrodos en el cuero cabelludo, "las palabras IZQUIERDA y DERECHA se presentaban con una frecuencia escasa (80%–20%) [dibujo], contrapesada entre los sujetos" (p. 159). (Por lo tanto, la mitad de los participantes recibió representaciones de la palabra DERECHA el 80% de las veces, e IZQUIERDA el 20% del tiempo; a la otra mitad de los participantes se les presentó la palabra IZQUIERDA el 80% del tiempo, y DERECHA el 20%.) Se trata de un montaje experimental típico de "bicho raro", en el que el ítem de estímulo entregado el 80% del tiempo es el estímulo habitual que se espera, mientras que el ítem que se muestra únicamente el 20% del tiempo es, de este modo, el "bicho raro". Salvo que hay una diferencia importante: en el estudio de Bernat, Shevrin y Snodgrass (2001), todos los "estímulos fueron representados en el umbral de detección objetivo ([...] representaciones de 1 mseg)" (p. 159). Lo que esto significa es que todas las representaciones eran totalmente subliminales, quedaban fuera de cualquier percepción consciente.

Los resultados de este experimento de 2001 fueron muy similares a los obtenidos durante los experimentos supraliminales estándar de bicho raro, en los que los sujetos pueden ver conscientemente todos los estímulos. Este fue el más hallazgo importante, y se resumió del modo siguiente: "[...] [se obtuvo] un componente [del PRE] de amplitud significativamente mayor [del P300] para las representaciones de estímulos raros frente a los frecuentes" (p. 159), que demostró que "[...] se puede evocar una respuesta P300 incluso cuando tanto los estímulos raros como los frecuentes se presentan fuera de la percepción de la conciencia" (p. 169). Claramente, estas presentaciones totalmente subliminales daban como resultado la evidencia cerebral de que pueden distinguirse, subliminalmente, las representaciones de estímulos frecuentes y raros y, del mismo modo que sucede cuando las representaciones son supraliminales, ilustra que los aspectos importantes de la realidad externa son, de hecho, aprehendidos con precisión por lo inconsciente.

Soluciones (por desgracia, no profundas)

Entonces, ¿cómo puede resolverse este conflicto sobre lo inconsciente, su potencial relevancia biológica y los factores biológicos claramente importantes de tiempo y realidad? ¿Qué podemos hacer con la tensión que se establece en la explicación que da Freud de lo inconsciente en "Lo inconsciente"? ¿Es lo inconsciente insensible al tiempo y a la realidad, o lo inconsciente se adapta biológicamente después de todo?

Si insistimos en el tema del tiempo en primer lugar, vamos a ver si podemos llegar a entenderlo mejor si miramos más detenidamente los puntos de vista de Freud (1915e, p. 187) sobre la atemporalidad de lo inconsciente, al examinar frase por frase las reivindicaciones que aparecen en su ensayo. En primer lugar, él afirma que los procesos inconscientes no se ordenan temporalmente. Aún suponiendo que esto sea cierto, y que los procesos inconscientes en sí mismos no estén estructurados con orientación al tiempo, esto no implica de ninguna manera que algunas operaciones inconscientes concretas sean incapaces de *registrar* estímulos y contenidos temporalmente, y según un orden secuencial, tal y como demuestran que es así convincentemente, de hecho, los estudios de condicionamiento inconsciente de Wong *et al.* Así que, en este sentido, la tensión puede aliviarse.

A continuación, Freud (una vez más en la p. 187) postula que los procesos de lo inconsciente "no se ven alterados por el paso del tiempo". En realidad, esta declaración, vista desde un punto de vista biológico, parece que no presenta ningún problema. Mientras una pulsión permanezca insatisfecha, es biológicamente útil que no se altere. Dicho de forma más radical, una pulsión no satisfecha debe, salvo que se satisfaga y hasta ese momento, pulsar cada vez más firme y perentoriamente para buscar su satisfacción. Una vez más, esta parte del conflicto se evanesce.

Pero ¿qué pasa con el comentario final de Freud en esta serie (p. 187) en relación con el tiempo, cuando afirma que los procesos inconscientes "no tienen ninguna referencia en absoluto con el tiempo"? Para abordar esta cuestión, permítanme que les cuente la siguiente historia de la vida real. Es una historia que se produce mucho más que de vez en cuando. Son las dos de la tarde y mi perra Xenia y yo no hemos comido nada desde el desayuno. Estoy ocupada trabajando, así que no me he dado cuenta (inconsciente) de lo que asumo que ha sido un aumento del deseo inconsciente/de la pulsión de alimentarme. Aunque a la perra no suelo darle de comer otra vez hasta más tarde, es probable que Xenia quiera comer. (Yo adivino esto por el hecho de que su comportamiento indica que, por lo general, quiere comida.) Tal vez, a diferencia de lo que pasa conmigo, Xenia siempre ha sido consciente de este deseo. En cualquier caso, a las dos y cuarto, yo tomo conciencia de mi deseo y de que tengo hambre. Pienso: "Son las dos y cuarto y yo no he comido nada desde que desayuné a las diez". La pulsión del solo proceso primario de Xenia hacia la comida carece de este sello de tiempo de proceso secundario. Es presumible que ella esté *pensando* (a la manera del proceso primario) algo parecido a "tener comida". Aunque tanto ella como yo tenemos hambre, ninguno come a las dos y cuarto. No es la hora de que coma por segunda vez ese día y yo vuelvo a mi envolvente trabajo, con lo que me vuelvo a olvidar de que tengo hambre, haciendo que mi deseo de comer sea, una vez más, inconsciente. Y, sin embargo, puedo asumir que las dos seguimos con hambre, con el ansia/deseo/impulso de comida cada vez más fuerte a medida que pasa el tiempo. Para mí, mi hambre y el deseo de comer aumentan en intensidad aún a pesar de que soy de nuevo inconsciente de este estado de cosas. Esta suposición se ve confirmada por mi pensamiento a las cuatro de la tarde: "¡Vaya! Son ahora las cuatro y todavía no he comido nada desde el desayuno! ¡Ahora tengo muchísima hambre!", mientras que Xenia ahora se está comportando como si estuviera *pensando* "¡TENER COMIDA!" Entonces, para las dos, se registra la presión del aumento de la intensidad de la pulsión, conscientemente y a la manera de un proceso primario para mí, e inconscientemente y a la manera de un proceso primario para Xenia, en la que el aumento de la intensidad de la pulsión en sí misma sirve como un tipo de cronómetro biológico-psicológico, indexando el paso del tiempo. Resulta indudablemente importante que este tipo de indicador de registro de tiempo funcione para cambiar el comportamiento con el fin de hacer frente a la creciente presión de la pulsión. Con ello, llegamos al final feliz para el cuento que se ha contado tantas veces: yo como 'finalmente' y nunca dejo de dar de comer a mi perra. Además, otro aspecto de la tensión de la explicación de Freud que puede avanzar hacia la resolución.

Aludir al registro y la indexación de la presión de la pulsión y a la fuerza relativa de varias ansías/deseos nos lleva directamente al tema siguiente y final, la realidad. De nuevo citando a Freud (1915e) en la p. 187:

> Los procesos *Icc.* no prestan mucha atención a la *realidad*. Están sometidos al principio de placer; su destino sólo depende de lo fuertes que sean y de que cumplan los requisitos de la regulación de placer-displacer.

¿Pero plantea esto en realidad algún problema desde el punto de vista biológico? De hecho, parece que una cuestión más preocupante desde el punto de vista biológico sería: ¿Debe un deseo/ una pulsión ser regulada por algo que no sea su satisfacción o la falta de ella? Si es así, ¿qué es lo que haría de regulador? Si tengo hambre y no tengo comida, no debería todavía querer comida y con una urgencia que presionara cada vez más?

¡Así que, una vez más, lo que parecía tan problemático quizá no lo sea!

* * *

Y, sin embargo, (incluso para mí) todavía hay algo insatisfactorio e inacabado en mi intento de ir frase por frase permitiendo que la caracterización que hace Freud del sistema inconsciente sea plenamente coherente con un sistema biológico. Permítanme que pruebe con la siguiente solución no profunda, más global, aunque igualmente simple.

Una forma de resolver tanto el problema con el tiempo como el de la realidad podría ser la de plantear otro tipo de conciencia de tiempo y un tipo de realidad diferente, mediada en ambos casos, no por imperativos biológicos, sino por normas socioculturales. Vamos a reducir las cosas a casos básicos con el propósito de que sirva de ilustración: si tengo hambre y aún falta mucho para la hora de comer, mi deseo/pulsión hacia la comida se confronta a la realidad social. Si tengo muchas ganas de orinar y no hay ningún baño disponible, del mismo modo, mi deseo entra en conflicto con las normas culturales. Supongamos que quiero gritar con ira, o cantar de alegría en medio de unas juntas médicas en las que estoy participando, o con mi último paciente de análisis. Etcétera... En estos ejemplos, mis impulsos y mis deseos, tanto conscientes como inconscientes, pueden estar al mismo tiempo basados biológicamente, profundamente arraigados en el tiempo biológico y en la realidad, pero también son totalmente ajenos a la realidad *social*, incluidas sus muchas expectativas *temporales*.

Ahora bien, es evidente que las cosas se complican más cuando las pulsiones biológicas son al mismo tiempo psicológicamente importantes y están influenciadas socioculturalmente. Esto es indudablemente cierto para mis ejemplos simples (y, lo admito, artificiales) de hambre, comida, y comer, así como los relativos a la eliminación y la expresión de las emociones. Además, uno puede esperar que las complejidades aumenten exponencialmente cuando se trata de los deseos/pulsiones/ansias que son, incluso cuando se enfrentan a ello, predominantemente psicológicos. Tomemos, por ejemplo, los deseos de gratificaciones preedípicas y/o de objetos edípicos inaceptables y prohibidos. Y, sin embargo, si podemos pensar en un tiempo psicológicamente relevante y en una realidad psicológicamente relevante (y aquí me refiero a incluir la realidad psíquica), tanto de una forma biológica básica y fundamental como de una manera sociocultural compleja, tal vez el deseo de Freud de vincular lo inconsciente con las bases biológicas básicas pueda ganar algo de tracción real. Para entonces puede tratarse realmente de que lo inconsciente se describe mejor *tanto* como algo biológicamente sensible al tiempo y a la realidad *como* impermeable a las muchas exigencias sociales de la realidad y del tiempo.

Téngase en cuenta que no estoy afirmando que Freud, en su clásico "Lo inconsciente" de 1915, *en realidad* tuviera la intención de este doble punto de vista de tiempo y realidad. Más bien, he presentado esta sugerencia por dos razones. En primer lugar, para ofrecerle a Freud una resolución, él podría haber apreciado un problema que no se ha indicado directamente. En segundo lugar, y quizá de manera más significativa, porque yo, al igual que Freud hiciera antes, considero que el psicoanálisis en su plena esencia psicológica es una teoría y una disciplina con una base fundamentalmente biológica.

Notas

1. Para una visión moderna de que todo lo que es mental/psicológico debe ser consciente, véase John Searle (1992): *El redescubrimiento*

de la mente. Y para los argumentos contemporáneos opuestos a las reivindicaciones de Searle, véase mi reseña del libro de Searle (Brakel, 1994) y *Philosophy, Psychoanalysys, and the A-Rational Mind,* capítulo dos (Brakel, 2009). Una muy breve reseña de Brakel *vs.* Searle sobre este asunto continúa justo abajo.

2. Para Searle (1992, pp. 156–157), un estado intencional es el que es "acerca de algo", por lo tanto, intencionalidad implica "acerquidad".

3. Searle tiene una visión restrictiva similar en relación con la mención asociativa mediada del proceso primario. Como he señalado (Brakel, 2009, pp. 18–19):

> [Searle] establece una distinción entre los procesos que siguen reglas, que [para él] son mentales (e intencionales), y las asociaciones como las que, a través de la semejanza (y, presumiblemente, a través del otro proceso primario/principios asociativos ...), "que no es necesario que tengan ningún contenido mental en absoluto, además del de los relatados". (Searle, p. 240)

4. Téngase en cuenta que Galen Strawson (1994), otro respetado filósofo de la mente, defiende una posición en lo mental aún más extrema que la de Searle. Para Strawson (p. 168), lo que es mental no sólo debe llevar contenido, sino que debe experimentarse *ahora.*

5. Esta es la cita relevante de la p. 207 completa:

> Es probable que la cadena de acontecimientos fisiológicos del sistema nervioso no se sostenga en una relación causal [simple de uno a uno] con los acontecimientos psíquicos. Los acontecimientos fisiológicos no cesan tan pronto como empiezan los psíquicos; por el contrario, la cadena fisiológica continúa. Lo que ocurre es simplemente que, después de un cierto punto del tiempo, cada uno (o algunos) de sus enlaces tiene un fenómeno psíquico que se corresponde con el mismo. En consecuencia, lo psíquico es un proceso paralelo a lo fisiológico, un "concomitante dependiente".

Strachey luego informa de que la expresión "concomitante dependiente" proviene de Hughlings-Jackson y estaba escrita en inglés en el texto original de Freud. Téngase en cuenta, también, que el texto que aparece entre corchetes más arriba es añadido mío.

6. En el trabajo anterior, he adoptado la posición de que los impulsos de deseo se derivan, de hecho, de los impulsos biológicos.

CAPÍTULO 4

Una lectura hindú de "Lo inconsciente" de Freud

Madhusudana Rao Vallabhaneni

En esta colaboración, voy a comparar y contrastar el modelo de lo inconsciente de Freud (1915e) con el de la filosofía hindú. A los lectores occidentales, excepto a aquellos pocos que estén familiarizados con el sánscrito y el hinduismo, les podría resultar difícil la lectura de los últimos pasajes. Debido a este desafío ya previsto, he optado por repetirlos con frecuencia y proporcionar equivalentes nominales en inglés, siempre que sea posible. Los modelos que aquí se presentan se superponen, o son divergentes, y mi objetivo es que ninguno de ellos prevalezca sobre el otro. La visión de Freud es clínica y psicoanalítica, mientras que la visión de los filósofos hindúes es meditativa y metafísica. Los conceptos hindúes que se presentan aquí son filosóficos y espirituales, pero no religiosos, mientras que los conceptos freudianos son psicológicos y clínicos, pero no metafísicos o espirituales.

Freud era mortalista. Para él, el cuerpo era el sustrato para la mente y la mente existía únicamente en el contexto del nacimiento y la muerte del cuerpo, ni antes ni después. Por lo tanto, el origen, el desarrollo y la evolución de la mente se producen en el complejo psicosomático, se trata de una visión coherente con los antecedentes de Freud (1925d) como neuroanatomista y neurólogo. Es bien sabido que Freud hizo un ambicioso pero fallido intento de formular una psicología basada neurológicamente en la década de 1880 (Freud, 1954). Freud seguía creyendo que en el futuro habría una explicación neurológica de los fenómenos mentales. La explosión actual de los descubrimientos en el campo de la fisiología, la neurología y los aspectos aplicados de la misma en el neuropsicoanálisis (Kaplan-Solms y Solms, 2000) da testimonio de la previsión de Freud.

Los filósofos hindúes, por el contrario, se acercan al estudio de la experiencia humana desde una *perspectiva trascendental*, que está anclada en el espiritualismo. Según los filósofos hindúes, hay cuatro entidades que participan en la experiencia humana: el cuerpo, la mente, el intelecto y *atman* (la conciencia suprema). En esta visión, la mente es sólo una parte del ser humano, y la experiencia trasciende el cuerpo y la mente. La conciencia suprema de *atman* es el contenedor supraordinado de la experiencia humana. Indiscutiblemente, se trata de una visión espiritual. Y la tensión que existe entre esta perspectiva y la de Freud resulta claramente evidente. Sin embargo, antes de ahondar más detenidamente en esta tensión, es necesario que establezcamos los fundamentos de los dos paradigmas.

Preámbulo I: hinduismo

Hay diferentes puntos de vista de la experiencia trascendental. Una de las escuelas populares y prominentes es la de la *advaita* (monismo). Shankaracharya (788–820 d.C.), popularmente conocido como Shankara, era el principal defensor de esta escuela. La otra escuela prominente es *triee vada*, la teoría de los tres principios eternos basados en conceptos védicos. Dayananda Saraswati (1824–1883 d.C.) fue el principal defensor de esta escuela. Swami Nikhilananda (2002), un prominente erudito *advaita*, explica que

> la realidad última es trascendental. No se percibe por los sentidos ni se comprende por la mente. Es una cuestión de experiencia indudable para la conciencia más profunda del hombre. Es directa y inmediatamente experimentada sin la instrumentalidad de los sentidos y la mente, y no depende para su demostración de ninguna autoridad externa. La percepción del mundo externo no es ni directa ni inmediata, sino que depende de los sentidos y la mente

y siempre está influenciada por ellos. Por otro lado, la experiencia de la Realidad es a la vez inmediata y directa,[1] y se hace posible sólo cuando los sentidos y la mente, a través de la práctica de la disciplina espiritual estricta, se han convertido en calma absoluta. Es la conciencia del hombre la que experimenta la Conciencia, al ser las dos, en realidad, idénticas. (p. 17)

Según Shankara, la experiencia humana (el ser) a través del cuerpo y la mente es sólo transitoria y temporal, y, por lo tanto, irreal. El ser supremo (*Brahman*) es la única realidad y no está sujeto a cambios, excepto cuando funciona a través del equipo del cuerpo y la mente como un ser encarnado (*jeevatma*). No existe nada más que la realidad absoluta (*Brahman*), de la cual *jeevatma* es el estado encarnado. Esto se refleja en el aforismo en sánscrito *ekah brahma dvitiya nasti neh na naasti kincham* ("sólo hay una realidad, no hay una segunda. De ningún modo. Ni en lo más mínimo") (*Brahma Sutras*, traducido de la traducción inglesa de Swami Vireswarananda, 2001).

Por otro lado, Dayananda sostuvo la visión de que hay tres principios eternos, cuya unión forma el ser humano: *prakriti* (materia primordial, la causa del universo), *jeevatma* (yo encarnado) y *paramatma* (ser supremo). Estos tres principios son todos reales y eternos, con sus propiedades específicas y su relación definida. Según la visión de Dayananda, *prakriti* ofrece la forma necesaria para el cuerpo y la mente, a través de la cual el yo individual tiene que manifestarse con el fin de experimentar la relación. *Paramatma*, cuyo conocimiento impregna a *prakriti* y a *jeevatma*, hace que *Janma* (encarnación) sea posible. *Paramatma* por sí mismo no se involucra en forma de encarnación. Sólo hay un *Paramatma*, un *prakriti*, pero hay un número infinito de *jeevatmas*, todos reales y eternos, que se corresponden con todos los individuos del universo. Por lo tanto, el *jeevatma* (ser individual) y *paramatma* (ser supremo) son trascendentales en el sentido de que los dos continúan más allá de una forma de encarnación dada. *Jeevatma* está sujeto a las limitaciones de la experiencia que son debidas a las limitaciones de la encarnación. *Paramatma* no se limita, ya que es el sustrato de la totalidad del mundo fenoménico (Swami Dayananda Saraswati, 1975). La multiplicidad en el mundo es real.

Una metáfora hermosa presentada en el siguiente mantra (estrofa) de Mundakopanishad, describe con elegancia la relación entre *prakriti*, *jeevatma* y *Paramatma*.

Dvau suparnaa sayujaa sakhaayaa
samaanam vriksham parishasvajaate
tayoranyah pippalam swadvattyanashnannanyo
abhichaakashiti.

Mundakopanishad
Discursos de Swami Chinmayananda, 1977,
Capítulo 3, Sección 1, mantra I

Dos pájaros, (*jeevatma* y *Paramatma*) unidos el uno al otro en estrecha amistad, se posaban en el mismo árbol (*prakriti*). Uno de ellos (*jeevatma*) come los frutos del árbol con fruición, mientras que el otro (*Paramatma*) mira sin comer (con desapego).

Estas dos escuelas de filósofos hindúes coinciden en un tema común: que el yo encarnado, ligado al equipo que ocupa, trasciende a otro cuerpo, sujeto a ciertas condiciones. Este concepto de la reencarnación se conoce como *samsara*, y sobre él hablaremos con detalle más adelante. Sin embargo, las dos escuelas difieren en sus conceptualizaciones de la naturaleza de la conciencia en los individuos y en su relación con la realidad última. Los seguidores de *advaita* (monismo) creen que sólo hay una agencia que experimenta, *atman*, y cuando trasciende el ciclo de realizaciones en un estado diferente de conciencia, alcanza el estado de *Brahman* (yo liberado), un estado que no está condicionado por las limitaciones del cuerpo, sino que está marcado por la pura conciencia. En el estado liberado de *Brahman*, *jeevatma* (el yo individual) se da cuenta de que su verdadera naturaleza es la conciencia pura. Por lo tanto, para los seguidores de *advaita*, existe una sola realidad, la realidad del *Brahman* (el estado liberado del ser). Por el contrario, los seguidores de *triee vada* (Swami Dayananda y otros) creen que hay dos agencias experimentadoras: *jeevatma* (ser individual), con un conocimiento limitado y conciencia limitada debida a la encarnación, y a su naturaleza específica, y *paramatma* (ser supremo), con el conocimiento infinito y la conciencia pura, que es la fuente de toda la experiencia, porque es omnipresente y eterno. En esta visión, *jeevatma* es el sustrato de la mente y el intelecto y *paramatma* es el sustrato de la *prakriti* (materia primordial) y los *jeevatmas* (seres individuales). De acuerdo con *triee vada*, cuando *jeevatma* trasciende las limitaciones de la encarnación, alcanza una relación plenamente dichosa con *Paramatma*.

La naturaleza trascendental de la experiencia descrita por los filósofos hindúes es doble. El primer aspecto de la trascendencia es *jeevatma* trascendiendo las limitaciones de una encarnación dada. Los seguidores de *advaita* creen que *jeevatma* trasciende a un estado diferente, *Brahman*. Los seguidores de *triee vada* creen que *jeevatma* trasciende en un estado diferente de relación con *Brahman*. Ambas escuelas se refieren a esta trascendencia como *nirvana* (*liberación* de las limitaciones). El segundo aspecto de trascendencia se deriva de una encarnación en otra encarnación, un proceso al que se hace referencia como reencarnación, el ciclo del nacimiento y del renacimiento. *Samsara* (la experiencia del mundo de los fenómenos en el estado encarnado) llega a su fin con el *nirvana*. Así, para el filósofo hindú, hay dos conciencias: la de *paramatma* (ser supremo) y la de *jeevatma* (el yo encarnado).

Preámbulo II: Freud

Freud revolucionó nuestra comprensión de la mente. Es un hecho generalmente aceptado que en la mente no pasa nada por casualidad. Está bien establecido, como Brenner (1973) apuntó,

> que cuando un pensamiento, un sentimiento, un olvido accidental, un sueño, o un síntoma patológico parece no estar relacionado con lo que pasó antes en la mente, es porque su conexión causal es con algún proceso mental inconsciente en lugar de con uno consciente. Si se pueden descubrir la causa o causas inconscientes, entonces desaparecen todas las discrepancias aparentes y la cadena o secuencia causal se vuelve clara. (p. 4)

Justificando el concepto de lo inconsciente, Freud (1915e) escribió,

> nuestra experiencia cotidiana más personal nos familiariza con las ideas que entran en nuestra cabeza que no sabemos de dónde vienen, y con conclusiones intelectuales llegadas a nosotros y que no sabemos cómo. Todos estos actos conscientes permanecen desconectados e ininteligibles si insistimos en afirmar que todo acto mental que se produce en nosotros también debe ser experimentado necesariamente por nosotros a través de la conciencia. Por otra parte, caen en conexiones demostrables si interpolamos entre ellos los actos inconscientes que hemos inferido. Un aumento en el

significado es un terreno perfectamente justificable para ir más allá de los límites de la experiencia directa. Cuando, además, resulta que el supuesto de que haya un inconsciente nos permite construir un procedimiento exitoso por el cual podemos ejercer una influencia efectiva sobre el curso de los procesos conscientes, este éxito nos habrá dado una prueba incontrovertible de la existencia de lo que hemos asumido. (p. 166)

El procedimiento exitoso al que se hace referencia aquí es, por supuesto, el psicoanálisis. Freud rechaza la idea de que lo que es consciente es la totalidad de lo mental. Él consideraba que la igualación convencional de lo psíquico con lo consciente era algo "totalmente inoportuno".

Freud (1900a, 1915e), en su modelo topográfico de la mente, diferenciaba entre tres sistemas mentales, lo que él llamaba consciente, preconsciente e inconsciente. Los elementos y los procesos psíquicos que podrían llegar a ser conscientes por un esfuerzo de atención los llamó preconscientes, y los que se prohibían de forma activa desde la conciencia, los llamó inconscientes. Llamó consciente al estado de conciencia en un momento dado. Para evitar la confusión en el uso de los términos consciente, preconsciente e inconsciente a veces en un sentido descriptivo, a veces en uno dinámico y a veces en un sentido sistemático, Freud empleó las abreviaturas, *Icc.*, *Prcc.* y *Cc.*, para representar lo inconsciente, lo preconsciente y lo consciente, respectivamente, de forma sistemática.

Según Freud (1915e), un acto psíquico pasa por dos fases en relación con su estado y hay una censura que opera entre estas fases. La censura entre lo consciente y lo preconsciente es más permeable que entre lo preconsciente y lo inconsciente. Para empezar, un acto psíquico es inconsciente y pertenece al sistema *Icc.* Si la censura consigue impedir que realice su entrada en la segunda fase, se dice que está reprimido y que permanece inconsciente. Si escapa a la censura, entra en la segunda fase, al lograr entrar en el sistema *Prcc.*, en el que el acto psíquico está disponible para la conciencia consciente en lo *Cc.* sólo si la atención se centra en él deliberadamente. Conoceremos lo inconsciente sólo cuando se someta a la transformación en algo consciente. Para que esto ocurra, deben superarse ciertas resistencias. Freud (1915e) señaló que

> lo *Icc.* está vivo y es capaz de desarrollarse y mantener otra serie de relaciones con lo *Prcc.*, entre ellas la de cooperación. En resumen, hay que decir que lo *Icc.* se continúa en lo que se conoce como

derivados, que es accesible para las impresiones de la vida, que influye constantemente en lo *Prcc.*, y que está incluso, por su parte, sometido a las influencias de lo *Prcc.* (p. 190)

Freud fue capaz de demostrar de manera convincente que los elementos inconscientes de lo *Icc.* se asemejan en precisión y complejidad a los de lo *Cc.*, y ejercen una influencia significativa en el funcionamiento mental. El *Cc.* es sólo una pequeña parte de la mente, algo parecido a la punta del iceberg.

Freud (1923*b*) más tarde formuló un nuevo modelo tripartito de la mente, que comprende el ello, el yo y el superyó. El ello se refiere a los representantes psíquicos de las pulsiones, el yo está formado por aquellas funciones que tienen que ver con la relación con el entorno, y el superyó comprende los aspectos morales de nuestra mente, así como nuestras aspiraciones. Se supone que las pulsiones existen desde el nacimiento, pero tanto el yo como el superyó se desarrollan más adelante. El ello comprende la totalidad del aparato psíquico en el momento del nacimiento y el yo y el superyó formaban originalmente parte del ello, y se diferenciaban suficientemente en el transcurso del crecimiento para justificar su consideración como entidades funcionales por separado. El ello se refiere a los deseos, los recuerdos reprimidos y las fantasías a través de las cuales los impulsos libidinales y agresivos buscan expresión y satisfacción. Está regido por el principio del placer y sólo le interesa descargar tensiones:

> [...] contiene todo lo que se hereda, lo que está presente al nacer, lo que está previsto en la constitución y, por encima de todo, por lo tanto, los instintos, que se originan a partir de la organización somática y que encuentran una primera expresión psíquica aquí (en el ello) en formas que son desconocidas para nosotros. (Freud, 1940*a* [1938], p. 145)

El ello representa una gran parte de lo *Icc.* y está más o menos controlado por la parte consciente del yo y el superyó.

Freud (1923*b*) describió el yo como "la organización coherente de los procesos mentales" (p. 17), que "trata de mediar entre el mundo y el ello para hacer que el yo sea flexible ante el mundo" (p. 56) y se rige por el principio de realidad. La parte consciente del yo es responsable de la integración de los datos de percepción y de la toma de decisiones.

El aspecto inconsciente del yo comprende mecanismos de defensa, tales como la represión, que contrarrestan los poderosos impulsos del ello. Freud sostuvo el punto de vista de que el "yo es, ante todo, un yo del cuerpo" (p. 26) que surge a partir de las excitaciones y sensaciones corporales. Consideraba el carácter del yo como "un precipitado de la investidura de objetos abandonados que contiene 'la historia de las opciones de esos objetos' (p. 29). Freud sugirió que, con sus cualidades de razón, adaptación y sentido de la realidad, ansiedad y mecanismos de defensa, el yo es capaz de lograr un dominio limitado de las fuerzas pulsionales inconscientes que le afectan" (p. 26).

Freud (1923b) emplea el término superyó para referirse a la conciencia moral y al ideal del yo, que dictan lo que no se debe hacer y lo que uno debe hacer y por lo que debe luchar, respectivamente. Al ser más sensible a los esfuerzos del ello, el superyó está conectado de forma más inmediata con lo Icc. que el yo. El superyó es el heredero del complejo de Edipo.[2] El éxito de las negociaciones a lo largo de la fase edípica da como resultado que el niño renuncie a los anhelos sexuales posesivos hacia el progenitor del sexo opuesto y la hostilidad hacia el progenitor del mismo sexo mediante el fortalecimiento de la identificación con el último y la mejora del funcionamiento afectuoso hacia ambos progenitores.

Como yo (Vallabhaneni, 2005) he observado antes, Strachey (1961, pp. 7–8) había apuntado que en algunas de las obras de Freud, el término "yo" parece corresponder a la noción de "ser". Otros psicoanalistas (Bettelheim, 1982, y Ornston, 1982) también señalaron que en la traducción de Strachey de la expresión alemana *das Ich* como "yo", el significado sugestivo de "experiencia del ser" parece haberse perdido. Creo que

el ser de Freud es un concepto psicológico que se refiere a la totalidad del ello, el yo y el superyó. Esta totalidad es equivalente al carácter psicológico del ser y, por tanto, capta el significado del *das Ich* de Freud del que mucho se ha perdido en la traducción de Strachey. Por lo tanto, también hay un trabajo al pensar una noción más comprensiva del ser como la unidad de psique y soma en el individuo. En última instancia, la vida psíquica debe su existencia al cuerpo humano vivo. La noción de ser de Freud evita cualquier forma de determinismo psíquico o espiritual. Para Freud, la única realidad psíquica está compuesta por la actividad mental de los seres humanos. (Vallabhaneni, 2005, p. 363)

Soy consciente de que los conceptos de la teoría estructural y la noción de ser en el pensamiento de Freud siguió a su escrito en "Lo inconsciente" (Freud, 1915e). Espero que este desvío nos ayude a preparar el escenario para la comparación de puntos de vista de Freud sobre los fenómenos inconscientes con los de los filósofos hindúes a la hora de comprender a los seres humanos (experiencia humana), que es el objetivo último tanto del psicoanálisis como de la filosofía.

Bhagavad Gita (alrededor de 500 a.C.)

Según el filósofo hindú, toda experiencia humana implica una experiencia interior, el yo proverbial, que es el sujeto y el conocedor del campo denominado *kshethragna*. Como nos relacionamos con diferentes personajes, asumimos un personaje relativamente apropiado y un papel, como padre, hijo, esposo, amigo, etc. Esto también es válido en lo que respecta a los objetos, situaciones y eventos. En el transcurso de estas experiencias infinitas, surgen algunas preguntas para los investigadores curiosos: "¿Quién es este yo? ¿Quién es el experimentador? ¿Y qué carácter tiene el yo fundamental que está dentro? ¿Es el sujeto el que percibe el objeto u otro objeto de percepción?" La lógica dicta que el conocedor del objeto debe ser diferente del objeto en sí. La verdad de este yo fundamental, el sujeto, el experimentador, es el objeto de investigación de todas las escrituras hindúes. Esto fue lo que Krishna, el gran vidente y filósofo, le enseñó a Arjuna, su amigo y discípulo, en el campo de batalla de Mahabharata, cuando Arjuna se desanimó y se quedó paralizado, incapaz de llevar a cabo su deber (*dharma*) de luchar en la batalla. Su *diálogo* constituye el andamiaje literario de la *Bhagavad Gita*, un libro que se encuentra dentro de la gran epopeya hindú, el *Mahabharata*.

El héroe más importante de la época, Arjuna, cayó bajo la influencia de sus emociones suprimidas y reprimidas en el campo de batalla al enfrentarse al ejército enemigo, en el que también estaban sus parientes cercanos, que eran como sustitutos de su padre, sus profesores, sus amigos y otros parientes más lejanos. A Arjuna, que era el mediano de los cinco hermanos Pandava, se le obligó a vivir doce años en el bosque y un año de incógnito sometido a la tiranía injusta de sus primos Kaurava. Obligado por la justa política de "la paz a toda costa" de su hermano mayor Yudhisthira, Arjuna no pudo dar rienda suelta a su ira y a sus frustraciones. Después de unas luchas largas y extenuantes, cuando los hermanos Pandava llegaron a su reino nativo, su primo, el tirano Duryodhana, que era el mayor de los Kaurava, le denegó su derecho a la mitad del reino, y también a todos los términos de conciliación. De ahí la batalla épica de Mahabharata (5000 a.C.) que siguió a continuación. En el primer día de la batalla, Arjuna le pidió a Krishna, el vidente, filósofo y amigo, quien era también su auriga, que condujera la carroza entre los dos ejércitos para revisar las líneas enemigas. Al mirar al ejército enemigo, más grande y mejor equipado, comandado por guerreros bien conocidos de la época, que eran, como el anterior, los sustitutos de su padre, profesores, amigos y parientes lejanos, Arjuna no lograba reunir el valor de matarlos y así poder ganar. Su mente subjetiva no lograba controlar su mente objetiva debido a las fuerzas suprimidas y reprimidas que se habían liberado en la crisis. Arjuna, el héroe más importante de la época, de repente se convirtió en un neurótico abatido y desconcertado, que se negaba a luchar. Sigue una discusión entre Krishna y Arjuna, en la que Krishna atajaba la neurosis de Arjuna y lo iluminaba con respecto a la realidad suprema del ser humano, despejando así su neurosis (*agnana*). Este intercambio se registró como el *Bhagavad Gita*; su parecido con el discurso psicoterapéutico ha sido señalado por Reddy (2001, 2005). Aquí está claramente presente una visión particular de la mente y sus problemas.

Swami Chinmayananda (2002), un gran maestro y filósofo, en la introducción a su comentario sobre *The Holy Bhagavad Gita*, afirmaba que la mente

> puede considerarse que está constituida por dos lados distintos: uno que se enfrenta al mundo de los estímulos que llegan a ella provenientes de los objetos del mundo y otro que se enfrenta a lo de "dentro", que reacciona ante los estímulos recibidos. La mente externa que se enfrenta al objeto se llama la Mente Objetiva —en sánscrito lo llamamos las *manas*— y la mente interior se llama la Mente Subjetiva —en sánscrito, el *buddhi*—. El individuo entero y saludable es aquel en el que la mente objetiva y subjetiva trabajan al unísono y en quien, en los momentos de duda, la Mente Objetiva se sitúa fácilmente bajo la influencia de la disciplina de la

Mente Subjetiva. Pero, por desgracia, a excepción de muy pocos, la mayoría de nosotros tenemos mentes que están divididas. Esta división entre los aspectos subjetivos y objetivos de nuestra mente se crea principalmente por las capas de los deseos egoístas presentes en el individuo. Cuanto mayor es la distancia entre estos dos aspectos de la mente, mayor será la confusión interior que existe en el individuo[...] (p. 2, la cursiva es original).

Swami Chinmayananda continuó afirmando que un individuo experimenta el mundo a través de los cinco órganos de percepción en el estado de vigilia, es decir, los oídos, la piel, los ojos, la lengua y la nariz. Los estímulos que se reciben a través de estos órganos de los sentidos se transmiten a la mente subjetiva a través de la capa intermedia de las impresiones de los deseos pasados y las acciones pasadas, a las que se hace referencia en sánscrito como *vasanas*. Estos *vasanas* encuentran expresión en el mundo externo a través de los cinco órganos de acción (efectores) a los que se hace referencia en sánscrito como *karmendrias*, es decir, las cuerdas vocales, las piernas, las manos, los órganos genitales y el ano. Los estímulos recibidos a través de los órganos de los sentidos (*gnanendrias*) son procesados en el "órgano interno" de la mente, *antahkarana*; se les conoce por diferentes nombres como *manas, buddhi, ahankara* o *chitta*, conforme a sus respectivas funciones. Se les llama *manas* debido a que consideran los pros y los contras de una cosa, *buddhi* por su propiedad de determinar la verdad de los objetos, *ahankara*, el yo, por su identificación con el cuerpo como ser individual, y *chitta* por su función de recordar cosas que le interesan (comentario de Swami Madhavananda en *Vivekachudamani*, 2000, p. 134). Debe tenerse en cuenta que estas son sólo descripciones funcionales de la *antahkarana*, y no diferentes entidades en sí mismas.

En la mente subjetiva hay una continua acumulación de nuevas impresiones, que se suman a las ya existentes, lo que influye y afecta a los impulsos derivados de los estímulos recientes procedentes de los objetos. Del mismo modo, las acciones sobre los objetos en el mundo externo también generan nuevas impresiones en la mente subjetiva. Como resultado de esta acumulación de los *vasanas*, se forma una pared inexpugnable entre el yo individual y el yo supremo. Esta pared hace que la mente subjetiva sea aburrida y opaca. Como resultado de ello, la toma de conciencia en el yo individual (*jeevatma*) de su relación con el ser supremo (*Paramatma*) se vuelve aburrida e incluso inconsciente.

En resumen, los *vasanas* son el reservorio principal de los estados inconscientes en la estructura metafórica de mente de la filosofía hindú.

Los *vasanas* crean deseos en la mente, los deseos producen pensamientos en el intelecto y los pensamientos se manifiestan en forma de acciones. Por lo tanto, el ser humano está determinado por los *vasanas*. Los *vasanas* son generados por el contacto del ser individual, *ahankara* (el ego), con el mundo de los objetos en el pasado y en el presente. Cuanto más fuertes sean los *vasanas*, más está sometido el individuo (*jeevatma*) a los impulsos inconscientes; cuanto más esté uno controlado por los impulsos de uno, mayores son las "Bhagavad Gitations" en la mente. Los *vasanas* encienden más deseos, y más deseos encienden más *vasanas*. Las condiciones del cuerpo, la mente y el intelecto deben ser trascendidas para que el ser recupere (dándose cuenta) su verdadera naturaleza y su relación con la realidad absoluta. Es decir, el reservorio de *vasanas* tiene que borrarse (agotarse) y, por esto, los deseos, pensamientos y acciones de uno deben corregirse. Esta corrección sólo es posible a través de los aspectos mentales y espirituales de la práctica del yoga, ayudados por el estudio de la filosofía. Sólo mediante la práctica de acciones sin deseos egoístas (*nishkama karma*), uno logra una purgación de *vasanas* ya existentes, y este tipo de acciones también evita una acumulación más de *vasanas*, que es un requisito previo fundamental para el *yoga*. A través del yoga solamente, el ser individual se da cuenta de su verdadera naturaleza y "llega a estar" en relación con la realidad última. "La actividad carente de ser (*nishkama karma*) realizada en un espíritu de adoración sin ego y reverencia al ideal divino (Ser Supremo) tendría como resultado, en última instancia, la purificación interior" (Swami Chinmayananda, 2002, p. 6).

Swami Chinmayananda señala que no es posible una experiencia sin que se den tres factores fundamentales 1) el experimentador, 2) el objeto por experimentar y, 3) la relación entre los dos, el hecho de experimentar. Cuando el sujeto se identifica con el intelecto, se convierte en el pensador, que experimenta el mundo de los pensamientos y las ideas. Cuando se identifica con la mente, se convierte en el sentidor, que experimenta el mundo de las emociones y sentimientos, y cuando se identifica con el cuerpo, se convierte en el perceptor, que experimenta el mundo de los objetos, con lo que representa así diferentes roles como pensador, sentidor y perceptor.

El cuerpo físico, incluidos los cinco órganos de percepción y los cinco órganos de acción y sus funciones, es algo común a todos los seres humanos. Además, la conciencia (*Om*), que es el núcleo de la personalidad compuesta del hombre, es una y la misma en todos los seres humanos. El factor variable en el hombre es la mente y el equipo intelectual, que es el reservorio de los *vasanas*. Los animales también poseen una mente, pero el hombre por sí solo tiene la capacidad para discriminar y analizar sus sentimientos y pensamientos a medida que van surgiendo. También puede permitir que sus acciones sean guiadas y dirigidas por su poder de discriminación (*viveka*) en lugar de ser impulsadas y llevadas por impulsos y sentimientos momentáneos. Esta facultad de discriminación, *viveka*, es la función del intelecto. El siguiente diagrama representa este esquema del ser humano en general:

OM		
C	M	I
(Cuerpo)	(Mente)	(Intelecto)
P	S	P
(Perceptor)	(Sentidor)	(Pensador)
O	E	P
(Objetos)	(Emociones)	(Pensamientos)

En el diagrama anterior, *Om*, el símbolo de la conciencia suprema, visto a través del velo de los *vasanas*, se expresa a través de los instrumentos del cuerpo (C), la mente (M) y el intelecto (I), es decir, el yo encarnado (*jeevatma*), y es como perceptor (P), sentidor (S), y pensador (P). Todas estas son las manifestaciones funcionales de *jeevatma*, con el fin de experimentar el objeto (O), la emoción (E) y el pensamiento (P). En los modelos hindúes de la mente que se han presentado anteriormente, se concede una gran importancia a las impresiones latentes de la memoria del presente y del pasado (*vasanas*).

Las propiedades específicas de la realidad suprema (*Om*), el conocedor de la experiencia humana, y el proceso de saber (conocimiento) del campo de la experiencia (el cuerpo, la mente, el intelecto y el mundo de los objetos) se describen en el siguiente intercambio de impresiones entre Krishna y Arjuna en el *Bhagavad Gita*.[3]

Arjuna le pregunta a Krishna:

Prakritim purusham chaiva kshetram khetragnameva cha
etad veditum icchaami gnanam gneyam cha kesava

(*Bhagavad Gita*, XIII-1)

Traducción: "¡Oh, Krishna! Yo deseo aprender sobre la naturaleza primordial, la conciencia individual y suprema; el campo de la experiencia y la actividad; el conocedor del campo; y el conocimiento y el objeto de conocimiento".

Krishna responde:

Maha Buthan ahankaro buddhir avyaktam eva cha
Indriyani dasaikam cha pancha chendriya gocharaha

(*Bhagavad Gita*, XIII-6)

Traducción: "¡Oh, Arjuna! El campo de la experiencia y la actividad contiene los cinco grandes elementos: tierra, agua, aire, fuego y éter. También incluye el yo, el intelecto y las impresiones persistentes de las acciones del pasado. Los diez sentidos junto con la mente y los cinco objetos de los sentidos, incluidos el sonido, la vista, el olfato, el tacto y el gusto constituyen el campo de la actividad y la experiencia".

Iccha dveshaha sukham dukham sanghatas chetana dhrutihi
etah kshetram samasena savikaram udahatam

(*Bhagavad Gita*, XIII-7)

Traducción: "El campo de la experiencia y la actividad también contienen el cuerpo y las facultades de percepción, deseo y desprecio, placer y dolor, inteligencia y paciencia, junto con las alteraciones y los derivados de todos ellos".

Krishna sigue:

Gneyam Yat tat pravakshami yaj gnatva mrutam asnute
Anadi mat-param Brahma na sat tan nasad uchyate

(*Bhagavad Gita*, XIII-13)

Traducción: "¡Oh, Arjuna! Ahora te voy a explicar la Realidad Suprema que debe ser conocida y conociendo cuál alcanza la inmortalidad. Al ser un estado de conciencia pura, no tiene ni un principio ni un final. No es ni una causa ni un efecto. Se describe como el Brahman o la verdad última".

Sarvendriya gunabhasam Sarvendriya vivarjitam
Asaktam sarva—bhruc chaiva nirgunam guna-bhoktrucha

(*Bhagavad Gita*, XIII-15)

Traducción: "Esa conciencia, esto es, de Atman, se manifiesta a través de las funciones de todos los sentidos corporales y, sin embargo, carece de materialidad. No tiene ataduras y, sin embargo, constituye el sustrato, la mente y el intelecto. Es libre de las cualidades materiales y, sin embargo, es la experiencia de lo mismo".

Bahir antaras cha Bhutanam acharam charam eva cha
Sukshmatvat tad avigneyam durastham chanthike cha tat

(*Bhagavad Gita*, XIII-16)

Traducción: "Al ser toda omnipresente, la Conciencia Suprema está presente dentro y fuera de todos los seres animados e inanimados. Es tanto fija como algo en movimiento, muy cerca y a la vez muy lejos. Al ser muy sutil, es casi incomprensible".

Avibhktam cha cha bhuteshu vibhaktamiva cha sthitam
Bhuta-bhartru cha taggneyam grasishnu prabhavishnu cha

(*Bhagavad Gita*, XIII-17)

Traducción: "La Realidad Suprema es indivisa y, sin embargo, parece estar dividida entre los diversos seres. Debe reconocerse como el sustrato de los seres vivos y el creador y el destructor del mundo de los objetos".

Jyotishm api taj jyotis tamasaha param uchyate
Gnanam gneyam gnana-gamyam hrudi sarvasya vishtitam

(*Bhagavad Gita*, XIII-18)

Traducción: "El Brahman se describe como el iluminador de todo lo que está más allá de la oscuridad de la ignorancia. Es el conocimiento y el objeto de conocimiento, presente en los corazones de todos. Este estado de Conciencia Suprema se logra sólo por el conocimiento directo del ser".

Yuxtaposición de Freud con el hinduismo

En un intento por descifrar las convergencias y divergencias que hay entre la visión de Freud y la del hinduismo sobre lo inconsciente, dividiré mis observaciones en las seis categorías siguientes: 1) deseo, 2) atemporalidad, 3) motivación, 4) libido y agresión, 5) representaciones de palabra y de cosa, y 6) paralelismo psicofísico.

Deseo

Según Freud (1915e), el núcleo de lo inconsciente consiste en impulsos de deseo. Así pues, escribe: "Los procesos inconscientes no prestan mucha atención a la *realidad*. Están sometidos al principio de placer; su destino sólo depende de lo fuertes que sean y de que cumplan los requisitos de la regulación del principio de placer-displacer" (p. 186). Al describir el contenido del sistema *Icc.*, Freud escribió (1915e):

> Resumiendo las características del sistema *Icc.*: exención de contradicción material, proceso primario (movilidad de investidura), atemporalidad, y sustitución de la realidad exterior por la realidad psíquica, estas son las características que podemos esperarnos encontrar en los procesos correspondientes al sistema *Icc.* [...] El proceso inconsciente sólo se vuelve cognoscible por nosotros en las condiciones del sueño y de las neurosis, es decir cuando los procesos del sistema *Prcc.* superior se vuelven a establecer en una fase anterior al ser rebajados (por regresión). (p. 187)

En lo *Icc.* también se incluye la formación de soluciones intermedias, la no negación, y ningún grado de certeza. Freud consideraba los recuerdos latentes como un residuo "incuestionable" de un proceso psíquico. Rechazó la idea de que lo que es consciente es la totalidad de lo mental. Haciendo referencia a los estados latentes de la vida mental, Freud (1915e) señaló:

> En lo que se refiere a sus características físicas, son totalmente inaccesibles a nosotros. Ningún concepto fisiológico o proceso químico nos puede dar idea alguna de su naturaleza. Por otro lado, sabemos con certeza que tienen abundantes puntos de contacto con los procesos mentales conscientes ... el único aspecto en el que se

diferencian de los conscientes es precisamente en la ausencia de la conciencia. (p. 168)

El estudio de las operaciones fallidas, los síntomas neuróticos y los sueños supone una prueba indiscutible del carácter psíquico de los actos mentales latentes. Freud (1915e) rechazó la existencia de una segunda conciencia en nosotros, pero argumentó a favor de la existencia de actos psíquicos que carecen de conciencia. Freud (1915e) anunció que

> en el psicoanálisis no hay más remedio que afirmar que los procesos mentales son inconscientes en sí mismos, y comparar la percepción de ellos por medio de la conciencia de la percepción del mundo externo por medio de los órganos de los sentidos. (p. 171)

La percepción de lo *Icc.* y el mundo externo nunca es completa.

El inconsciente en el modelo hindú de la mente considera los *Vasanas* (impresiones latentes de las acciones del pasado) como algo que proporciona la base para el concepto de la reencarnación, el ciclo de nacimiento y renacimiento en el pensamiento hindú. Como en Freud, no existe una explicación fisiológica o química para la noción de la naturaleza de los *vasanas*. Los *vasanas* son reconocidos únicamente por sus derivados. Y, de manera semejante a lo inconsciente de Freud, en los *vasanas* se dan los conceptos de atemporalidad y dominio de los deseos, y estos también son evidentes en el concepto de la reencarnación. Swami Chinmayananda (2002) escribe:

> el pensamiento filosófico correcto guía el intelecto del hombre a la aprehensión de la continuidad con el pasado —a través del presente— hasta el futuro sin fin. El espíritu sigue siendo el mismo, se vuelve aparentemente condicionado por los diferentes equipos corporales y viene a vivir a través de sus entornos ordenados por el ser. (p. 66)

En el *Bhagavad Gita*, Krishna le dice a Arjuna:

> *Na jayate mriyate va kadachin nayam bhutva bhavitha va na bhuyaha*
> *Ajo nityaha saswatoyam purano na hanyate hanyamane sareere*

> (*Bhagavad Gita*, II-20)

Traducción: "*Atman* nunca nace y nunca muere. Nunca llega a ser y nunca deja de existir. Es eterno, inmutable y atemporal. No muere cuando el cuerpo muere".

Swami Chinmayananda (2002) comenta: "Esta estrofa parece negar en el ser todos los síntomas de mutabilidad que el cuerpo reconoce y experimenta" (p. 80). Estos cambios en el cuerpo, incluido el nacimiento, la existencia, el crecimiento, la decadencia, la enfermedad y la muerte son comunes a todas las personas.

Krishna sigue:

> *Vasamsi jeernani yadha vihaya navani gruhnathi naroparani*
> *Tadha sareerani vihaya jeernany anyani samyathi navani dehi*
>
> (*Bhagavad Gita*, II-22)

Traducción: "Del mismo modo que un hombre abandona sus prendas gastadas para dejar paso a las nuevas, el alma encarnada abandona el cuerpo desgastado y entra en uno nuevo".

En el momento de la muerte, los *vasanas* se transfieren en el cuerpo sutil (*sookshma sareera*) que contiene los tres órganos de acción (manos, piernas y órganos vocales), los cinco órganos de percepción (ojos, oídos, piel, nariz y lengua), las cinco fuerzas vitales (*Pranas*); la mente (*manas*), el intelecto (*buddhi*), el yo (*ahankara*), el sentido inflado del yo y la memoria (*chitta*), que recuerda las experiencias pasadas.

Atemporalidad

Los *Vasanas*, crear nuevos *vasanas* conduce a un ciclo continuo de nacimiento y renacimiento. Este patrón implica un cierto determinismo psíquico en el concepto de la reencarnación. Swami Chinmayananda (2002), señala

> que lo que determina la personalidad de un hombre como algo claramente diferente de los demás, es algo muy conocido, es la textura de los pensamientos acariciados por él. La textura de sus pensamientos está, de nuevo, a su vez, determinada por el patrón de pensamiento (*vasanas*), que su mente ha obtenido desde su propio pasado. (p. 221)

Estos canales de pensamiento predeterminados creados por las propias formas anteriores de pensamiento (*vasanas*) de uno determinan las formas de los cuerpos tomados en el futuro y las circunstancias que rodean al nacimiento en el mundo de los objetos.

A diferencia de Freud, este determinismo es espiritual, trasciende el nacimiento, la muerte y el tiempo. Implícita en el concepto de la reencarnación está la idea de la continuidad, la atemporalidad y la realización de deseos. *Atman* asume el cuerpo (nacimiento), sólo para cumplir con los deseos en el reservorio de *vasanas*.

Las propiedades de eternidad de *atman*, *paramatma* y *prakriti* también apuntan a la atemporalidad. Según Freud, la atemporalidad es una de las características de lo *Icc.* En su modelo, no existe la noción de la reencarnación, pero en lo *Icc.* tampoco existe conciencia de nacimiento o de muerte. Freud (1915*e*) sostiene que la "Referencia al tiempo está ligada una vez más al trabajo del sistema *Cc.*" (p. 187).

Vale la pena destacar que, en el pensamiento hindú, se dan dos tipos de determinismo: el determinismo psíquico (en paralelo a Freud) originado por los *vasanas* en cuanto a la elección de la acción y el pensamiento, y el determinismo espiritual (no presente en el modelo de Freud) originado por *atman* en su intento de dar cuenta de su verdadera naturaleza, es decir, que sea la de *Brahman*, como en *advaita* o en los intentos de *jeevatma* por alcanzar la comunión con *paramatma*, como en *triee vada*.

Tanto el modelo freudiano como el hindú niegan la presencia de la negación en lo inconsciente. Sin embargo, Freud postula la tolerancia de la contradicción en lo *Icc.*, mientras que, en el pensamiento hindú, la contradicción es reconocida en el nivel de los *vasanas*, pero no en el nivel de *atman* o *paramatma*, porque los *vasanas* se relacionan con el mundo de los fenómenos, y *atman* y *paramatma* son trascendentales. Freud (1915*e*) señaló que

> el núcleo de lo Inconsciente consiste en representaciones instintivas (pulsiones) que tratan de descargar su catarsis, es decir, se trata de impulsos de deseo. Estos impulsos instintivos se coordinan entre sí y están exentos de contradicciones mutuas. (p. 186)

El ello es el reservorio de los instintos (pulsiones) y forma la mayor parte de lo inconsciente.

Freud sostuvo que las fuerzas instintivas dinamizan e impulsan a la mente. Freud empleó la palabra *pulsión* para referirse a un estado de excitación o tensión central en respuesta a la estimulación, sin incluir la respuesta motriz, como sucede con "un instinto" en los animales inferiores. La actividad impulsada por los impulsos conduce a un cese de la excitación, de la tensión o de la gratificación. Hartmann (1948) señaló que en los seres humanos la pulsión o la tensión instintiva será modificada por la experiencia y la reflexión, en lugar de estar predeterminada, como sucede con los instintos de los animales inferiores.

La motivación

Freud también suponía que existe una energía psíquica que forma parte de las pulsiones. Se trata únicamente de una hipótesis psicológica que él empleó para facilitar la comprensión de la vida mental y que no debe confundirse con el concepto de energía física. Además, Freud postuló una medida hipotética del quántum de energía psíquica invertido en una representación mental de una persona o de una cosa y lo llamó *investidura*. Brenner (1973) señaló que

> la investidura es puramente un fenómeno mental. Es un concepto psicológico, no un concepto físico [...] lo que se inviste, por supuesto, son los diferentes recuerdos, pensamientos y fantasías del objeto que constituyen lo que llamamos sus representantes mentales o psíquicos. Cuanto mayor sea la investidura, más importante es el objeto, psicológicamente hablando y viceversa. (p. 18)

Freud (1915e) propuso inicialmente dos pulsiones: sexual y de autoconservación. Más tarde, (1920g) abandonó esta dualidad y propuso dos pulsiones diferentes: la de vida y la de muerte. La primera daba lugar al componente erótico del aparato mental y la segunda a su componente destructivo. Freud sostuvo que las pulsiones sexuales y agresivas participan en todas las manifestaciones instintivas, y son "fusionadas con regularidad", aunque no necesariamente en cantidades iguales. Al igual que la energía psíquica y la investidura, estas pulsiones son sólo hipótesis y conceptos operacionales. Freud emplea el término "libido" para referirse a la energía psíquica asociada a la pulsión sexual. La pulsión agresiva no tiene tal nombre y se refiere simplemente a una "pulsión agresiva" o a una "agresión". Brenner (1973) señaló que:

En su formulación original, Freud intentó relacionar la teoría psicológica de los impulsos biológicos con conceptos biológicos más fundamentales y propuso que las pulsiones se llamaran pulsiones de vida y de muerte, respectivamente. Estas pulsiones se corresponderían aproximadamente con los procesos de anabolismo y catabolismo y tendrían una importancia mucho más que significativa. Serían características instintivas de toda la materia viviente, como si fueran pulsiones de protoplasma en sí mismas. (p. 21)

El concepto de pulsión de muerte es aceptado por algunos analistas y no por otros. Aunque Freud definió por primera vez una pulsión como un estímulo de la mente proveniente del cuerpo (Freud, 1905*d*) "en el caso del impulso agresivo, la evidencia de la base somática no está del todo clara" (Brenner, 1973, p. 22).

Según los filósofos hindúes, los *vasanas* impulsan a la mente humana y los *gunas* impulsan a los *vasanas*. Las influencias bajo las cuales los pensamientos funcionan en la mente y el intelecto se denominan *gunas*. Por lo tanto, los *gunas* son el motor impulsor de lo inconsciente. Hay tres *gunas*: *rajas* (pasión), *tamas* (inercia) y *satva* (tranquilidad). *Guna* en sánscrito significa cuerda. Los *gunas* son las influencias con las que *atman* se vincula metafóricamente al campo (el cuerpo, la mente, el intelecto y el mundo de los objetos). Los *gunas* nacen de *Prakrit* (materia). Al ser productos del campo, generan un sentimiento de apego, y a la vez son causa y consecuencia de los *vasanas* que impulsan a *atman* a que atraviese el ciclo de nacimiento y renacimiento.

Los *gunas* son de carácter psicológico, frente a las pulsiones, que son de origen biológico. Los *gunas* no tienen existencia independiente como atributos inherentes de una sustancia. Los *gunas* no existen en un estado separado del individuo, siempre están en un estado fundido entre sí y en diferentes proporciones de uno y otro. Una mente individual experimenta y se comporta de acuerdo con el estado de ánimo generado por los *gunas* que predominan en cualquier momento concreto de la observación. *Atman*, aunque indestructible e inmutable, debido a su identificación y al apego al campo (cuerpo, mente, intelecto y mundo de los objetos) siente los cambios en el campo como si fueran propios. Esta ilusión se mantiene en el individuo mediante el juego de los *gunas*. Los *gunas* no se pueden definir directamente, sino que se identifican mediante el tipo de emociones que despiertan en el individuo y los distintos comportamientos mostrados por el mismo.

Libido y agresión

Al cumplimiento de los deseos sensuales y estéticos se lo conoce como *kama* en sánscrito y hace referencia tanto a los deseos eróticos como a los no eróticos; si alguna cosa o persona obstruye el cumplimiento de un deseo, el resultado es *krodha* (la emoción de la ira). Por lo tanto, *kama* (deseo) bajo ciertas circunstancias, logra la expresión como *krodha*. Estas emociones son las expresiones de *rajas* (pasión).

Krishna, en el *Bhagavad Gita*, advierte a Arjuna en contra de ceder ante los *rajas*:

> *Kama esha, krodha esha, rajo-guna-samudbhavah,*
> *Mahashano maha-papma viddhy enam iha vairinam*

> (*Bhagavad Gita*, III-37)

Traducción: "¡Oh, Arjuna! Es el deseo que surge de la pasión pecaminosa que todo lo consume lo que se convierte en ira. Sé que este es el mayor enemigo del mundo y sé que uno debe controlar tales pasiones y deseos".

Observamos aquí algunas similitudes y diferencias reales entre el pensamiento de Freud y el de los filósofos hindúes. La conceptualización de Freud de las pulsiones está anclada en el soma (cuerpo). El pensamiento de los filósofos hindúes sobre los *gunas* y los *kamas* está anclado en la psicología de las emociones. El concepto de fusión es común a las pulsiones de Freud y a los *gunas* de la filosofía hindú. El concepto de *"kama"* es similar al concepto de "libido" en Freud, en el que la agresión se asocia estrechamente con el concepto de *kama* en el pensamiento hindú. *Krodha* es un derivado de *kama*, que es "el deseo no diferenciado". Los *gunas* son parecidos a las pulsiones de Freud, pero son diferentes en cuanto que son cualidades y, por lo tanto, son de carácter psicológico. Para Freud, el objetivo es la satisfacción instintiva madura, mientras que para el filósofo hindú su objetivo es controlar, dominar y trascender los *gunas* y el *kama*.

En Freud, el sistema *Icc.* se rige por el principio del placer y la realidad externa es sustituida por la realidad psíquica, que es ilusoria. El destino de los procesos inconscientes depende de lo fuertes que sean y de si cumplen los requisitos de la regulación de placer-displacer. Al igual que Freud, en el pensamiento hindú, la experiencia de la realidad es una ilusión causada por *ahankara* (la realidad psíquica), que resulta de la identificación de *atman* con la mente, el cuerpo y el intelecto. Esto conduce a *avidya* (ignorancia microcósmica del yo encarnado), que debe corregirse a fin de lograr la realización del ser.

En la formulación de Freud, las pulsiones impulsan el aparato mental. En el modelo de la mente de los filósofos hindúes, *Prana* (el aliento vital) es lo que sostiene la vida en el cuerpo físico. *Prana* es la energía, o fuerza primigenia, a partir de la cual se manifiestan otras fuerzas físicas. En los libros de yoga, *Prana* se describe como algo que tiene cinco modificaciones, de acuerdo con sus cinco funciones diferentes, que son: 1) *Prana* (la energía vital que controla la respiración), 2) *apana* (la energía vital que hace bajar la comida y la bebida no asimiladas), 3) *samana* (la energía vital que lleva la nutrición por todo el cuerpo), 4) *vyana* (la energía vital que impregna todo el cuerpo), y 5) *udana* (la energía vital por la cual el contenido del estómago se expulsa a través de la boca) (Swami Nikhilananda, 2002, p. 139).

En el concepto de las pulsiones de Freud se incluyen los puntos de vista dinámico, topográfico y económico y los intentos "de seguir los destinos de las cantidades de excitación y de llegar al menos a alguna estimación relativa de su magnitud" (Freud, 1915*e*, p. 181). Esto, según creo, es resultado de la influencia de las ciencias lineales de la biología y la física de su tiempo. No encontramos conceptos similares a la perspectiva económica del punto de vista en la filosofía hindú. La hipótesis estructural es una formulación tardía, que incorporó, pero no sustituyó al planteamiento topográfico, que sigue contribuyendo considerablemente a la comprensión de las situaciones clínicas. Según la perspectiva de los filósofos hindúes, *ahankara* (identificación con el cuerpo) es el *vasana* más profundo de una persona. Esta localización metafórica es análoga a los conceptos del punto de vista topográfico de Freud sobre lo *Icc*. Además, la expresión de los *vasanas* en el ciclo de nacimiento y renacimiento implica un punto de vista dinámico.

La ansiedad es algo que comparten los filósofos hindúes y Freud. El dominio de la agitación causada por las emociones en lo inconsciente de los *vasanas* a través de la práctica del yoga es la meta para el filósofo hindú, mientras que para Freud, hacer que los conflictos relacionados con estos instintos sean conscientes y tratar de solucionarlos es la meta del psicoanálisis. Según él, los afectos reprimidos con éxito existen como estructuras reales en lo inconsciente. Freud (1915*e*) señaló que

> para que el afecto se desarrolle es posible que proceda directamente del sistema *Icc.*, en ese caso el afecto siempre tiene carácter de

ansiedad, ya que se intercambian todos los afectos reprimidos. Sin embargo, a menudo, el impulso instintivo tiene que esperar hasta que se haya formado una idea sustitutiva en el sistema *Icc*. El desarrollo del afecto puede proceder de este sustituto consciente, y el carácter de ese sustituto determina las características cualitativas del afecto. (p. 179)

Esto es algo único del pensamiento de Freud y no se ha apuntado la existencia de un concepto paralelo en el pensamiento filosófico hindú.

Representaciones de palabra y de cosa

La represión conduce a la compulsión de repetición de los elementos psíquicos conscientes, que encuentran sus manifestaciones en lo *Icc*. mediante la búsqueda de sustitutos. Freud (1915e) describió la diferencia entre las representaciones de lo consciente y lo inconsciente:

> Los dos no son, como suponíamos, registros diferentes del mismo contenido en diferentes localidades psíquicas, ni tampoco diferentes estados funcionales de investidura en la misma localidad; sino que la representación consciente comprende la representación de la cosa más la representación de la palabra que pertenece a la misma, mientras que la representación inconsciente es la representación de la cosa sola. El sistema *Icc*. contiene la cosa —investidura del objeto, la primera y verdadera investidura del objeto—, el sistema *Prcc*. se produce mediante el hecho de que esta representación de cosa se hiperenviste a través de estar vinculada con las representaciones de cosa relacionadas con ella. Son estas hiperinvestiduras, podemos suponer, las que provocan una organización psíquica superior y hacen posible que el proceso primario sea sucedido por el proceso secundario, que es el dominante en lo *Prcc*. (p. 201)

Un acto psíquico que no está conectado a la representación de la palabra permanece en lo *Icc*. en un estado de represión.

Nos encontramos con una idea similar, aunque no idéntica, en el pensamiento filosófico hindú. *Brahman*, la realidad última, está representada por el símbolo de *Om*, que, en sánscrito, se compone de tres letras "AOM". *Om* es el nombre sagrado que se le da a *paramatma* en los cuatro *vedas*: "Este nombre comprende muchos otros nombres dados a *paramatma*, como *Virat, Agni, Viswa ...*" etc. (Swami Dayananda, 1975, p. ii). *Om* es una sílaba sagrada para los hindúes, ya que representa a *Brahman*: la realidad última, que es impersonal, absoluta, omnipotente, omnipresente, inefable e incomprensible. *Om* también se conoce como *Pranava*. Se cree que es el sonido básico de la palabra, que contiene todos los otros sonidos. Los hindúes creen que si se repite con la entonación correcta, puede resonar a través del cuerpo y activar la experiencia de la conciencia sosteniendo el cuerpo y el mundo de los objetos. Por un lado, *Om* proyecta la mente más allá de lo inmediato e inefable. Por otro lado, hace que lo inefable sea más tangible. La vida del día a día de los hindúes resuena con los sonidos de *Om*, ya que cualquier actividad y cualquier oración se inicia con el canto de *Om*. *Om* facilita una representación de palabra a lo inefable.

En Freud, la representación de la palabra es necesaria para que la representación de la cosa en lo inconsciente sea consciente, pero para el filósofo hindú, la meditación en *Om* es muy útil para la experiencia de lo inefable, la verdad absoluta y el *Brahman*. En Freud, la cosa pertenece a lo inconsciente, que necesita encontrar el apego a la representación de la palabra para experimentar el mundo de los fenómenos, pero para el filósofo hindú, la experiencia de *Om*, la cosa es trascendental y espiritual, lo que supone la meta última de la vida.

Tanto para el filósofo hindú como para Freud, la mente y el intelecto (el complejo psicosomático) son el asiento de la percepción y la acción (reacción). El estímulo para el deseo —el instinto— surge de aquello que le llega desde el objeto, a través de los cinco órganos de percepción, y forma el impulso, una representación mental (la impresión de recuerdos latentes, *vasanas*) que se expresan, de nuevo, en su búsqueda de la satisfacción a partir del objeto. Sin los estímulos del mundo de los objetos, no hay experiencia presente ni activación de las impresiones mnémicas anteriores, ni para Freud ni para los filósofos hindúes.

Paralelismo psicofísico

Hasta el final de su vida, Freud confió en que la neurociencia podría desarrollar un método que explicara la compleja naturaleza de la mente humana. Durante su época, la neurociencia no había avanzado lo suficiente como para aportar tales explicaciones. Freud logró resistirse a ceder ante las "dificultades irresolubles del paralelismo psicofísico" (Freud, 1915e) y siguió desarrollando conceptos y teorías psicoanalíticos, a la espera de que llegasen descubrimientos que permitiesen establecer explicaciones fisiológicas para los estados y los procesos psicológicos. Escribió que "después de haber completado nuestro trabajo psicoanalítico, tendremos que encontrar un punto de contacto con la Biología" (Freud, 1915e, p. 175). Con el advenimiento de la neurofisiología (Alexander Romanovich Luria, 1902–1977), se han abierto las puertas para identificar la organización neurológica de las funciones mentales "sin contradecir los supuestos fundamentales del psicoanálisis". Estos avances han permitido que los psicoanalistas (Kaplan-Solms y Solms, 2000) identifiquen la base anatómica y fisiológica de los conceptos psicológicos. Solms (1998) recomendó

> que trazáramos la organización neurológica de los estratos más profundos de la mente, utilizando una versión psicoanalítica de análisis de síndromes mediante el estudio de la estructura profunda de los cambios mentales que pueden apreciarse en pacientes neurológicos con una relación psicoanalítica.

Los esfuerzos y los sueños de Freud continúan. Es de esperar que pronto encontremos más respuestas.

Los orígenes del pensamiento filosófico hindú se remontan a los tiempos antiguos y no hay un marco adecuado para integrar los avances científicos modernos con la filosofía hindú. El pensamiento metafísico del filósofo hindú no se corresponde con el pensamiento científico del mundo occidental moderno. Cabe señalar que hay modelos científicos posfreudianos de fenómenos inconscientes que son mucho más compatibles con el pensamiento científico, pero estos no están en los temas abarcados en el presente capítulo.

Resumen y conclusiones

En mi intento de comparar y contrastar los puntos de vista de Freud sobre lo inconsciente con los de los filósofos hindúes, me he encontrado con algunas similitudes y diferencias llamativas, que he presentado detalladamente en este capítulo. Yo creo que las similitudes se centran en el objetivo común de estas dos disciplinas, que consiste en entender al ser humano y su comportamiento. Creo que las diferencias se deben a la metodología empleada en esta búsqueda de comprensión de los seres humanos. En este punto de nuestra investigación, vale la pena recordar algunas de las ideas de las que partimos.

- Los puntos de vista de Freud son clínicos y psicoanalíticos, y se basan en el materialismo filosófico. El cuerpo es el sustrato para la mente y la experiencia del mundo fenoménico cesa tras la muerte del individuo. La inevitabilidad de la muerte es algo que hay que llegar a aceptar. Para Freud, la única realidad es la realidad de lo inconsciente, es decir, la realidad psíquica. La visión de los filósofos hindúes se basa en lo metafísico y lo espiritual, en oposición al materialismo de las teorías freudianas. *Atman* y *paramatman* son conceptos espirituales. *Atman* es el sustrato del cuerpo, la mente, el intelecto y el mundo de los objetos. *Paramatman* es el sustrato para el *atman* y el mundo de los fenómenos en el que operan los *jeevatmas*. La verdadera realidad se experimenta únicamente cuando *jeevatma* trasciende al estado de *Brahman*, que es la realidad última en el pensamiento filosófico hindú. Esta realidad es incomprensible para *ahanakara*, el conglomerado del cuerpo, la mente, el intelecto y el mundo de los objetos. La noción de realidad trascendental no está presente en la visión freudiana, según la cual, la experiencia del mundo fenoménico cesa con la muerte.
- Freud fue capaz de establecer una evidencia incontrovertible de la presencia de lo inconsciente en su trabajo clínico y transmitió con éxito sus explicaciones a través de sus formulaciones teóricas. La metodología de los filósofos hindúes es muy subjetiva y, por lo tanto, no está disponible para su validación objetiva como sucede con la de Freud. Además, la formulación teórica y el idioma empleado por los filósofos hindúes para transmitir sus conceptos, evitando la reificación de lo inefable, resultan difíciles de entender.
- Las características de lo *Icc.* descrito por Freud son aplicables únicamente a la experiencia en el mundo de los fenómenos y son bastante similares a las descritas por los filósofos hindúes. La mente, en el pensamiento hindú, es sólo una parte del sistema metafórico que captura la experiencia humana. *Atman* sostiene el cuerpo, la mente, el intelecto y el mundo de los objetos, mientras que *paramatman* sostiene a *atman* y al cuerpo, a la mente, al intelecto y al complejo del mundo de los objetos. *Atman* y *Brahmnan* son conceptos espirituales. Como tales, hay un determinismo operativo espiritual que determina

el carácter de la experiencia humana. Esta noción de la trascendencia resulta difícil de comprender y aceptar sin la existencia de pruebas tangibles.

- La meta de Freud es el cumplimiento de las exigencias de los instintos maduros, mientras que, para el filósofo hindú, su objetivo es el control de las exigencias de los instintos y trascender los *gunas*. Para Freud, sólo hay una conciencia en el complejo cuerpo-mente. Para el filósofo hindú, hay dos formas de conciencia de *atman*: una es el estado encarnado y la otra es el estado liberado. El *Icc.* en Freud está impulsado por las pulsiones, la energía psíquica y la investidura, mientras que lo inconsciente en la conceptualización de los filósofos hindúes, que es el conglomerado de *vasanas* y *ahankara* (yo), es impulsado por *gunas* y *prana*. *Prana* es la energía espiritual supraordenada. No existe la inconsciencia ni para *atman* ni para *paramatman*. La conciencia de *jeevatma* es limitada debido a la encarnación y la conciencia de *paramatma* es ilimitada, ya que nunca se materializa.

- En lo inconsciente de Freud, no existe la noción de muerte. En la conceptualización del filósofo hindú, la muerte es una experiencia transitoria dentro del ciclo de nacimiento, muerte y renacimiento; no obstante, la perspectiva de la muerte del cuerpo provoca ansiedad en todos. Freud establece el concepto de "pulsión de muerte", que está anclado en la parte biológica del cuerpo. En el pensamiento hindú, la muerte está sujeta al determinismo espiritual y es el resultado del hecho de que *atman* pase a otro cuerpo. *Atman* pasa por el ciclo de nacimiento, muerte y renacimiento para evitar que los *vasanas* alcancen la meta de la autorrealización. También existe una negación de la muerte implícita en el concepto hindú de la reencarnación. No hay muerte para *atman* o *paramatman*, al ser eternos e inmutables. Los conceptos de negación, contradicción, principio del placer, pulsiones, investidura, energía y proceso primario son similares en el pensamiento hindú y en la formulación de Freud, pero se aplican únicamente a la experiencia del mundo de los fenómenos. Estas características no están presentes en *Brahman*, por tratarse de conciencia pura.

- El pensamiento de los filósofos hindúes es aspiracional y no está constreñido por las observaciones de la experiencia en el mundo fenoménico. Se centran en la búsqueda de la realidad última, que, para ellos, es trascendental. Su objetivo es el logro de la autorrealización.

El pensamiento de Freud está lleno de explicaciones, descripciones y se basa en la ciencia. Para Freud, no hay una realidad distinta de la realidad psíquica. Su objetivo es el reconocimiento y la comprensión de lo inconsciente con el fin de lograr el dominio de los instintos, la autointegración, autorrealización, autonomía, así como la aceptación del dolor, la pérdida y la inevitabilidad de la muerte.

Grotstein (2001) tenía razón cuando escribió:

> la religión y el psicoanálisis son disciplinas paralelas que han estado examinando los mismos mitos y realidades desde diferentes vértices. Ambas convergen en la filosofía. La religión, particularmente en su dimensión espiritual, es más psicoanalítica de lo que nunca sospechó y por el contrario el psicoanálisis es más espiritual de lo que [...] aún ha reconocido. (p. 325)

El psicoanálisis resulta muy útil para entender lo inconsciente, pero se queda corto a la hora de dar una explicación satisfactoria de la dimensión espiritual de la experiencia humana. Hasta el momento, la explicación común ofrecida por los psicoanalistas ha sido que el espiritualismo es defensivo y las prácticas y experiencias espirituales son regresivas debido a que lo "inconsciente está en funcionamiento". Del mismo modo que lo inconsciente no deja de existir simplemente por el hecho de que no se lo reconozca, las ganas de saber la respuesta a la pregunta de los filósofos hindúes proverbiales "¿Quién soy yo?" no va a dejar de surgir. La reciente explosión de interés en la espiritualidad que se da entre los psicoanalistas (Coltart, 1992; Grotstein, 2001; Rubin, 1996) y un aumento en el número de programas universitarios de enseñanza e investigación de la mediación en todo el mundo occidental son un reflejo de un impulso para comprender y obtener el control de la mente desde una perspectiva alternativa.

El descubrimiento de Freud de lo inconsciente abrió las compuertas a la comprensión de la mente. Él (1927c) reconoció que las explicaciones de las experiencias meditativas y religiosas como algo regresivo no niegan su validez. Creo que ha llegado el momento de que empujemos más allá los límites del psicoanálisis para lograr la comprensión de estas formulaciones alternativas de la mente y del ser humano, como las de los filósofos hindúes. Dichos esfuerzos sólo pueden servir para enriquecer nuestro conocimiento de la mente.

Notas

1. Sorprende la semejanza de esta afirmación con el concepto de Bion (1970) de "O". Bion utiliza este término para denotar esa verdad última del momento, o para la "cosa en sí", que es inconmensurable. En la explicación de esta noción, Akhtar (2009*a*) afirma que

> esta verdad está ahí fuera esperando a ser encontrada por una mente receptiva que se haya vaciado a sí misma de la concepción previa, la memoria y el deseo. El conocimiento adquirido puede preparar la plataforma desde la cual se da el salto de la fe, pero está dejando conocimientos y experiencia a sus espaldas que constituyen una paso hacia "O". (p. 192)

Akhtar propone que la "O" de Bion es una forma truncada de *Om*, la palabra en sánscrito para el Creador omnipresente. Él continúa diciendo que

> esto es probable a la vista del hecho de que Bion se crió hasta los ocho años en la India, donde fue atendido por una criada hindú que lo llevó a muchos templos hindúes y lo expuso a los cánticos de la palabra *Om*. (p. 192)

2. Seis décadas más tarde, Blos (1985) aclararía que el superyó es el heredero del complejo de Edipo positivo y el ideal del yo del complejo de Edipo negativo.

3. *N. del A.*: Se debe hacer una advertencia en relación con las traducciones de los versos en sánscrito. Estas traducciones son mías, y aunque mi sánscrito es bastante fluido, no es mi lengua materna. Esto complica el proceso de traducción, que, en el caso de la poesía, ya está plagado de dificultades. Dependiente, en gran medida, de los elementos prosódicos del lenguaje, la poesía viaja mal de una cultura a otra. Akhtar (1999) ha señalado que mientras que se ha escrito gran prosa en un lenguaje adoptado más tarde (por ejemplo, por Eugene Ionesco, Samuel Beckett, Vladimir Nabokov y Salman Rushdie), no hay constancia de que exista gran poesía en un idioma que no sea la lengua materna de uno. Consciente de las dificultades que se presentan en el camino de la traducción de los pasajes poéticos del *Bhagavad Gita*, he tomado el camino "más seguro" de presentarlos en prosa.

CAPÍTULO 5

Lo materno reprimido en la topografía de la mente de Freud

Kenneth Wright

Introducción

Aunque la idea de una vida mental inconsciente no tiene su origen en Freud, sino que formaba parte de los antecedentes intelectuales de su tiempo (Ellenberger, 1970), el concepto que heredó era puramente descriptivo, y hacía referencia al hecho de que la conciencia abrazaba sólo una pequeña parte del conocimiento y de la memoria en un momento dado, todo lo que quedaba fuera de este punto de la conciencia era inconsciente. No fue hasta que Freud hubo trabajado clínicamente con pacientes histéricos, primero con Charcot y más tarde con Breuer (Freud [con Breuer], 1895*d*), cuando comenzó a tomar forma el concepto de un inconsciente *dinámico*; a medida que se acumulaban las pruebas de que los síntomas histéricos se construían a partir de recuerdos *in*conscientes de acontecimientos traumáticos, la idea de que el material psíquico podría estar *reprimido* y *mantenerse activamente* en un estado inconsciente, se hizo cada vez más apremiante. Freud pronto se dio cuenta de que había tropezado con una poderosa herramienta de explicación y comenzó a aplicarlo a otros fenómenos psicológicos. Las bromas, los actos fallidos, los *lapsus linguae* y los síntomas neuróticos quedaron, a su vez, iluminados por su reflector heurístico y, en poco tiempo, los había usado para desentrañar el misterio de los sueños. En el momento en que hubo terminado de escribir *La interpretación de los sueños* (1900a), un trabajo que él consideró como su *obra magna*, ya había forjado una teoría más o menos coherente de lo inconsciente dinámico y había delimitado lo que consideraba como sus principales características sistémicas (sistema *Icc*.).

En su artículo metapsicológico, "Lo inconsciente" (Freud, 1915e), escrito quince años más tarde, Freud hace un balance de sus logros teóricos.[1] Subrayo la palabra "teórico" porque la obra es un escrito muy abstracto y el propio Freud estaba preocupado por esta explicación. Mientras que en los *Estudios sobre la histeria*, le preocupa "que [sus] estudios de casos prácticos [...] puedan leerse como cuentos y ... carezcan del sello serio de la ciencia" (Freud [con Breuer], 1895d, p. 160), en "Lo inconsciente" sus dudas son del tipo contrario, ya que teme que el argumento pueda ser demasiado abstracto. Él piensa que "da la impresión de oscuridad y confusión" (Freud, 1915e, p. 196) y es consciente del peligro de que "cuando pensamos en abstracciones [...] podemos descuidar la relación de las palabras con las representaciones inconscientes de las cosas y [...] nuestro acto de filosofar luego comienza a adquirir un parecido inoportuno con el modo de funcionamiento de los esquizofrénicos" (Freud, 1915e, p. 204).

A pesar de que habla con una cierta ironía, su ansiedad acerca del exceso de abstracción aún podría justificarse. El texto no evoca fácilmente realidades imaginables y, a pesar de la afirmación de que su teoría "cumple con los resultados de la observación" (Freud, 1915e, p. 190), es difícil echar mano de las "representaciones-cosa" que se corresponden con las palabras que él utiliza. Mientras que la "representación-palabra" y la "representación-cosa" evocan al menos una sombra de lo experiencial, otros términos, tales como "investidura" y "antiinvestidura", curiosamente parecen no estar encarnados. En el mejor de los casos, evocan una estructura mecánica de fuerzas y contrafuerzas que no se adecua bien a la representación de los procesos vivos.

Freud culpa de estas dificultades a las complejidades de la estructura mental, pero es posible que una ansiedad más personal haya influido en su estilo. El psicoanálisis siempre ha sido vulnerable a las críticas de la comunidad científica y, si Freud hubiera sentido que su reputación científica estaba en juego, habría intensificado la necesidad de presentar sus ideas con un lenguaje "científico". El requisito científico de la "objetividad" está en desacuerdo con los orígenes "parecidos a cuentos", y puede que sea por este motivo por el que Freud refunde sus ideas clínicas en forma de una experiencia tan lejana.[2] Desde esta perspectiva, el modelo topográfico emerge como una formación de solución intermedia; en una lectura superficial, aparece como desencarnado y despersonalizado, pero apenas se disimula detrás de su forma de lenguaje "científico", es un conjunto más animado de ideas que se niegan a ser suprimidas.[3]

Mecanismo/agencia

Si volvemos un poco atrás desde la seca terminología del artículo de Freud y escuchamos lo que se deriva del escrito, hay un momento cuando se acerca el final de la última sección en el que su lucha un tanto tortuosa con las ideas desencarnadas da paso a un ritmo acelerado y más liviano. El estado de ánimo alterado podría no marcar una experiencia de *eureka* —de hecho, está *re*descubriendo algo que siempre ha sabido—. Sin embargo, el escrito transmite un sentido de la vida renovado y una sensación de retomar el pulso de las cosas:

> *Ahora parecemos saber de una vez* cuál es la diferencia entre una conciencia y una representación inconsciente. Los dos no son, como se supone, diferentes registros del mismo contenido en diferentes localidades psíquicas, pero no diferentes estados funcionales de investidura en la misma localidad; pero la representación consciente compromete la representación de la cosa *más* la representación de la palabra que pertenece a la misma, mientras que la representación inconsciente es la representación de la cosa sola. El sistema *Icc.* contiene las investiduras-cosa de los objetos, *las primeras y verdaderas investiduras-objeto*; el sistema *Prcc.* se produce a través de esta representación-cosa hiperinvestida *a través de estar vinculada con la representación de la palabra correspondiente a la misma.* (Freud, 1915e, pp. 201–202, la cursiva es nuestra.)

Los términos mecanicistas siguen estando todavía en su lugar, pero, a pesar de esto, parece que algo ha llegado a tomar forma; Freud ha redescubierto la importancia de vincular las palabras con el "cuerpo" de la experiencia, *"las primeras y verdaderas investiduras-objeto"*. El sistema *Prcc.* se superpone con lo que él llama más adelante el "yo", *"se produce mediante esta representación-cosa [...] estando vinculado con la representación-palabra que le corresponde"*. En el restablecimiento de un enlace con la base viviente de su pensamiento, Freud ha reintegrado algo dentro de sí mismo, y después de haberse librado previamente a sí mismo del "cuerpo" de sus ideas por el interés de la "ciencia", ahora puede volver a imaginarlo en un momento de entendimiento.

Esta renovada aclaración de su tema conlleva una visión más clara de la represión, un concepto fundamental de su teoría de lo inconsciente dinámico como el reino de las representaciones-cosa desterradas:

> Ahora estamos también en condiciones de afirmar con precisión qué es lo que la represión *niega* a la representación *rechazada* en las neurosis de la transferencia: lo que niega a la representación es la *traducción en palabras que deberán permanecer unidas al objeto*. Una representación que no es traducida en palabras, o un acto psíquico que no es hiperinvestido, permanece a partir de entonces en un estado de represión. (Freud, 1915e, p. 202, la cursiva es nuestra.)

Más adelante estudiaremos la posibilidad de que Freud esté *reprimiendo* las representaciones-cosa de sus propias ideas, pero la forma en la que funciona el "mecanismo" se deja ver claramente. Mientras que se le dé el reconocimiento a una "idea" inconsciente poniéndola en palabras, la represión "niega" la "traducción en palabras" que le otorgaría un lugar en el esquema de las cosas.

Al explicar el mecanismo de la represión, Freud sigue usando su terminología científica de *investidura* y *contrainvestidura, retirada de investidura, excitación* y *presión de dar caza*, pero sigue mostrándose una explicación más personal, centrada en el *agente*: al contenido inconsciente (representación-cosa) se le *impide* volverse consciente mediante la intervención de la *censura*. En palabras de este tipo, un tema más subjetivo empuja a la explicación científica: a la representación-cosa *se le niega el acceso* a la representación-palabra, y se la *aparta* de la *traducción en palabras* que le permitiría volverse consciente (conocida). En su artículo "Represión", Freud nos dice que "*la esencia de la represión reside simplemente en apartar algo y mantenerlo a cierta distancia de lo consciente*" (Freud, 1915d, p. 147), una explicación suficientemente importante como para ponerla en cursiva, pero esto significa que, en la represión, debe haber un *agente* censor que realiza el "alejamiento", y en la conciencia sin trabas, un "*traductor*" que aporta las palabras, y que las *pone a disposición* de las presentaciones-cosa inconscientes. En este lenguaje más subjetivo, el entendimiento relacional de Freud sigue vivo; y al negarse a meterse en un molde mediante su lenguaje "científico" ("esquizofrénico"), finalmente encontrará una expresión más completa, aunque siempre limitada, en su teoría estructural del *yo*, el *superyó* y el *ello* (Freud, 1923*b*).

Una perspectiva relacional

Si nos permitimos una cierta licencia poética, se podría decir que la *representación-palabra*, la *representación-cosa*, la *censura* (o el *censor*) y el *traductor* no muy explícito (de imágenes en palabras) emergen como los principales *dramatis personae* en la topografía latente que hace Freud de la mente. Lo *consciente* y lo *inconsciente* no son agentes psíquicos en este sentido, sino cualidades de los contenidos psíquicos; la *conciencia*, y, tal vez, también el sistema *Prcc.* tienen un cierto grado de poder ejecutor (Freud, 1915*e*, p. 165, nota del editor) y, por lo tanto, cumplen los requisitos para formar parte del elenco intrapsíquico. Tales consideraciones son interesantes por la luz que arrojan sobre las luchas intelectuales y emocionales de Freud, que analizaré más adelante, pero que también dan entrada a un punto de vista más relacional sobre las transformaciones inconsciente-consciente. Una perspectiva relacional está más en sintonía con el psicoanálisis contemporáneo que con la explicación mecanicista de Freud, y en lo que sigue a continuación, intento construir una imagen de la interfaz inconsciente-consciente desde dentro de este marco de referencia.[4]

Voy a empezar con la percepción[5] recientemente apreciada de Freud de que "volverse consciente" implica la *vinculación* de representaciones-palabra con representaciones-cosa. Esta escueta fórmula podría describirse de manera atómica: el "átomo" A (la representación-cosa) se combina con el "átomo" B (la representación-palabra correspondiente), para formar una nueva entidad A-B (una unidad, o "molécula" de la conciencia).[6] Por muy clara que sea, esta fórmula no hace justicia a la riqueza del acontecimiento intrapsíquico como algo que se experimenta en la situación clínica; esto tal vez podría representarse más plenamente como algo que sirve para *darle forma verbal a una aprehensión no verbal*. El término "*forma* verbal" introduce la idea de "forma" en la ecuación, mientras que la idea de una "*aprehensión* no verbal" recupera la idea de un agente que "siente" la "representación-cosa". Este punto de vista ampliado introduce una dimensión estética en el proceso: ahora hay un "sujeto" vivo que busca las "formas" verbales que coincidirán con las "formas" intuidas de sus representaciones-cosa.

La idea de forma es importante en mi argumento. La posibilidad de que las *palabras* tengan forma la presentaron por primera vez Werner y Kaplan (1963) en su análisis sobre el desarrollo del lenguaje, y en un marco de referencia diferente, la "forma" de la *experiencia* es fundamental para una teoría del arte que analizo detenidamente más adelante (Langer, 1942, 1953). Hago uso de ambos conjuntos de ideas en el desarrollo de un enfoque relacional para la conciencia, pero en primer lugar tengo en cuenta la obra de Werner y Kaplan.[7]

Estos autores presentaron pruebas provenientes de dibujos de niños pequeños que muestran que con frecuencia han experimentado las palabras de manera fisonómica. Llegaron a la conclusión de que cada palabra tiene su propia "forma" especial, como si la experiencia que tiene el niño de un objeto se hubiera inscrito de alguna manera en la estructura de la palabra correspondiente. Este tipo de observación es compatible con las teorías de la adquisición del lenguaje que hacen hincapié en la interpenetración de las palabras y la experiencia en el desarrollo temprano (por ejemplo, Bruner, 1983; Loewald, 1978),[8] porque si, como sugieren dichas teorías, la palabra se experimenta por primera vez como una parte integral del objeto o situación en la que se escucha, no es difícil ver que la "forma", o impresión, de esa experiencia pueda permanecer con la palabra, ya que ha adquirido una función simbólica.[9] Por otra parte, resulta fácil imaginar que los sintagmas, e incluso las oraciones, podrían ser "formados" de modo semejante, y sabemos por la obra de Stern (1985) sobre la sintonía materna que la madre realmente moldea su respuesta (incluidas sus palabras) según la "forma" percibida a partir de la experiencia del infante.[10]

Desde este punto de vista, el lenguaje no es simplemente un sistema objetivo de signos provenientes del mundo externo del padre; también es un medio plástico más, que echa raíces en el mundo de la madre del infante y se va moldeado gradualmente según los contornos de la experiencia vivida y recordada. Pensar en ello de esta manera amplía la concepción de una "representación-palabra" y sugiere un modelo alternativo de la manera en que las palabras y la experiencia podrían interactuar. En el modelo "paterno", más objetivo de Freud, una representación-palabra (como símbolo convencional) se apoya en la experiencia procedente del exterior, forjando un enlace simple con el esquema (representación-cosa), con lo que le da a ello un nombre y un lugar en la *conciencia*. En una lectura "materna" más subjetiva, el sujeto *busca* una palabra que tenga la "forma" correcta (como en Werner y Kaplan) y *hace coincidir* esta con la "forma" de la representación-cosa (una "forma" de la experiencia). La primera explicación es mecánica y convencionalmente semántica, la segunda es "estética" y está basada en un sentido de afinidad estructural y sensorial.

Esta dimensión estética de la toma de conciencia puede extenderse haciendo referencia a la teoría del arte de Langer (Langer, 1942, 1953), que describe cómo se representa la "forma" de la experiencia en el objeto artístico.[11] Langer sostiene que, mientras que las palabras en su uso objetivo (*símbolos discursivos*) tienen referentes *convencionales*, ya que no existe una similitud *formal* entre una palabra y lo que representa, los símbolos estéticos son *representacionales*, y *exhiben* su "significado", o su importancia vital, a través de su forma. Es decir, un símbolo estético (*representacional*) revela su "significado" mediante la réplica analógica de una forma experiencial en su estructura real;[12] esto permite que la forma experiencial sea reconocida en el símbolo estético, lo que facilita una mayor concienciación, o conciencia, del *aspecto* que tiene la experiencia.[13]

A continuación, usaré la distinción de Langer entre símbolos *discursivos* y *representacionales* para explorar los eventos en la interfaz consciente-inconsciente. Sostengo que, mientras que las descripciones tradicionales del análisis subrayan el uso *discursivo* "paterno" del lenguaje (su capacidad para describir y explicar los fenómenos), la práctica real del análisis está, con frecuencia, más cerca de un modo *representacional* "materno". A este respecto, voy a mostrar cómo la imagen que da Langer del proceso *estético* puede mapearse en el proceso *analítico*, facilitando así el análisis de los acontecimientos en la interfaz analítica, es decir, la interfaz que se da entre lo consciente y lo inconsciente.

La interfaz estética

En la explicación que da Langer de la creación artística, la transformación estética del ser es provocada por el artista que hace una semblanza de algo que ha sentido. Esto es algo que está en el mundo inconsciente del artista de las representaciones-cosa que él siente la necesidad de expresar. Él puede "sentir" este "algo" pero, a menudo, no puede decir exactamente de antemano cómo va a ser su obra. En este sentido, el proceso artístico es un medio de dar forma a este "algo" intuido y hacerlo manifiesto en su obra. Dirigido por su "sentido" interno de lo que él está "sosteniendo" en su mente, actúa por ensayo y error: esto me parece bien, esto no. En cada decisión, se guía por este sentido de "ajuste", el grado de "resonancia" entre la forma que está haciendo y lo que está tratando de expresar. Rara vez se trata de un proceso lineal; hay muchas obras con comienzos accidentados y que no acaban de nacer, sino que poco a poco una intuición toma forma, y un día el artista *sabe* que "lo ha hecho bien". Se dice a sí mismo: "¡*Eso* es! ¡*Eso* es lo que estaba buscando!"

Dicho de ese modo, el proyecto de arte es un medio de realizar (dándole forma) una estructura interna. Se trata de un proceso a menudo extendido de coincidencias intuitivas: de las formas que el artista está haciendo, a la tenue parte detectada de sí mismo que está tratando de expresar. Con el fin de participar en dicha actividad, necesita un espacio que se distinga de la acción ordinaria, a la que él pueda trasladar elementos de su vida emocional. Se debe sentir lo suficientemente seguro para que dicha exposición sea posible, y lo bastante libre para permitir que estas partes desconocidas de sí mismo participen en el diálogo con la formas que él está haciendo. En palabras de Winnicott (1953), se trata de un espacio *transicional*, en el que lo interior y lo exterior son libres de mezclarse, y lo mental no se diferencia claramente de su forma de encarnación externa.

Si mapeamos esta explicación de la interfaz estética en la interfaz analítica de la sala de consulta, podemos observar que la obra del artista se asemeja en muchos aspectos al análisis, al menos en su forma más estética.

Aquí, también, hay sentimientos desconocidos, tenuemente detectados (inconscientes, sin representación), y un trabajo (el trabajo de análisis) que se desarrolla dentro de un espacio secuestrado. Aquí también, se da una búsqueda de formas, y una sensación en curso, y en gran parte intuitiva, de si se ajustan a las estructuras del sentimiento inconsciente (representaciones-cosa), que son el objeto de atención. Aquí también, hay comienzos accidentados y obras que no acaban de nacer, y, a veces también, experiencias de autorrealización emergente, de estar, de alguna manera, en el camino correcto: "¡Sí, *así es* como es! ¡*Eso* parece correcto!" Y, por último, está el "producto" del análisis, la estructura mental transformada, tanto en el analista como en el paciente. Esta es la contrapartida de la obra de arte y es resultado del entretejido complejo de palabras y experiencia que pasarán a constituir el diálogo analítico.

La interfaz analítica

Sin embargo, el análisis es diferente del arte; no sólo hay dos personas involucradas en el proceso, sino que el medio analítico es el lenguaje, que, como hemos visto, se puede utilizar de dos maneras radicalmente diferentes. A partir de esta diferencia, hay dos enfoques divergentes para el análisis: uno, que yo llamo intuitivo y "materno", y el otro cognitivo y "paterno". En mi descripción, he hecho hincapié en el primero y he restado importancia al segundo, pero el psicoanálisis como disciplina ha evolucionado entre estos polos y cada análisis individual se juega en su campo de influencia.[14] En un polo hay un analista "independiente", dando una descripción verbal a través de la interpretación; en el otro, un analista "simbiótico" (Searles, 1973) o "maternalmente preocupado" (Winnicott, 1956), sosteniendo, conteniendo, reflejando y proporcionando un ambiente propicio al crecimiento (Wright, 1991). El artículo de Freud "Lo inconsciente" (1915e) refleja el polo cognitivo; el psicoanálisis contemporáneo, el intuitivo; pero ninguno de los dos existe en forma pura, y la práctica se mueve entre uno y otro, con cifras psicoanalíticas clave identificadas con un polo a la exclusión de la otra. Desde el punto de vista histórico, el polo cognitivo se ha discutido en abundancia, mientras que el polo intuitivo es más difícil de definir, y ha resultado difícil obtener un lenguaje adecuado para describirlo.

La teoría del proceso artístico de Langer avanza bastante en cuanto a la resolución de este déficit, ya que en la elaboración del concepto del simbolismo *representacional* se ha replanteado un nuevo territorio simbólico en el que las formas y las imágenes ocupan el lugar de las palabras en la mediación de los conocimientos. La técnica de la interpretación evolucionó dentro de una visión fundamentalmente cognitiva de la conciencia —un dominio paterno— y depende, en palabras de Langer, de la descripción de la estructura de la experiencia *en el lenguaje discursivo* (acto de nombrar) y ofreciendo *explicaciones* para ello ("te sientes así porque…"). Por el contrario, en el modo *representacional* más "materno", las palabras se utilizan para *evocar la experiencia*, con el objetivo de *captar sus cualidades vividas* en lugar de darle un nombre y hablar *de* ella.

Este uso "materno" del idioma ha sido bien documentado por Ogden (1997), quien observó que una gran parte del psicoanálisis puede ser considerado como una conversación en la que paciente y analista intentan describir *cómo* son la vida y la experiencia del paciente. A la manera del arte, tiene que crear *semblanzas* de la vida y descubrir formas de sentimientos y experiencias que aún deben llevarse a cabo. Las "semblanzas" no son sólo formas *de* palabras, sino *imágenes* formadas *por* palabras, y con el paso del tiempo, la conversación se mueve a través de *imágenes* sucesivas, hacia una *estructura imaginada* que evoca, y *retrata* de manera convincente, el *sentido* que tiene el paciente de su propia experiencia.[15] En palabras de Ogden, esta forma de trabajar implica la creación de

> un lenguaje *metafórico* adecuado para la creación de sonidos y significados que reflejan lo que se siente al pensar, sentir y experimentar físicamente (en pocas palabras, estar vivo como ser humano en la medida en que uno es capaz) en un momento dado. (Ogden, 1997, p. 3, la cursiva es nuestra.)

Ogden, por lo tanto, pone de relieve los elementos cruciales del proceso: la creación de un lenguaje *metafórico* (es decir, basado en imágenes), y uno que sea *adecuado* para la tarea de crear estructuras de imágenes multimodales. La *adecuación* del lenguaje depende tanto de su aptitud metafórica, como del grado en el que capta los matices de la experiencia; también depende de los sonidos de las palabras —de la prosodia, el tono de voz, la sensación de las palabras en la boca— y de la forma en que estos se relacionan con la "sensación" de lo que están tratando de captar. Esa complejidad queda muy lejos de la concepción original de Freud de "contar" al paciente lo que significa su síntoma (un punto de vista "paterno" del análisis), y, aunque en ese tiempo en que escribió "Lo inconsciente", había aprendido que "contar" no era suficiente (Freud, 1915e, p. 175), les dio pocas explicaciones de por qué esto podría ser así. Además de hacer frente a la "resistencia" del paciente, les daba poco asesoramiento en cuanto a cómo el hecho de "contar" podría volverse más eficaz.

Símbolos de representación, reflejo y sintonía

La explicación "paterna" de Freud de "volverse consciente" implicaba la "traducción en palabras" (1915e, p. 202) de la representación-cosa y esto requería que las palabras estuvieran "vinculadas con" la representación-cosa y "permanecieran vinculadas a [ella]" (1915e, p. 202). El enlace que existe en este modelo es externo —una conjunción directa de dos elementos que no tienen ninguna afinidad estructural (analógica) el uno con el otro—. Aunque la representación-cosa comparte ciertas cualidades típicas de las imágenes (al derivarse de la percepción sensorial), la representación-palabra es un "puro" símbolo semántico de lenguaje objetivo. Las imágenes no desempeñan ningún papel en esta explicación de la conciencia, porque constituyen el "lenguaje" del *proceso primario* y pertenecen al sistema *Icc.* Como Rycroft (1968) observó, Freud no tenía un "lugar" para las imágenes que pudiera mediar, o crear, un conocimiento de uno mismo en su sistema teórico; aunque los sueños se consideraban como el "camino regio hacia lo inconsciente", eran emisarios del dominio inconsciente y sólo podían revelar su significado cuando el analista los interpretaba.

En una explicación más "materna" del hecho de "volverse consciente", a las imágenes se les puede dar un papel más relevante. Siguiendo a Langer, he argumentado que la imagen en sí es un mediador de la toma de conciencia, capaz de presentar una estructura de la experiencia como conjunto, sin recurrir a la descripción verbal en detalle. Esto es algo que todo analista sabe, y trabajar con imágenes es una parte integral de la práctica habitual. En la teoría psicoanalítica, sin embargo, la imagen tiene un lugar menos cierto, y con el fin de diferenciar el "trabajo con imágenes" de la "interpretación" en sentido cognitivo, propongo que se lo considere como una forma de *reflejo*. Mientras que la interpretación puede ser vista como perteneciente al "dominio paterno" (Wright, 1991), el reflejo tiene sus raíces en el mundo materno de las relaciones entre dos personas y, por tanto, forma parte del "entorno facilitador" (Winnicott, 1953).

El término "entorno facilitador" se refiere a la función de adaptación de la madre, que normalmente se manifiesta en la provisión de "formas" moldeadas según las expectativas del infante. La madre no "cuenta" (es decir, dicta) a su hijo cómo debe ser, sino que responde al "gesto" (o forma de ser) del niño de una manera que se percibe como intuitivamente "correcta". Al principio, la respuesta adaptativa adopta una forma concreta, una alimentación que es moldeada o "formada" por la lectura que ella hace de la situación.

En esta etapa, la forma está incrustada en la situación concreta: en el gesto del niño y en la respuesta de la madre, en el momento, la puntuación y la velocidad total de la transacción madre-hijo, y sobre todo en las modulaciones sutiles de la respuesta maternal.[16] Pero desarrollándose a la par está la interacción más específica del *reflejo* (Winnicott, 1967), una resonancia afectiva entre la madre y el niño, en la que la madre refleja en su expresión facial el afecto expresado por el infante en un momento determinado. Winnicott captó la esencia de esto en su metáfora de la cara de la madre como el primer espejo del infante: "¿Qué ve el infante cuando mira al rostro de la madre? Lo que estoy sugiriendo es que lo que el bebé ve es a sí mismo…" (Winnicott, 1967, p. 112).

Para Winnicott, el reflejo está relacionado con la sujeción y ayuda a sentar los cimientos de uno mismo ("soy visto y reconocido, por lo tanto, soy"). Sin embargo, en el contexto actual, quiero hacer hincapié en los aspectos de la *imagen* en el proceso, en el hecho de que la "expresión" de la madre proporciona una *imagen* externa de *cómo* es el infante. Además de ser una respuesta afectiva, cada expresión es también una imagen —una *representación* o *símbolo* (materno) del ser afectivo del infante, que está a la espera de ser reconocido como tal por el infante—.[17]

En este sentido original, el reflejo está limitado por el pequeño número de expresiones faciales determinadas biológicamente, pero la *sintonía materna* (Stern, 1985) amplía el ámbito del reflejo hacia el período preverbal posterior y, en gran medida, aumenta el abanico de formas maternas presentadas (Wright, 2009). La sintonía es también una respuesta de reflejo, que se basa en la identificación materna y está mediada por las imágenes, pero el repertorio de las imágenes maternas se amplía. Una respuesta en sintonía es una minirrepresentación espontánea e intuitiva (una secuencia rítmica de movimientos y sonidos) que replica de alguna manera la "forma" o "contorno afectivo" de la conducta del niño, y que forma parte de la "conversación" en curso de la madre con el infante (Trevarthen, 1979), en la que ella da forma externa a fragmentos de la "experiencia" del infante.[18] El infante podría experimentar la respuesta de la madre de diferentes maneras, pero, al igual que ocurre con el reflejo en el sentido más estricto, yo estoy subrayando el hecho de que *cada retrato materno es una imagen, o una forma externa* —una "película" de la vitalidad del infante[19] y, potencialmente, una representación preverbal del ser del infante—.

La importancia del reflejo y la sintonía para mi argumento actual es doble: en primer lugar, delimita un dominio real de la experiencia preverbal (la materna) y nos muestra cómo es y, en segundo lugar, destaca un tipo de respuesta en la que "el significado" es transportado a través de las imágenes. Tales imágenes pueden ser visuales, auditivas, o multimodales, pero su importación siempre se realiza a través de la forma de la imagen que reproduce analógicamente una forma de sentir. Daré argumentos en la siguiente sección que demuestran que tales formas son importantes a la hora de organizar la experiencia, a la hora de ponerla a disposición de la conciencia y, en última instancia, a la hora de la creación de las estructuras mentales. Son una parte fundamental del modo materno de "toma de conciencia", que está ausente en la explicación que hace Freud del proceso.

Desde la forma del reflejo a la estructura mental

"Estructura mental" es un término metafórico a través del cual se intenta imaginar la naturaleza de la mente. Nos imaginamos una estructura física y la relación que existe entre sus partes y, a continuación, suponemos que las partes de la mente están interrelacionadas de un modo comparable. Por lo tanto, concebimos la mente como un "espacio interior" que contiene "objetos". En la teoría psicoanalítica, se considera que estos "objetos" presentan características casi humanas, derivadas en parte de las formas anteriores de experiencia de una persona con otras personas significativas, y puesto que tales "objetos" son "humanos" en este sentido, pensamos en ellos como que se hacen cosas el uno al otro, y se comunican el uno con el otro. Se trata fundamentalmente de un enfoque de "contenido" para la mente: los "objetos internos" se caracterizan de una manera que está en paralelo con nuestra delineación de los objetos externos. Así pues, podríamos hablar de una madre o un padre internos, un bebé codicioso, o un superyó punitivo. Este enfoque es un legado del psicoanálisis clásico, que presta poca atención a la mente como contenedor o a la estructura de lo mental en sí misma. El psicoanálisis contemporáneo ha invertido esta tendencia,[20] pero aún queda mucho para llegar a comprender este campo. En la última parte de mi capítulo, quiero abordar algunos aspectos de esta cuestión.

Supongamos que, en algún momento, la percepción que tiene el infante de la respuesta en sintonía de la madre comienza a cambiar y el infante *se reconoce a sí mismo* dentro de la imagen materna en sintonía; en un salto cuántico, ve el desempeño de la madre desde una perspectiva diferente. Ya no es sólo una espectáculo emocionante, o un aspecto de la madre del cual simplemente disfrutaba; ahora adquiere un nuevo significado y comienza a *significar*: "Ahora puedo *ver* la conexión: ¡este patrón sigue el mismo ritmo de algo que acabo de sentir!" Yo diría que, en este punto, la imagen externa (el "rendimiento" en sintonía) se "internaliza" y se transforma en "estructura mental", en un símbolo primitivo. El rendimiento ya deja de ser sólo un juego, para transmitir *significado*; "habla" a algo que sólo se ha experimentado y se convierte en un medio de representarlo y recordarlo. En este sentido, el nuevo "objeto" es sorprendentemente similar al objeto transicional de Winnicott. Aunque este último es externo, y la "estructura de sintonía" recién formada es interna, ambos tienen una función primitiva simbólica, y ambos mantienen viva la memoria por medio de patrones sensoriales reverberantes.[21]

Mi análisis de la creación de reflejos nos ha llevado muy lejos del artículo de Freud sobre lo inconsciente, pero emergiendo de ello hay una visión de estructura mental en la que las pulsiones básicas son relacionales y se derivan, al menos en parte, de las primeras formas de comunicación que se dan entre la madre y el infante. En cierto grado, por lo tanto, ofrece una visión de la matriz de la mente (Ogden, 1986), poblada, al menos en parte, por estructuras simbólicas preverbales. Estas son capaces de contener elementos de la experiencia en la mente, y relacionarlos, por medio de sus patrones, con otras estructuras de tipo similar; dicho de otro modo, hacen posible una forma primitiva de pensamiento. Según el punto de vista de Freud, por el contrario, la "matriz" (en sus palabras, "lo inconsciente") se basaba en el instinto, y estaba poblada por el/los "representante(s) ideacional(es) del instinto" (Freud, 1915e, p. 177), más tarde llamado "fantasía inconsciente" por los escritores kleinianos (Isaacs, 1952). La actividad mental se limitó, por lo tanto, a unas gratificaciones alucinatorias de carácter sexual o agresivo. Desde este punto de vista, no hay cabida para "el pensamiento con imágenes".

El modelo que he esbozado está en desacuerdo con este punto de vista clásico. Sugiere un desarrollo relativamente temprano de las estructuras simbólicas basadas en imágenes en las que una forma materna interiorizada funciona como receptáculo de la experiencia recordada. En la medida en que perpetúa una "comunicación" en sintonía entre sus partes (resonancia o reverberación de patrones), podría decirse que esta estructura está "viva", o que mantiene la experiencia con vida, de la misma manera que la conversación madre-infante de la que se deriva.

Diferentes modos de conciencia

¿Entonces, cómo podría enlazarse este punto de vista más relacional de la mente con la explicación que da Freud de la conciencia? En el modelo topográfico, "volverse consciente" está ligado con las palabras —la condición esencial, aunque tal vez no suficiente, es "la traducción en palabras" de la representación-cosa—. Por el contrario, he abogado por una forma de conocimiento consciente que no depende de las palabras, sino que está mediado a través de imágenes de representación, que permiten que la experiencia se comprenda en su conjunto, en su realidad inminente y sentida.[22] Dichas imágenes *muestran* sus significados, todas a la vez, pero con el fin de volverse conscientes en el sentido cognitivo (es decir, conceptualizadas y contextualizadas), necesitan ser "traducidas en palabras" y desentrañadas por medio de ellos. Desde este punto de vista, hay dos maneras de llegar a ser consciente y dos modos de percepción consciente; ninguno es superior al otro, pero cada uno tiene valor a su manera. El "modo paterno" es externo y consiste en mirar a la experiencia desde lejos y situarla en su contexto; el "modo materno" está centrado de forma más estrecha y se basa en la identificación: crea una sensación de estar *en* la experiencia (aunque no realmente en ella), lo que le permite a esta última ser contemplada y conocida, tal vez por primera vez (Wright, 1991).

Freud no tenía un lugar para este tipo de imágenes en su teoría de la mente consciente y subestimaba su valor. Él era racionalista y se situaba en una postura en la que había un mundo de tres personas compuesto por objetos separados, en el que la ley y la organización paternas eran las medidas primarias, y la "verdad" recaía en la descripción "científica". Las imágenes evocadoras eran el "lenguaje" de lo inconsciente: ambiguas, ilusorias y capaces de cumplir con los deseos, *a menos que* o *hasta que* se desentrañasen de una manera lógica.[23]

Podríamos suponer que, desde la perspectiva "paterna" de Freud, las imágenes eran un aspecto del ámbito "materno" en el que se sintió incómodo y fuera de su terreno; eran corporales, sensuales, fluidas y sin límites, y creaban un mundo de presencias cambiantes, "una población aborigen de la mente", que le hizo estar ansioso y a disgusto. Su actitud ante el arte, el otro mundo de las imágenes, era ambivalente: mientras que a veces idealizaba a los artistas en general, a menudo restaba importancia a sus logros[24] y únicamente admiraba el arte que podía entender, es decir, "expresar con palabras". La música, que desafía dicha traducción, estaba fuera de su alcance estético (a excepción de ciertas arias de ópera que se sabía de memoria). Y, por último, las imágenes eran intrínsecamente algo "no científico"—mi punto de partida en este capítulo— aunque ahora parece que su aversión a la imagen y su preferencia por lo que es muy abstracto podía haber tenido raíces más profundas.

La represión, desde esta perspectiva, es un medio de mantener a raya lo "materno" y sus imágenes emisarias. Es un mecanismo de control, arraigado en el mundo del padre (la conciencia), y se mantiene en guardia con una serie de guardias fronterizos (contrainvestiduras) para combatir las incursiones prohibidas. A las imágenes, que se vinculan de nuevo con los recuerdos sensuales del cuerpo de la madre, se les da la vuelta, y a las palabras paternas, a las que se les otorgaría un lugar en el esquema consciente de las cosas, se las retiene. Como insinué al principio, la teoría de Freud de lo inconsciente podría formarse en sí misma mediante un proceso de este tipo.

Observaciones finales

La teoría topográfica de Freud (Freud, 1915e) pronto cumplirá cien años y, aunque está limitada por el alcance de la sensibilidad de su autor y la *Weltanschauung* de su tiempo, sigue siendo un punto de partida esencial para cualquier análisis de la mente como organización dinámica de la experiencia. Sin embargo, Freud presentó su teoría en un lenguaje "científico" de mecanismos y fuerzas, y ya que en la actualidad discurrimos de una forma más relacional, tenemos que volver a pensar sus ideas con el fin de integrarlas mejor en el pensamiento contemporáneo.

A pesar de que podría haber sido importante para Freud que sus teorías llevaran el atuendo "paterno" de la ciencia, he sostenido que hay razones más profundas —un miedo hacia lo "materno" que le condujeron a reprimir los elementos no verbales (basados en las imágenes) de su explicación—. Si, utilizando el lenguaje lacaniano (Lacan, 1977), sus pies estaban firmemente plantados en lo simbólico, entonces lo imaginario —el reino de las imágenes maternas— quedaba estrictamente fuera de sus límites. En este sentido, únicamente las palabras son "puras"; el *cuerpo* sensorial de la palabra —la imagen— pertenece al ámbito de lo reprimido. Desde esta perspectiva "paterna", se permite mirar —ser un observador-teórico (*terrizo*, en griego, «espectador»)— pero no tocar, comprometerse con formas que reavivan el sentido consciente de la experiencia corporal (Wright, 1991).

En este capítulo, he intentado rellenar la teoría de Freud de "volverse consciente" y he explorado de qué manera, si se resucita lo "materno" reprimido, ello podría afectar a nuestra visión de la estructura psicológica. Esto abre lo imaginario —el mundo de la forma materna— y retira el poder de las imágenes para organizar y comunicar la importancia emocional sin la mediación de las palabras. Sugiere un papel más importante para las imágenes en el proceso analítico (el proceso de "volverse consciente") y crea una nueva concienciación de la forma. Las consideraciones de la forma llevan a la estética, y, por tanto, la *manera* en que el analista construye sus comunicaciones —la *forma* que adoptan— se vuelve tan importante como su contenido.

En sus momentos más idealizantes, Freud a veces sentía que el artista había estado allí antes que él y había tenido acceso a "verdades" de carácter humano que él, que era el primer psicoanalista, sólo entonces estaba empezando a entender. A tropezones y por detrás, en modo "científico" pedestre, no podía comprender el medio por el cual esto se había logrado. Ahora podemos ver que estaba mirando en la dirección equivocada: *el secreto de la forma materna nunca se cedería a sí mismo en la disección analítica, ya que se entregaba directamente a los sentidos como expresión pura.* El arte es, y siempre ha sido, una *manera* diferente de autorrealización, una *revelación* del ser y de la naturaleza humana. Su "medio para el significado" (MacLeish, 1960), su método *representacional*, es directo: la obra de arte, con su compleja articulación de formas e imágenes, *muestra* y pone de manifiesto la forma en que estamos —o lo *vemos* o no lo vemos—.

Para el psicoanalista, el valor de la teoría del arte reside en su lenguaje; mirando en la dirección correcta ha encontrado una manera de expresar con palabras el "cómo" de la obra de arte. Esto nos ha permitido ver cómo la verdad emocional —la verdad de la experiencia— se revela en las articulaciones complejas de la forma, y, más allá de esto, cómo cada obra de arte que "sondea las profundidades" transmite su importancia directa, por medio de estas articulaciones, a las profundidades del "otro" que escucha (es decir, a la parte receptiva). Por último, nos permite ver cómo todos los objetos artísticos que tienen valor son una pequeña revelación de la estructura de la psique humana, ya que sus articulaciones *son* las formas de esa psique, realizadas en el medio del mundo exterior.

Notas

1. "Si [...] 'Trabajos sobre metapsicología' puede [...] considerarse como el más importante de todos los escritos teóricos de Freud, no cabe duda de que el [...] ensayo sobre 'Lo inconsciente' es la culminación de esa serie" (Strachey, 1957, p. 161).

2. No estoy sugiriendo que, al escribir este artículo, Freud estuviera preocupado concretamente por evitar el formato de cuento de los *Estudios sobre la histeria*. Me refiero a una lucha más penetrante que conforma discutiblemente todo su trabajo y refleja su aspiración hacia la respetabilidad científica. Sin embargo, esto podría no ser toda la historia; se puede hacer un caso de esto al ser un aspecto de un conflicto más profundo en el que su personalidad predominantemente "paterna" (de tres personas, edípica) lo llevó a reprimir los aspectos más "maternos" (de dos personas, preedípica) de su constitución. A continuación hago referencia a ello más detalladamente.

3. A menudo se ha sugerido que la riqueza de la obra de Freud (que fue galardonado con el premio Goethe de Literatura) se ha visto oscurecida parcialmente por un sesgo despersonalizante en la traducción de Strachey. Si bien esto es algo casi seguro (tenemos, por ejemplo, el uso de "ego" en lugar de "yo"), es difícil creer que esta sea la única explicación. Freud comenzó su vida profesional en el entorno académico predominante de la época y las actitudes internalizadas de sus mentores, así como un temor real a las críticas procedentes de la comunidad científica, son, al menos, factores plausibles que tener en cuenta al tratar de entender la forma final de sus teorías (pero véase la nota al pie 2, más arriba).

4. Al llamar "relacional" a mi enfoque, estoy siendo deliberadamente impreciso para mantener mis opciones abiertas. El pensamiento creativo implica una libertad de restricción y vincularse a uno mismo a un conjunto específico de construcciones relacionales contribuye precisamente al tipo de sesgo que quiero evitar.

5. Uso la expresión "recientemente apreciada" para resaltar el hecho de que la visión va y viene, y de que Freud, sobre todo en esta área, está luchando con algo como la represión en relación con el "cuerpo" de la palabra, el aspecto sensual, "materno" de la "representación-cosa".

6. Utilizando la terminología de mi análisis posterior, el enlace "atómico" externo es "paterno", el enlace a través de la afinidad de "forma" es "materno".

7. La terminología de Freud de representación-palabra y representación-cosa es "objetiva" y distante de la experiencia, pero apunta a una importante distinción entre los contenidos mentales plenamente simbólicos (palabras) y los contenidos mentales que son menos claramente simbólicos, no verbales, más cercanos a la experiencia corporal, y no marcadamente diferenciados de ella (*imagos* sensoriales de objetos). Los debates contemporáneos utilizan una serie de términos para tipos semejantes de distinción, pero muchas veces se superponen entre ellos. Los símbolos *discursivos* y *representacionales* de Langer (1942, 1953) (que

se analizan más adelante) son un ejemplo de ello, mientras que los filósofos Lakoff y Johnson (1999), al escribir desde la perspectiva de la psicología cognitiva, se refieren a los *símbolos lingüísticos* (palabras) y a los *esquemas de imágenes* subyacentes (abstracciones de la experiencia corporal).

8. Hay un excelente debate sobre el desarrollo del lenguaje en Vivona (2012) con respuestas de W. Bucci, P. Fonagy, B. Litowitz, y Donnel Stern.

9. Asumo aquí que la función referencial de los símbolos depende del aumento de la capacidad del infante para tolerar la separación del objeto. La esencia de un símbolo como estructura mental es la de representar la *idea* de un objeto, y esto depende de la capacidad previa de concebir el objeto en su ausencia.

10. En la sintonía materna (Stern, 1985), las características prosódicas del discurso de la madre (los tonos y ritmos de su "lenguaje infantil") son una parte integral de una "representación" en sintonía. El elemento discursivo de una sintonía, de este modo, comparte el patrón rítmico de la experiencia en sí (véase mi análisis de la sintonía materna, a continuación).

11. Langer presentó en primer lugar sus ideas en relación con la forma musical (Langer, 1942), pero más adelante desarrolló una teoría general del arte que incluía formas lingüísticas. Se podría argumentar que la forma musical revela la forma esencial y la textura de la vida emocional con más claridad que otras formas de arte, pero, de acuerdo con su teoría, cada forma de arte revela la "forma" de una forma emocional de manera analógica (Langer, 1942, 1953).

12. "contiene su sentido como un ser contiene su vida" (Langer, 1988, p. 38).

13. Lo mismo podría decirse de las imágenes del sueño, pero mientras éstas son creaciones espontáneas de la mente que suelen parecer sin sentido al sujeto que está en estado de vigilia, los símbolos estéticos son creados intencionalmente, a menudo a través de un laborioso esfuerzo, y su importancia es más transparente y pertenece a alguien. Al igual que las imágenes del sueño, están más cerca de la experiencia concreta que el lenguaje discursivo, pero, al ser totalmente simbólicos, son ejemplares de *forma* o *tipo*. No son cumplimientos de deseos o recuerdos simples, pero nos muestran lo que se *siente* al amar, estar celoso o sufrir una pérdida, etc. En este sentido, los símbolos estéticos son concretos *y* abstractos: concretos porque son sensoriales y encarnados, abstractos porque revelan la *forma* de la experiencia.

14. No sería una exageración decir que esta polaridad ha dado forma a la teoría y a la práctica psicoanalíticas desde el principio (Wright, 1991).

Se refleja en muchos pares de palabras que intentan captar diferentes aspectos de la práctica, el desarrollo emocional, y/o la estructura mental: preedípica, edípica, diádica-triádica, de dos personas-de tres personas, narcisista-relacionada con el objeto, psicótica-no psicótica, preverbal-verbal, materna-paterna, de contención-interpretación, imaginario-simbólico, por nombrar sólo algunas de ellas. Todos están relacionados de alguna manera con el hecho de que el infante humano nace en un estado inmaduro tanto físico como mental, y pasa los dos primeros años de su vida inmerso en un entorno materno enormemente formativo que en su mayor parte es no verbal.

15. He utilizado el término no demasiado preciso de "estructura" a lo largo de este capítulo, precisamente porque deja el significado abierto (para ser llenado como el lector lo desee). Podría haber usado el término "fantasía", pero este está cargado de demasiados significados precisos en la teoría psicoanalítica, y me gusta pensar que los pensamientos que estoy bosquejando podrían, de hecho, llenarse de una serie de perspectivas psicoanalíticas diferentes. En realidad, muchas de las "estructuras" a las que me refiero serán estructuras relacionales que llevan la impronta de las transacciones con otras personas y de los sentimientos sobre ellos. Como muy bien ha entendido el psicoanálisis, estos son la "materia" central de la vida humana, y como tales son fundacionales de la autoestructura y, posiblemente, de la mente también.

16. De forma un tanto análoga, hay toda una serie de movimientos que el analista hace durante la sesión, principalmente sin darse cuenta, que revelan de forma no verbal el extremo hasta el que se encuentra en sintonía con el paciente y cómo responde ante el mismo: su respiración, la forma en que se sienta, la inclinación de la cabeza, la cantidad de gestos, sin mencionar los bostezos, tocarse la nariz y otras actividades parecidas que podrían quererse ocultar al paciente. Un paciente me dijo el otro día: "En la última sesión me sentí fatal. Usted no dejaba de mover las piernas y sentí que se estaba aburriendo conmigo" (es decir, no estaba en sintonía).

17. En terminología de Langer, se trata de un *símbolo representacional*.

18. Stern emplea los términos "afecto de vitalidad" (Stern, 1985) y "formas de vitalidad" (Stern, 2011) como intento de decir de forma precisa lo que la madre está siguiendo, y ante lo que está respondiendo, en su infante, pero es más importante el hecho de que, en todo momento y de manera continuada, ella está en contacto físico con su bebé, sintiendo lo que el bebé está "sintiendo" y haciendo el juego de devolverlo al bebé en forma de respuesta casi "musical" (es decir, fundamentalmente no verbal) (Malloch y Trevarthen, 2009).

19. Las respuestas en sintonía son multimodales y pueden contener palabras. Sin embargo, no es el significado de las palabras lo que cuenta, sino su tono y su forma prosódica que está interconectada con la imagen que se refleja.

20. Bion fue pionero en este aspecto, con sus artículos sobre pensamiento (1962*a*) y contención (1962*b*, 1965).

21. Una estructura mental derivada de la sintonía también podría compararse con la estructura "contenedor-contenido" de Bion, aunque la teoría que lo fundamenta es diferente (Bion, 1962*a*, 1962*b*, 1965).

22. La capacidad de la imagen para mediar la experiencia está expresada de forma muy hermosa por el poeta Archibal MacLeish (1960, p. 16): "La labor del poeta consiste en enjaular, captar, la experiencia en su conjunto, la experiencia *como* conjunto [...] de forma significativa [...] o la manera [...] en la que contestan las emociones". La transferencia también es un medio de "captar la experiencia en su conjunto", pero hay una diferencia importante: la transferencia, cuando se vuelve activa desde el punto de vista experiencial, es una "forma de recordar" (Freud), pero no es todavía un símbolo: está esperando que la transformación analítica alcance este nivel *mental*. Por el contrario, la imagen representacional es un símbolo creado intencionadamente.

23. Se ha apuntado con frecuencia que Freud tenía dificultad a la hora de entender las áreas maternas de la experiencia. Una de las críticas más tempranas y radicales desde este punto de vista fue la de Suttie (1935), que argumentaba que Freud había reprimido lo "materno" en su personalidad, y que este "tabú sobre la ternura" le había llevado a desviarse sistemáticamente en su obra teórica. A mí, este argumento me resulta bastante convincente; es posible que cada analista y cada teórico tenga un rango limitado de sensibilidad que esté determinado por su constitución y, aunque esto podría verse ampliado por su propio análisis, nunca dejará de tener influencia en lo que crea. En este sentido, una teoría analítica es una autobiografía y también una forma de autorrealización (Wright, 1991), así como una descripción más o menos válida de determinados aspectos de la "realidad".

24. Por ejemplo, en "Escritores creativos y sueños diurnos" (Freud, 1908*e*), él argüía que el artista simplemente estaba expresando sus fantasías prohibidas dando rodeos que le brindaran aclamación porque le daba un placer indirecto a otras personas.

CAPÍTULO 6

¿Hay modelos complementarios de la mente en "Lo inconsciente" de Freud?

Bernard Reith

Freud en su consulta

Cuando leo a Freud, me gusta imaginármelo en su consulta, inmerso en una sesión analítica y reflexionando sobre preguntas tales como: ¿Qué está pasando aquí? ¿Cómo puedo entenderlo? ¿Cómo estoy yo implicado en ello?

Leyendo "Lo inconsciente" (1915e) con esta imagen de él en la mente, encuentro en ello algo más que el modelo topográfico del cual este texto se considera generalmente como la declaración suprema. Entre las líneas del modelo topográfico, Freud podría haber estado tratando de encontrar su camino hacia un modelo transformacional de la pareja analítica. Este modelo transformacional de dos personas sería complementario al modelo topográfico de una sola persona y añadiría una dimensión extra. Por supuesto, no estoy sugiriendo que esta fuera la intención manifiesta de Freud, pero sí creo que, en retrospectiva, podemos verlo en funcionamiento como un tema implícito.

Siguiendo algunos pasajes paso a paso, voy a tratar de mostrar la interacción que se da entre los dos modelos. El modelo topográfico se describe en las partes de la II a la VI del artículo de Freud, pero está incorporado en muchos otros pensamientos interesantes y se incluye en su Parte I de introducción y su exploración de la psicosis en la Parte VII, como una joya en una caja forrada de seda.

Como la joya es tan conocida, me concentraré
en la caja y en el envoltorio.

El primer párrafo de "Lo inconsciente", vinculándolo a "Represión" (1915*d*) —el artículo anterior de la serie de Freud sobre metapsicología—,

> Hemos aprendido [...] que la esencia del proceso de la represión radica, no en [...] aniquilar [...] la idea que representa un instinto, sino en evitar que se haga consciente. Cuando esto sucede decimos [...] que está en un estado de ser "inconsciente", y podemos enseñar buenas pruebas que demuestren que [...] puede producir efectos y, entre ellos, incluso incluir algunos que finalmente llegan a la conciencia. Todo lo que está reprimido debe permanecer inconsciente; pero [...] lo reprimido no abarca todo lo que es inconsciente. Lo inconsciente tiene un alcance más amplio [...] (Freud, 1915*e*, p. 166)

puede, por supuesto, ser tomado como un anuncio directo de lo que describirá en la parte II, como la diferenciación entre lo inconsciente "sistemático" y "descriptivo" (pp. 172–173). Pero si cambiamos la perspectiva y lo escuchamos como algo que refleja sus preguntas privadas durante su trabajo analítico, entonces podemos imaginarlo pensando que la teoría de la represión no es lo único que hay que decir sobre la situación analítica y que hay que entender más cosas, como por ejemplo, la forma en que lo inconsciente produce sus "efectos" y cómo puede "llegar" a la conciencia. La frase que el mismo enuncia a continuación se lee entonces como *la* cuestión fundamental de lo que podemos capturar en la situación psicoanalítica: "¿Cómo vamos a llegar a un conocimiento de lo inconsciente?" (1915*e*, p. 166).

Por lo general, Freud utiliza la primera persona del plural, con el fin de implicar a la audiencia y de incluirse a sí mismo. El "nosotros" tiene varias funciones a lo largo del texto, desde el "nosotros" retórico del diálogo, pasando por el "nosotros" de introspección en nuestras mentes personales, hasta el "nosotros" de la comunidad de psicoanalistas, en una combinación que transmite una sensación de profunda reflexión sobre nuestra función analítica. Freud da una respuesta eminentemente clínica a nuestra pregunta fundamental: "Por supuesto, sólo lo conocemos como algo consciente, después de que ha sido objeto de una transformación o una traducción en algo consciente. El trabajo psicoanalítico nos muestra cada día que es posible realizar una traducción de este tipo" (1915e, p. 166).

La siguiente frase podría dar la impresión de que él pensaba en esta "transformación o traducción", sobre todo en cuanto a lo que sucede en el paciente, en un modelo dinámico de la psique individual centrado en la represión: "A fin de que esto pueda suceder, la persona que está en el análisis debe superar ciertas resistencias—las mismas resistencias que aquellos que, antes, hicieron que el material en cuestión fuera algo reprimido al rechazarlo desde lo consciente" (1915e, p. 166).

Sin embargo, si seguimos pensando en Freud como alguien que está en una sesión con el paciente, entonces puede que oigamos los problemas epistemológicos que plantea inmediatamente después, en la Parte I, "Justificación para el concepto de lo inconsciente", como su forma de introducir su respuesta reflexiva en el problema clínico de la *forma* en que el analista puede ayudar a la "persona que está bajo análisis" a "superar" estas resistencias. Él afirma que "la existencia de algo mental que es inconsciente" es una "suposición" que es *"necesaria"* (1915e, p. 166)[1] porque

> [...] los actos conscientes permanecen desconectados e ininteligibles si insistimos en reclamar que cada acto mental que se produce en nosotros también debe ser experimentado necesariamente por nosotros a través de la conciencia; por otro lado, entran en una conexión demostrable si interpolamos entre ellos los actos inconscientes que hemos inferido. Un aumento en el significado es un terreno perfectamente justificable para ir más allá de los límites de la experiencia directa. Cuando, además, resulta que el supuesto de que haya un inconsciente nos permite construir un procedimiento exitoso por el cual podamos ejercer una influencia efectiva sobre el transcurso de los procesos conscientes, este éxito nos habrá dado una prueba indiscutible de la existencia de lo que hemos asumido. (1915e, p. 167)

Cuando Freud, en la última frase, se afirma con contundencia a sí mismo como psicoanalista practicante, esto sitúa sus preocupaciones epistemológicas en el contexto de su trabajo analítico y sugiere que su respuesta apela no sólo a la mente del paciente, sino también a la mente del analista que trabaja en colaboración con la del paciente, con el fin de "construir un procedimiento exitoso" que va "más allá de los límites de la experiencia directa" e implica "transformación", "traducción", "interpolación", y "aumento en su significado". Al menos implícitamente, Freud complementa el modelo topográfico que está a punto de describir con otro modelo centrado en la pareja analítica. A este lo voy a llamar modelo *transformacional*, para usar la propia noción de Freud de "transformación"[2] como bosquejó en su artículo, antes de que Bion (1965) y Bollas (1979) la desarrollaran de manera más específica. Como subraya Freud, este modelo de trabajo ha de ser juzgado por la calidad y el éxito del procedimiento psicoanalítico que sustenta.

Un esbozo de caso: buscando el parecido de las representaciones-cosa

Para ilustrar lo que quiero decir cuando me refiero al trabajo psicoanalítico transformacional, condensaré una secuencia extraída de un período que comprende aproximadamente seis meses de análisis, a cuatro sesiones por semana, de un joven (lo llamaré Juan) que no podía soportar la idea de tener relaciones íntimas de ningún tipo. Cuando lo intentaba, se preocupaba inevitablemente porque le daba la impresión de que la otra persona lo podría rechazar y darle de lado o, lo que es peor, dominarlo y encarcelarlo en una relación asfixiante. Podía trabajar, pero la mayor parte de su vida estaba ocupada por sus esfuerzos para calmar su ansiedad, que podía adquirir proporciones extremas, casi al borde de la despersonalización. Confiaba en la ayuda y la comprensión, sólo para verse amargamente decepcionado. La sexualidad era un tema que estaba fuera de los límites. A menudo, su ira y/o el miedo de ser controlado le impedían hablar durante gran parte de la sesión. Cuando hablaba, tendía a referirse a hechos objetivos y a ser repetitivo.

Yo interpretaría, por ejemplo, que: "Para sentirnos juntos usted necesita que yo lo sostenga bien en mi mente, pero luego usted se preocupa de que voy a tomar el control y a influir en usted. Así que cuando usted quiere decirme lo que tiene en su mente, al mismo tiempo tiene miedo de hacerlo". Juan entendió lo que quise decir y estaba agradecido de que yo pudiera pensar en él de esta manera, pero ese trabajo no cambió realmente la dinámica que había entre nosotros. Yo tenía otras dudas sobre este tipo de interpretaciones, ya que, al hablar así, yo estaba de hecho tomando el control, contándole cosas acerca de sí mismo en lugar de dejar que lo descubriera él mismo, o de trabajar codo con codo para descubrirlo juntos. Yo estaba siendo el único que podía mantener a la gente y que tenía la fuerza para hacerlo, mientras que él creía que no podía sostener a nadie, porque proyectaba todas sus capacidades en otras personas. Por otra parte, al intervenir de este modo, yo podía sentirme como si me estuviera entrometiendo, incluso sexualmente, en alguien que tenía unos límites muy frágiles. Del mismo modo, cuando yo interpretaba su resentimiento de los poderes que me atribuía, Juan parecía entender intelectualmente, pero no parecía capaz de poseer su resentimiento, como si él no supiera dónde localizarlo dentro de sí mismo.

Otro problema era que me entraba sueño durante las sesiones. A veces esto se sentía como si yo quisiera extraerme a mí mismo de nuestra tensa relación y, otras veces, como si yo me identificara con la necesidad de Juan de encontrar un lugar seguro donde él pudiera relajarse. Un día, entré en ese estado de ensueño mientras él se quejaba de cómo no podía permitirse el lujo de depender de los demás. Por alguna razón, me vino una imagen de que le estaba dando la vuelta a un calcetín. Yo no podía entender por qué, pero como era todo lo que tenía, y todavía estaba en mi estado medio hipnótico, solté: "Es como darle la vuelta a un calcetín, ¿verdad? Todo lo que estaba dentro termina fuera, y luego te sientes como si estuvieras desparramado por todas partes".

Yo estaba sorprendido y preocupado a la vez, porque él podría haberse tomado esto como si yo le estuviera llamando calcetín sucio, o si me estuviera refiriendo a su recto y protestando contra las proyecciones a las que me estaba sometiendo (y esto podría, de hecho, haber sido uno de los determinantes inconscientes de mi comentario). Pero Juan se echó a reír, no con su risa habitual tensa y a la defensiva, sino más relajado, con una especie de risa nerviosa —un poco como si yo le estuviera haciendo cosquillas—. Y dijo: "Esa idea es un poco rara, pero puedo verle el sentido". Luego, después de un corto silencio, siguió: "Estoy pensando una cosa sobre los calcetines y es que, si le das la vuelta a uno, casi parece el mismo calcetín, aunque si lo miras de cerca, se puede ver la diferencia. "Pensé para mí mismo que esto era una buena idea que él había tenido, que a mí no se me había ocurrido y que añadía un montón de significado a la imagen. Más tarde, pudimos utilizarla para hablar de su sentido de no saber muy bien quién era él.

Durante los meses que siguieron, Juan comunicó ocasionalmente que, a veces, pensaba en la imagen del calcetín. Entonces, un día, cuando yo había interpretado de nuevo su deseo de cercanía y el miedo que sentía ante la misma, dijo: "Sabe?, el otro día estaba pensando de nuevo en la idea del calcetín, y pensé que *puede* ser bueno darle la vuelta a un calcetín, cuando quieres doblar un par de calcetines para ponerlos juntos y guardarlos en un cajón. Le das la vuelta a uno de los calcetines de adentro hacia afuera para que estén juntos". No podría haber habido una mejor manera de describir el hecho de sostener, y de ser capaz de sostener a alguien, con un contacto bueno y seguro piel con piel, unidos muy de cerca, pero bien diferenciados.

Fue después de este episodio cuando se volvió más autorreflexivo, más capaz de sostenerse a sí mismo en su propia mente para pensar en sí mismo, y en su propio lugar dentro de sus relaciones. También comenzó a utilizar imágenes más evocadoras de sí mismo. No pasó mucho tiempo antes de que se arriesgara a quedar con alguien, algo que hacía mucho que no pasaba.

Tal vez lo que había sucedido era que yo había capturado algo inconscientemente sobre su necesidad de contacto seguro y diferenciado piel-con-piel como un punto de partida para sentirse en contacto consigo mismo, pero para el que yo no había encontrado hasta entonces una imagen (una "representación-cosa")[3] que pudiera expresar con palabras. En lugar de eso, me vi reducido a darle a algo interpretaciones intelectuales, sobre la base de nuestra relación y en mi teoría psicoanalítica, pero también demasiado alejado de su experiencia para permitirle hacer la conexión. En mi estado de ensueño, me parece que conseguí un mejor vínculo preconsciente entre mi teoría y su experiencia, expresada en la imagen del calcetín. Él fue capaz de utilizar esto para capturar incluso otros aspectos de su experiencia inconsciente, de una manera más interesante y creativa. Algo inconsciente era transformado, primero en una "representación-cosa" que hasta ahora había faltado, luego en una red de "representaciones-cosa", y, en última instancia, a través de una vinculación con "representaciones-palabra", en una estructura significativa. No estoy diciendo que esto sustituyera a la labor interpretativa, pero sí creo que aportó más contenido y significado a todo.

Posibilidades y escollos de la explicación psicoanalítica

Volviendo ahora al artículo de Freud, aunque el resto de su Parte I podría leerse como una discusión abstracta del estado científico y filosófico del concepto de actividad mental inconsciente, se vuelve algo más animado si seguimos imaginando a Freud en su trabajo, tratando de precisar cómo puede entender él a su paciente, o no hacerlo.

Podemos tomar este estilo retórico típico de discutir con detractores imaginarios para expresar sus propios debates internos acerca de las posibilidades y dificultades de la explicación analítica. Vale la pena seguir su argumento cuidado y detallado, que nos guía hacia la esencia de la posición psicoanalítica.

El primer escollo es el conocimiento extraanalítico. El problema de los "recuerdos latentes" le permite argumentar que no vendría al caso explicarlos a través de "procesos somáticos", y que un "proceso *psíquico*" debe entenderse en sus propios términos (1915e, p. 167). El intento de equiparar lo "psíquico" con lo "consciente" y lo "latente" con lo "somático" sólo puede ser una "convención" artificial (p. 167) que conduce a un callejón sin salida:

> Interrumpe las continuidades psíquicas, nos sumerge en las dificultades insolubles del paralelismo psico-físico, está abierto al reproche que, sin motivo aparente, sobreestima el papel desempeñado por la conciencia y que nos obliga a abandonar prematuramente el campo de la investigación psicológica, sin llegar a ser capaces de ofrecer ninguna compensación desde otros campos. (1915e, p. 168)

Dicho de otro modo, la búsqueda de la explicación a través del conocimiento extraanalítico puede llevar al analista a "abandonar el campo" de la relación analítica por sobreestimar la explicación consciente y, por lo tanto, echar en falta otras "continuidades psíquicas". Asigna al paciente y al analista a mundos paralelos que no se cruzan. Freud continúa, acerca de "los estados latentes de la vida mental":

> Por lo tanto, seríamos prudentes si centráramos nuestra atención en lo que sabemos con certeza sobre la naturaleza de estos estados discutibles. En cuanto a sus características físicas se refiere, son totalmente inaccesibles para nosotros [...] Por otra parte, sabemos con certeza que tienen abundantes puntos de contacto con los procesos mentales conscientes; con la ayuda de una cierta cantidad de trabajo pueden transformarse en procesos mentales conscientes, o ser sustituidos por ellos [...] (1915e, p. 168)

Existen "puntos de contacto" entre lo inconsciente y lo consciente y, consecuentemente, también en la lectura que propongo aquí, entre paciente y analista. Hay que tener en cuenta que Freud repite los temas de la transformación y del "trabajo". Esto se debe a que los "puntos de contacto" no pueden encontrarse *directamente* en la conciencia: imaginar que pudieran estar allí sería el segundo escollo. Él comienza con la "identificación", en el sentido de inferir que los demás son como nosotros:

> La hipótesis de un inconsciente es [...] perfectamente *legítima*, en tanto en cuanto al postularlo, no nos estamos alejando ni un solo paso de nuestro modo habitual y generalmente aceptado de pensamiento [...] sin ninguna reflexión especial atribuimos a todo el mundo nuestra propia constitución y, por lo tanto, nuestra conciencia también, y [...] esta identificación es una *condición sine qua non* de nuestra explicación. (1915e, p. 169)

Su análisis del animismo le permite advertirnos acerca de los límites de este tipo de "identificación" irreflexiva con el paciente, que puede ser proyectiva y no ofrece ninguna base segura:

> [...] incluso cuando la inclinación original hacia la identificación ha resistido las críticas, es decir, cuando los "otros" son nuestros compañeros, el hecho de suponer la existencia de una conciencia en ellos se basa en una inferencia y no puede compartir la certeza inmediata que tenemos de nuestra propia conciencia. (1915e, p. 169)

Por otra parte, dice Freud, la certeza de nuestra propia conciencia es una ilusión:

> El psicoanálisis exige [...] que debamos aplicar este proceso de inferencia también a nosotros mismos, un procedimiento hacia el cual [...] no estamos inclinados constitucionalmente. Si hacemos esto, debemos decir: todos los actos y las manifestaciones que noto en mí mismo y que no sé cómo enlazar con el resto de mi vida mental deben ser juzgados como si pertenecieran a otra persona: deben explicarse a través de una vida mental atribuida a esta otra persona. (1915e, p. 169)

Si esto está en el contexto del trabajo psicoanalítico, entonces esta otra persona "no es el paciente, por supuesto, sino nuestra reacción interna ante el paciente, que no sabemos cómo enlazar con el resto de [nuestra] vida mental" y que, por otra parte, no estamos muy dispuestos a investigar:

Además, la experiencia demuestra que entendemos muy bien cómo interpretar en otras personas (es decir, cómo encajar en su cadena de acontecimientos mentales) los mismos actos que nos negamos a reconocer como algo mental en nosotros mismos. Aquí hay algunos obstáculos especiales que, evidentemente, desvían nuestras investigaciones de nuestro propio ser y nos impiden obtener un verdadero conocimiento de ello. (1915e, pp. 169–170)

Freud demuestra entonces con elegancia que cualquier intento de eludir este "obstáculo" tratando de entender a la "otra persona" en nosotros mismos en lo que se refiere a la conciencia llevaría a un callejón sin salida, ya sea a través de la paradoja de "una *conciencia* inconsciente" (p. 170), o a través de una regresión infinita de "un número ilimitado de estados de conciencia, todos ellos desconocidos para nosotros y desconocidos entre sí" (p. 170). Lo que tenemos que hacer es admitir que nuestra reacción realmente es "ajena", no sólo porque llega en respuesta al paciente, sino debido a que tiene

> [...] características y peculiaridades que parecen ajenas a nosotros, o incluso increíbles, y que se ejecutan directamente de forma contraria a los atributos de la conciencia con la que estamos familiarizados. Así pues, tenemos motivos para modificar nuestra inferencia acerca de nosotros mismos y decir que lo que se demuestra no es la existencia de una segunda conciencia en nosotros, sino la existencia de actos psíquicos que carecen de conciencia. (1915e, p. 170)

Es en estos "actos psíquicos que carecen de conciencia" donde se podrán encontrar los "puntos de contacto", que están en funcionamiento tanto en el analista como en el paciente, pero que pueden "transformarse" en conscientes. La "identificación" verdaderamente psicoanalítica comienza en este nivel. En referencia a Kant, Freud nos asegura que es posible trabajar en esta zona ("más allá de [...] la experiencia directa"), pero advierte que requiere que adaptemos nuestras nociones de realidad:

> [...] el psicoanálisis nos advierte que no equiparemos las percepciones por medio de la conciencia con los procesos mentales inconscientes que son su objeto. Al igual que lo físico, lo psíquico no es necesariamente en realidad lo que nos parece ser. (p. 171)

Esto, según creo, es la realidad extraña y sorprendente a la que me vi arrojado cuando me encontré soñando con calcetines mientras escucha lo que decía Juan.

Entrando en una realidad diferente

En la parte II, Freud vuelve a su joya, "El punto de vista topográfico". Él lo resume en tres pasos rápidos. En primer lugar, aclara la diferencia que hay entre los sentidos "descriptivos" y "sistemáticos" de losa términos "consciente" e "inconsciente", los procesos inconscientes en este último sentido se destacan "en el contraste más crudo" de los conscientes (pp. 172–173). A continuación, formaliza esto en su explicación de los tres "sistemas" Icc., Prcc. y Cc., que están separados por una "censura" entre cada sistema (pp. 172–173). El tercer paso, que es la inserción de los tres sistemas en una *topografía* psíquica metafórica (p. 173), es tan familiar para nosotros que parece algo natural, aunque no sea, lógicamente, requerido por la diferenciación de los tres "sistemas". De hecho, este paso no le parece evidente por sí mismo a Freud, quien inmediatamente se plantea una objeción, expresada en forma de "duda" acerca de la "trasposición" entre los sistemas:

> Cuando un acto psíquico (limitémonos aquí al que está en la naturaleza de una idea) es traspuesto desde el sistema *Icc.* al sistema *Cc.* (o *Prcc.*), ¿tenemos que suponer que esta trasposición implica un nuevo registro —por decirlo así, un segundo registro— de la idea en cuestión, que por lo tanto puede situarse así en una nueva localidad psíquica, y al lado de la cual sigue existiendo el registro inconsciente original? ¿O tenemos que creer más bien que la trasposición consiste en un cambio en el estado de la idea, un cambio en el que participa el mismo material y que se produce en la misma localidad? Esta pregunta puede parecer algo abstrusa, pero debe plantearse si queremos formar una concepción más clara de la topografía psíquica, de la dimensión de profundidad en la mente. (1915e, p. 174)

Lo que Freud reconoce en esta objeción es que un "acto psíquico" puede pertenecer a dos "sistemas" psíquicos diferentes, sin que sea necesario que esté en dos "localidades" diferentes; un "sistema" puede ser completamente definido por la relación "funcional" (p. 175) que existe entre sus componentes. Un lenguaje puede ser utilizado para contar un cuento popular, por ejemplo, pero no pensaríamos que estas dos estructuras se encuentran en una relación espacial. El argumento más convincente de Freud a favor de la hipótesis topográfica es que

> [...] la posibilidad de que una idea pueda existir simultáneamente en dos lugares del aparato mental; es decir, que si no está inhibida por la censura, avanza habitualmente desde una posición a la otra, posiblemente sin perder su primera ubicación o registro. (p. 175)

Sin embargo, esto podría también entenderse en términos funcionales: una "idea" inconsciente podría quedar sin cambios y, sin embargo, encontrar una expresión siempre cambiante ("segundo registro") en los sueños, las ensoñaciones y las relaciones de objeto, al igual que un cuento popular puede encontrar su expresión en historias, imágenes, o en la danza.[4] Vale la pena hacer un análisis exhaustivo a otro argumento clave de Freud, ya que está tanto a favor de una hipótesis transformacional como de una topográfica:

> Si le comunicamos a un paciente alguna idea que haya reprimido en alguna ocasión, pero que hemos descubierto en él, el hecho de que se lo digamos en primer lugar no produce ningún cambio en su estado mental. Por encima de todo, no elimina la represión ni deshace sus efectos [...] Por el contrario, lo único que vamos a lograr en primer lugar será un nuevo rechazo de la idea reprimida. Pero ahora el paciente tiene, en realidad, la misma idea en dos formas en diferentes lugares de su aparato mental: en primer lugar, él tiene la memoria consciente de la huella auditiva de la idea, transmitida en lo que le hemos dicho; y, en segundo lugar, también tiene —como sabemos a ciencia cierta— la memoria inconsciente de su experiencia tal y como estaba en su forma anterior. En realidad, no existe un levantamiento de la represión hasta que la idea consciente, después de que se hayan superado las resistencias, haya entrado en relación con la huella mnémica inconsciente. Es sólo a través de la toma de conciencia de esta última como se consigue el éxito. Si consideramos esto de manera superficial, parecería venir a demostrar que las ideas conscientes e inconscientes son registros distintos del mismo contenido, aunque separados topográficamente. Pero un momento de reflexión muestra que la identidad de la información

proporcionada al paciente con su memoria reprimida es sólo aparente. Haber escuchado algo y haber experimentado algo son, en su carácter psicológico, dos cosas muy diferentes, a pesar de que el contenido de ambas sea el mismo. (1915e, pp. 175–176)

Lo que Freud está afirmando es que mientras que el "contenido" de las dos ideas puede *parecer* lo mismo, de hecho, "la identidad de la información *proporcionada* al paciente con su memoria reprimida es sólo aparente" (la cursiva es mía); dicho de otro modo, la "idea consciente" mantiene la idea del *analista* a menos que "haya entrado en conexión con la huella mnémica inconsciente [*del paciente*]". El analista debe encontrar una forma de trabajar de un modo en que *su* "idea" se base en "la memoria inconsciente" *del paciente* de su experiencia, y la exprese, […] en su forma anterior". Si propone una "idea" intelectual que esté demasiado lejos de la experiencia del paciente, podría incluso provocar "un nuevo rechazo". ¡La opinión de Freud de que "haber oído algo y haber experimentado algo son, por su propio carácter, dos cosas muy diferentes" es tan válida para el analista como para el paciente! Así pues, el desafío para el analista consiste en ver la forma en la que entrar en este ámbito de la experiencia del paciente con el fin de encontrar las imágenes y las palabras para expresarlo. Esto, como ya hemos sugerido, requiere la participación de lo inconsciente del analista.

Podríamos, tal vez, detectar otra de las razones para el uso que hace Freud de una metáfora espacial, además de su deseo de ayudarnos con "ilustraciones gráficas" (p. 175). Aunque sus antecedentes neurológicos podrían haber desempeñado un papel, él insiste en que su "topografía psíquica no tiene *por el momento* nada que ver con la anatomía" (p. 175). Las metáforas espaciales y/o temporales abundan en su obra: las partes de un instrumento óptico, las diferentes habitaciones, los descubrimientos arqueológicos, la prehistoria, el mito de la Biblia. Me da la impresión de que son su forma de transmitir un sentido de explorar una realidad diferente. Su frase evocadora "la dimensión de profundidad en la mente" (p. 174)[5] hace esto con su imagen sugestiva de sumergirse en una dimensión insondable. En efecto, puede entenderse como que se refiere a una representación topográfica estratificada de la psique que va desde lo Cc. más superficial a lo Icc. más profundo., pero también puede entenderse —sin llegar a contradecir el modelo topográfico— como una representación de la vida mental inconsciente como un *espacio* imaginario y no sólo como una serie de "localidades". La

metáfora de Freud de una "dimensión" extra evoca la realidad "ajena
[...] o incluso increíble" en la que paciente y analista deben profundizar
con el fin de llegar a su "punto de contacto", algo comparable al infra-
mundo mítico o las exploraciones de las profundidades oceánicas: un
vasto espacio, apenas percibido, poblado por criaturas extrañas poco
familiares, tal vez misteriosas, tal vez sorprendentemente hermosas.
Así es el espacio psicoanalítico, que se destaca "en el contraste más
tosco" con el espacio ordinario de la sala de consulta.

Describiendo el espacio psicoanalítico

Podemos, por tanto, leer la excelente descripción de Freud del modelo
topográfico, en las partes III y VI de "Lo inconsciente", como algo que
es igualmente una descripción del espacio psicoanalítico en el que la
pareja analítica debe trabajar. Sigue siendo válida hoy en día, a pesar de
la terminología prohibitivamente abstracta (que yo no usaría normalmente) de su metapsicología de 1915.

En la parte III, "Emociones inconscientes", Freud renuncia a su anterior limitación provisional de un "acto psíquico" para una "idea",[6] con
el fin de hacer frente al estado de afecto. Para ello, lo primero que hace
es establecer su conocida distinción entre un instinto y su representante
psíquico:

> Un instinto nunca puede convertirse en un objeto de la concien-
> cia, sólo puede hacerlo la idea que representa al instinto. Incluso
> en lo inconsciente [...] un instinto no puede representarse de otra
> manera que no sea mediante una idea. Si el instinto no se adhiere
> a una idea o no se manifiesta como un estado afectivo, no podría-
> mos saber nada al respecto. Sin embargo, cuando hablamos de un
> impulso pulsional inconsciente o de un impulso pulsional repri-
> mido [...] sólo podemos referirnos a un impulso instintivo cuyo
> representante ideacional es inconsciente [...] (1915e, p. 177)

La clave, por supuesto, está en la frase "o *se manifiesta como un estado
afectivo*" (la cursiva es nuestra): los estados afectivos *también* son «actos
psíquicos perceptibles» que funcionan como representantes de los instintos. Freud ahora pasa a describir cómo los afectos pueden entenderse
como el resultado de un "*desarrollo*" más o menos ventajoso (p. 178, la
cursiva es nuestra) en el que, en los casos más favorables, el "factor

cuantitativo en el impulso instintivo" (p. 178) llega a la conciencia a través de su vinculación con las representaciones. Este "desarrollo" puede ser falible o incompleto, con otras "vicisitudes" más (p. 178):

- el "impulso afectivo o emocional" puede ser "percibido pero mal interpretado" al quedar "conectado con otra idea" (pp. 177–178);
- en el otro extremo, si el "factor cuantitativo en el impulso instintivo" pierde todos los enlaces con la representación, puede ser "suprimido" completamente o quedar "transformado en [...] ansiedad" (p. 178);
- entre estos extremos, "en los que la represión ha tenido éxito [parcialmente] a la hora de inhibir el desarrollo de los afectos", son restringidos a un "principio potencial" inconsciente (p. 178, la interpolación es nuestra).

Estas "estructuras afectivas" o "principios posibles" que están poco desarrollados en el sistema *Icc.* empujan a la conciencia como si fueran "procesos de descarga" (p. 178):

> Toda la diferencia surge del hecho de que las ideas son investiduras —fundamentalmente de huellas mnémicas— mientras que los afectos y sentimientos se corresponden con procesos de descarga, cuyas manifestaciones finales se perciben como sensaciones. (p. 178)

En la actualidad, nos gustaría añadir que las "huellas mnémicas" igualmente podrían no encontrar representaciones y, por lo tanto, permanecer no disponibles para el desarrollo de estructuras afectivas; además, propondríamos que los mecanismos de defensa que no sean la represión, tales como la división y la negación, así como las circunstancias del desarrollo, tales como el trauma, pueden obstaculizar la representación. Sin embargo, las implicaciones de la descripción que hace Freud del trabajo psicoanalítico son claras: el analista debe ayudar al paciente a encontrar las representaciones adecuadas ("ideas") para los instintos (así como para las huellas mnémicas) o hacer que evolucionen. Sólo esto facilitará la "lucha constante por la primacía sobre la afectividad [...] entre los dos sistemas *Cc.* e *Icc*" (p. 179).

Una de las razones por las que esto puede ser tan difícil se vuelve más evidente en la parte IV, "Topografía y dinámica de la represión", en la que Freud introduce el punto de vista *económico* (p. 181) de su metapsicología. Las ideas reprimidas (y presumiblemente también las "estructuras afectivas" escasamente dearrolladas) que han "quedado investidas" o que [han] recibido una investidura de lo *Icc.*, constantemente "renuevan el intento de penetrar en el sistema *Icc.*" (p. 180). Se ven contrarrestadas por "una *contrainvestidura,* por medio de la cual el sistema *Prcc.* se protege de la presión que ejerce sobre él la idea inconsciente" (p. 181). Ello implica que lo *Prcc.* reacciona como si estuviera en peligro de perturbación por aquello que surge de lo *Icc.*, a pesar del hecho de que la investidura "(pre)consciente [perteneciente] al sistema *Prcc.*" (p. 180) se necesita para sostener la "idea" (o la "estructura afectiva") en la mente y trabajar con ella.

El saldo resultante y la interacción que existe entre lo *Icc.* y lo *Prcc.* obligan a Freud a formular el punto de vista económico que "se esfuerza por llevar a cabo las vicisitudes de cantidades de excitación y a llegar por lo menos a alguna estimación *relativa* de su magnitud" (p. 181). En pocas palabras, lo que esto significa para el trabajo analítico es que el analista puede sentirse perturbado, amenazado o abrumado por las representaciones y/o estados afectivos derivados de su identificación inconsciente con el paciente, y de modo inconsciente o preconscientemente defenderse contra ellos mediante la represión (u otros mecanismos de defensa).

Freud tendrá más que decir acerca de las características específicas de los tres "sistemas" en las tres últimas partes de su artículo, pero por ahora ya estamos habilitados para traducir los tres puntos de vista metapsicológicos en cuanto a la posición del analista en el espacio analítico. Los reformularé como las tres preguntas que yo me imaginaba que Freud se preguntaba a sí mismo al principio de mi capítulo:

- *El punto de vista dinámico*: ¿Cuáles son los movimientos psíquicos (los instintos y sus destinos) que están en funcionamiento en este momento de la sesión? (¿Qué está pasando aquí?)
- *El punto de vista topográfico*: ¿Cómo se viven y/o se expresan estos movimientos (por parte de mi paciente y/o por mi parte), es decir, a través de qué tipo de (o falta de) "actos físicos" representacionales o afectivos? (¿Cómo se puede entender esto?)
- *El punto de vista económico*: ¿Cómo me afectan o quizá me perturban estos "actos psíquicos"? y ¿cómo puede influir esto en mi participación en su "desarrollo" más o menos favorable? (¿Cómo estoy yo implicado?)

Por ejemplo, mi propia sensación de estar amenazado por la necesidad que tiene Juan de cercanía podría haberme llevado a quedarme un poco demasiado distante e intelectual en mi trabajo interpretativo. Parte de la amenaza podría haberse debido a mi propia incapacidad para representar su necesidad, lo que me daba la sensación de que se estaba metiendo bajo mi piel porque yo no era totalmente capaz de pensar en él. Mi imagen de darle la vuelta al calcetín podría haber sido mi manera de devolverlo hacia afuera, tanto como una primera representación del problema, que fuimos progresivamente capaces de utilizar para permitir el "desarrollo" más favorable de su "potencial comienzo" inconsciente.

Recursos psicoanalíticos en el espacio psicoanalítico

Afortunadamente, el espacio psicoanalítico cuenta con recursos específicos que nos ayudan en nuestra tarea. Freud recurre a ellos en las partes V y VI.

Para empezar, su descripción de "*proceso psíquico primario*" (p. 186) en la parte V, "Las características especiales del sistema *Icc.*", nos recuerda que, debido a lo *Icc.* las "intensidades de investidura [...] son mucho más móviles", lo que permite el "*desplazamiento*" y la "*condensación*" (p. 186), son creativas, como en el humor (p. 186). Su "*sustitución de la realidad exterior por la realidad psíquica*" (p. 187) puede hacer de ellos un precioso espacio de juego al que podemos acceder "en las condiciones del sueño [...] cuando los procesos del sistema superior, lo *Prcc.*, se apartan a una etapa anterior al ser bajados (por regresión)" (p. 187). Por lo tanto, el analista puede captar, preconscientemente, algo de este recurso creativo a través de la regresión formal, en el encuadre analítico.

En referencia a la diferenciación que hace Breuer entre "estados de energía investida" "libremente móvil" y "tónicamente" "ligado" (p. 188), Freud describe cómo el "sistema *Prcc.*" puede aferrarse por un momento, por así decirlo, a los representantes pulsionales a través de "una inhibición de la tendencia [de ellos] [...] hacia la descarga", y, por lo tanto, "hacen posible la comunicación entre los diferentes contenidos ideacionales de modo que puedan influirse mutuamente" (p. 188). Por lo tanto, "el sistema *Icc.* opera [...] como una etapa preliminar de la organización superior" (p. 189).

Esta interacción creativa y elaborativa entre los sistemas de lo *Cc.* y lo *Icc.* queda aún más subrayada en la parte VI: "Comunicación entre los dos sistemas":

[…] lo *Icc.* está vivo y es capaz de desarrollarse y de mantener una serie de relaciones diferentes con lo *Prcc.*, entre ellas la de cooperación. En resumen, hay que decir que lo *Icc.* se continúa en lo que se conoce como los derivados, que es accesible a las impresiones de la vida, que influye constantemente en lo *Prcc.* y está incluso, por su parte, sometido a las influencias de lo *Prcc.* (1915*e*, p. 190)

Freud tiene cuidado a la hora de mostrar los límites de esta cooperación, al señalar que "para cada transición de un sistema al que está inmediatamente por encima de él (es decir, cada avance a una etapa superior de la organización psíquica) le corresponde una nueva censura" (p. 192), y que hay defensas del yo inconscientes que forman "la antítesis funcional más potente a lo reprimido" (pp. 192–193). La supervisión, la intervisión y el autoanálisis revelan lo dolorosamente ciertas que son estas limitaciones de nuestro propio funcionamiento analítico.

Sin embargo, la base del análisis de Freud es que, mediante la explotación de la interacción de las fuerzas psíquicas, el análisis puede superar estos obstáculos, al menos hasta cierto punto, y permitir que lo *Prcc.* se vincule con los derivados provenientes de lo *Icc.* en estados "superiores" de "organización psíquica". Freud repite esta importante idea acerca de la función integradora del trabajo psíquico como un aspecto integrado del modelo topográfico cuando escribe que "la toma de conciencia no es un mero acto de percepción, sino que se trata también, probablemente, de una *hiperinvestidura*, un nuevo avance en la organización psíquica" (p. 194).

Para que no nos quede ninguna duda sobre el papel del analista en este proceso de ayudar al paciente a superar la "censura" y otros obstáculos para "seguir avanzando en la organización psíquica", es en este punto donde Freud, después de afirmar que lo *Icc.* está "afectado por las experiencias que se originan a partir de la percepción externa" (p. 194), hace su conocida observación acerca de la comunicación inconsciente:

> Es un hecho muy notable que lo *Icc.* de un ser humano puede reaccionar con respecto a lo de otro, sin pasar por lo *Cc.* Esto merece una investigación más detallada, sobre todo con vistas a averiguar si la actividad preconsciente se puede excluir como desempeñando una parte en ella. Sin embargo, desde el punto de vista descriptivo, el hecho es incuestionable. (p. 194)

Aunque Freud no va tan lejos, es justo precisar la implicación obvia de esta afirmación, que es que lo *Icc.* del analista reaccionará ante lo *Icc.* del paciente sin necesidad de que "pase a través de" lo *Cc.* del analista. Lo contrario, por supuesto, es igualmente cierto. Esto, según creo, es el "punto de contacto" último. Esto significa que una de las rutas para la elaboración del psicoanálisis es a través de la receptividad del analista ante la comunicación inconsciente o la identificación con "derivados" que se originan en lo *Icc.* del paciente, seguido por su "hiperinvestidura" preconsciente y la integración en la colaboración analítica.

Esta hipótesis daría mucha fuerza a la descripción que hace Freud de cómo el funcionamiento mental patológico puede cambiarse en el análisis, en los últimos párrafos de la parte VI. En referencia a los sistemas *Prcc.* (o *Cc.*) e *Icc.*, escribe:

> Un estado de enfermedad se caracteriza, sobre todo, por una completa divergencia de sus tendencias, una ruptura total de los dos sistemas. Sin embargo, el tratamiento psicoanalítico se basa en una influencia de lo *Icc.* desde la dirección de lo *Cc.* y, en cualquier caso, muestra que esto, aunque se trate de una tarea laboriosa, no es imposible. Los derivados de lo *Icc.* que actúan como intermediarios entre los dos sistemas abren el camino, como ya hemos dicho, para que esto pueda lograrse. (1915e, p. 194)

Al recordar su análisis de las interpretaciones fallidas en la parte II (pp. 175–176), ahora podemos ver que cuando "la experiencia del paciente […] en su forma anterior" y "la idea consciente" permanecen "en dos formas en diferentes lugares" (p. 175), esto es debido a que los "derivados de lo *Icc.*" no han sido suficientemente habilitados para "actuar como intermediarios" y para "abrir el camino" (p. 194). La hipótesis transformacional es que esta "manera" tendría que ser a través de la psique del *analista*, trabajando en colaboración con la del paciente y siempre que las resistencias del analista (su "censura") contra la aparición de los derivados *Icc.* en su *Prcc.* sean menos fuertes que las del paciente. Entonces, el analista podría ser capaz de encontrar representaciones para los derivados *Icc.* del paciente que, en algún momento, lo *Prcc.* del paciente puede utilizar. Esta puede ser la "situación" a la que Freud hace referencia en su siguiente párrafo:

> Puede producirse una cooperación entre una moción preconsciente y una inconsciente, incluso aunque esta última esté intensamente

reprimida, si se da una situación en la que la moción inconsciente puede actuar en el mismo sentido que una de las tendencias dominantes. La represión se elimina en este caso y la actividad reprimida se admite como refuerzo de la que se encuentra en la intención del yo. Lo inconsciente se vuelve acorde con el yo en relación con esta conjunción única, sin que se produzca ningún cambio en esta represión que no sea éste. En esta cooperación, la influencia de lo *Icc.* resulta inconfundible y las tendencias reforzadas se revelan a sí mismas como algo que se comporta sin embargo, de manera muy distinta a lo normal. Hacen que sea posible un funcionamiento específicamente perfecto y evidencian una resistencia frente a la oposición que es semejante a la ofrecida, por ejemplo, por los síntomas obsesivos (1915*e*, pp. 194–195)

Creo que en la última frase, Freud podría estar refiriéndose a los momentos de gracia que se dan en el funcionamiento mental, como en el humor o la creación artística, o en la colaboración analítica, como en momentos "¡ajá!" de penetración en alguna importante verdad *Icc.* Serían necesarios muchos de estos pequeños momentos para lograr la integración y el cambio real. Esperamos que esta comparación con la "resistencia frente a la oposición [...] ofrecida [...] por los síntomas obsesivos" sea para contrastar esos nuevos avances con la anterior rigidez patológica, pero, con su sutileza habitual, él también podría estar apuntando hacia la profunda ambigüedad de la vida mental, y del trabajo analítico. Lo que se presenta como una visión en un momento dado podría llegar a estar a la defensiva en el próximo; lo que puede parecer una percepción de la verdad psíquica podría estar peligrosamente cerca de lo ilusorio. Por mucho cuidado que tengamos, y como me ocurría a mí con Juan, hay momentos del trabajo interpretativo en el que uno tiene que decir algo que parece una locura, pero que resulta ser algo útil; en otros momentos, llegamos a reconocer que no estábamos, después de todo, en contacto con lo inconsciente del paciente, sino extraviados en nuestras propias defensas. Nunca lo sabremos con seguridad: sólo lo dirá el progreso del paciente a lo largo del tiempo.

Palabras, cosas, objetos y símbolos: el eslabón perdido

Esta incursión momentánea en la locura podría no resultar inapropiada para el último tramo de nuestra caminata a través del paisaje freudiano, a veces crudo y a veces hermoso, de la parte VII, "Evaluación de lo inconsciente".[7] Aquí, Freud completa un eslabón perdido entre lo *Prcc.* y lo *Icc.* en el modelo topográfico, y nos proporciona una pista acerca de cómo rellenar el eslabón perdido que corresponde, entre paciente y analista, dentro del modelo transformacional.

Aunque hoy en día muchos analistas estarían en desacuerdo con determinados aspectos de las descripciones que hace Freud de la psicosis y el narcisismo, muchos también encontrarían un valor perdurable en su sensata observación de que, en la neurosis, la "investidura-objeto persiste en el sistema *Icc.*" (p. 196), mientras que otros pacientes (psicóticos, narcisistas o de otro tipo) pueden sufrir terriblemente "una condición primitiva sin objeto" (p. 197); no, como diríamos actualmente, porque falte la investidura-objeto, sino debido a que no ha sido ligado a las representaciones integradas del ser y del objeto.

De hecho, la observación aún más profunda de Freud, de que en estas se afirma que "una gran cantidad se expresa como algo que es consciente", pero que "para empezar, nosotros no [somos] capaces de establecer ninguna conexión inteligible entre la relación del objeto-yo y las relaciones de la conciencia" (p. 197), sigue siendo muy relevante. Falta algo que sería necesario para "establecer [una] relación inteligible" entre la experiencia consciente del paciente y la dinámica de la "relación objeto-yo". Sin este vínculo, la experiencia consciente y los derivados inconscientes no pueden encontrar su lugar en una "organización superior" común (es decir, representaciones del ser y del objeto) que pueda darles significado en las mentes tanto del paciente como del analista; es decir, no pueden ser "identificados", por utilizar esta traducción de la palabra *Agnoszieren* empleada por Freud.[8] En tales situaciones, más que nunca, es el analista quien debe trabajar para facilitar el eslabón perdido.

El relato que hace Freud del caso de la joven paciente de Víctor Tausk "que fue llevada a la clínica después de una pelea con su amante" (pp. 197–198) demuestra, si escuchamos lo que ella tiene que decir con un oído para la transferencia, que su dificultad tiene que ver con un fracaso a la hora de encontrar una posición diferenciada en la relación de objeto:

> [Ella] se quejaba de que *sus ojos no estaban derechos, estaban torcidos.* Esto lo explicaba ella misma adelantando una serie de reproches contra su amante en un lenguaje coherente. "No podía entenderlo

en absoluto, él parecía diferente cada vez; él era un hipócrita, un retorcedor de ojos, él le había retorcido los ojos a ella; ahora ella tenía los ojos torcidos; ya no eran sus ojos; ahora ella veía el mundo con otros ojos". (1915e, p. 198)

Ella está diciendo que su mente no funciona y que no puede identificar a Tausk como individuo (sus ojos no están derechos, él le parece a ella alguien diferente cada vez); después de la identificación proyectiva de su perturbación en él, es él quien se convierte en un retorcedor de ojos que retuerce sus ojos, para que ella no pueda ver. Como resultado de esta confusión, ella experimenta sus impulsos y actitudes como algo que está controlado por él: "Ella estaba de pie en la iglesia. De repente sintió un tirón; ella tuvo que *cambiar su posición, como si alguien la estuviera colocando en una posición* [...]" (p. 198).

El trabajo analítico (al igual que cualquier relación de objeto) se experimenta, por lo tanto, como una amenaza a la identidad:

> Él era vulgar, él la había hecho a ella vulgar, también, aunque ella fuera refinada por naturaleza. Él la había hecho como él, al hacerla creer que él era superior a ella; ahora ella se había vuelto como él, porque ella pensaba que sería mejor si ella fuera como él. Él había *dado una falsa impresión de su posición*; ahora ella era como él (por identificación), "él la había puesto a ella *en una posición falsa*". (1915e, p. 198)

En las situaciones en las que la diferenciación sujeto-objeto (es decir, ser-objeto) y las representaciones del ser y del objeto no se han establecido, las palabras sólo pueden representar objetos parciales, flotando en un espacio psíquico indiferenciado. Lo que Freud llama "habla-órgano" (pp. 198–199) es lo que llamaríamos hoy "ecuaciones simbólicas" (Segal, 1957). Al igual que con mi paciente Juan, se necesita un trabajo extenso y cuidadoso para establecer la diferenciación ser-objeto, que es la condición previa para un espacio simbólico en el que sujeto y el objeto pueden trabajar codo con codo para encontrar sensaciones, imágenes y palabras para las experiencias que surgen en la relación analítica. Este trabajo se lleva a cabo en un nivel en el que las representaciones y las "estructuras afectivas" aún no están disponibles. Es tarea del analista profundizar en su experiencia preconsciente, informado por los derivados inconscientes que surgen en el "punto de contacto" con el paciente, con el fin de encontrar representantes de los "instintos" y las "huellas mnémicas" que el paciente podría ser capaz de utilizar. Lo contrario es igualmente cierto: que este proceso de encontrar representantes significativos forma parte del establecimiento progresivo de la diferenciación sujeto-objeto.

Freud habla de tales perturbaciones en lo que respecta a su distinción fundamental entre "representaciones-palabra" y "representaciones-cosa"[9]. Su argumento es que:

> Si nos preguntamos qué es lo que le da el carácter de extrañeza […], nosotros […] nos damos cuenta de que es el predominio de lo que tiene que ver con las palabras más que de lo que tiene que ver con las cosas […] Si ahora ponemos este hallazgo junto a la hipótesis de que, en la esquizofrenia, las investiduras de objeto se han dado por vencidas, nos veremos obligados a modificar la hipótesis añadiendo que se conserva la investidura de las representaciones-palabra de los objetos. Lo que hemos llamado permisiblemente la representación del objeto ahora se puede dividir en la representación de la *palabra* y en la representación de la *cosa*; esto último consiste en la investidura, si no de las imágenes de la memoria directa de la cosa, al menos de las huellas mnémicas más remotas derivados de éstas. (1915e, pp. 200–201)

En lo que nos diferenciaríamos de su análisis en la actualidad es en que las "investiduras-objeto" no se han "rendido", sino que la diferenciación sujeto-objeto no ha tenido éxito, y entonces las "representaciones-cosa" (o las "representaciones-objeto") no se han desarrollado de forma segura. Se trata de esto, y no de una retirada de la investidura de los objetos o las "cosas", lo que conduce a la "predominancia *aparente* de las […] palabras". Como se ha tratado anteriormente, la dificultad del trabajo analítico transformacional en este nivel consiste en ayudar al paciente a encontrar "representaciones-cosa" para las "huellas mnémicas más remotas" de las relaciones de objeto, en un nivel en el que las "imágenes mnémicas directas" no están disponibles. A mi juicio, estas consideraciones no desvirtúan la diferenciación que hace Freud de "representaciones-cosa" frente a "representaciones-palabra". Por el contrario, confirman su valor duradero para la comprensión de los estados psicótico y narcisista profundamente perturbados.

Estos conceptos le proporcionan a Freud la clave final para la solución de su "duda" sobre si el paso del "sistema *Icc.*" al "sistema *Prcc.*" debe explicarse como "un segundo registro" o como "un cambio en el estado de la idea" (p. 174). Es una combinación de ambos:

> Nosotros ahora [...] sabemos [...] cuál es la diferencia que hay entre una representación consciente y una inconsciente. Las dos no son [...] diferentes registros del mismo contenido en diferentes localidades psíquicas, ni aún diferentes estados funcionales de investidura en la misma localidad; sino que la representación consciente comprende la representación de la cosa más la representación de la palabra que pertenece a la misma, mientras que la representación inconsciente es la representación de la cosa sola. El sistema *Icc.* contiene las investiduras-cosa de los objetos, las primeras y verdaderas investiduras-objeto; el sistema *Prcc.* se produce al estar esta representación-cosa hiperinvestida mediante la vinculación con las representaciones-palabra correspondientes a la misma. Son estas hiperinvestiduras, podemos suponer, las que provocan una mayor organización psíquica y hacen posible que el proceso primario sea sucedido por el proceso secundario, que es el dominante en lo *Prcc.* Ahora bien, también estamos en condiciones de afirmar con precisión qué es lo que la represión le niega a la representación rechazada en las neurosis de transferencia: lo que niega [...] es la traducción en palabras [...] que se adjunta al objeto. Una representación que no se traduce en palabras, o un acto psíquico que no es hiperinvestido, permanece a partir de entonces en lo *Icc.* en un estado de represión. (1915*e*, pp. 201–202)

Únicamente hay dos calificaciones que añadiríamos hoy a esta descripción extraordinariamente precisa. La primera es que, como ya he argumentado, "las investiduras-cosa de los objetos, las primeras y verdaderas investiduras-objeto", simplemente podrían no estar disponibles para ligarse a las palabras porque todavía no se han desarrollado. La segunda es, en consecuencia, que la "traducción" que falta de las "investiduras-cosa" en palabras [...] «que se adjunta al objeto» puede ser el resultado, no sólo de la represión como en las neurosis de transferencia, sino también en otras formas de organización psíquica, de otros mecanismos de defensa y/o circunstancias de desarrollo que impiden el desarrollo de las "representaciones-cosa". Aquí es donde el trabajo de transformación del analista es más necesario, comenzando en el "punto de contacto" inconsciente con el paciente y pasando a través de las capacidades inconscientes y preconscientes del analista para la relación con el objeto y la simbolización. Confiando en estos recursos y en la colaboración del paciente, la tarea del analista consiste en ayudar a este último a encontrar las "representaciones-cosa" y las "representaciones-palabra" que ellos puedan ser capaces de utilizar. Cuando esto sucede con éxito, "el desarrollo de los afectos" se hace posible de nuevo, pasando de su "posible principio" (p. 178), junto con la elaboración de representaciones adecuadas y simbólicas a "vincular" los afectos y las huellas mnémicas en una experiencia preconsciente enriquecida. Este proceso de encontrar las "representaciones-cosa", también llamado "simbolización primaria" (Rousillon, 1999), es una condición previa esencial para la "simbolización secundaria" de la ligazón significativa a las "representaciones-palabra". Es, según creo, el proceso que Juan logró aplicar cuando tomó mi imagen del calcetín en direcciones significativas que yo no podía haber imaginado cuando me llegó por primera vez.

Por lo tanto, aunque podríamos estar en desacuerdo con algunos aspectos de la explicación que hace Freud de la psicosis en las primeras páginas de la parte VII, presenta una clara continuidad con el resto de su extraordinario artículo y sigue siendo muy relevante para la explicación psicoanalítica y el tratamiento de los estados mentales insuficientemente simbolizados.

El legado de Freud

Siempre existe el riesgo de encontrar en los escritos de Freud teorías psicoanalíticas que se desarrollaron a partir de su trabajo, pero que él mismo ni reconocería ni aceptaría. Mi contribución puede ser un ejemplo de esto y mis preocupaciones naturales sobre lo que no puede aliviarse totalmente, apelando al entendimiento *après-coup*: por eso le he añadido signos de interrogación a su título. La perdurable relevancia clínica del artículo de Freud es lo que me anima a proponer esta lectura del mismo. Mi esperanza es que me las he apañado para proponer algunas "representaciones-cosa" y "representaciones-palabra", tal vez con "una ganancia en el significado", para uno de los tesoros ocultos en el legado de Freud,[10] que somos capaces de reconocer en la actualidad porque generaciones de analistas le han ayudado a dar sus frutos.

De ser así, podríamos ver que las semillas sembradas en el estudio de Freud de "Lo inconsciente" echan raíces en el trabajo de sus sucesores, empezando por la obra de Melanie Klein (1926, 1930), cuya técnica de juego psicoanalítico podría decirse que es vista como una forma de ayudar a sus pacientes a encontrar las "representaciones-cosa" para su experiencia inconsciente. Continuando el trabajo de ella, dos ramas principales del legado se encuentran en la obra de Bion (1962*b*, 1965) y de Winnicott (1971). El concepto de Bion (1962*b*) de una función α que transforma elementos β en elementos α podría compararse con la búsqueda de "representaciones-cosa" para las "huellas mnémicas" y para el "factor cuantitativo en el impulso instintivo",[11] mientras que su (1965) concepto de transformación en O podría compararse con la identificación inconsciente y la colaboración entre paciente y analista en el "punto de contacto", que he argumentado, al menos implícitamente, en el artículo de Freud. El concepto de Winnicott (1971) de espacio de transición puede contemplarse de manera semejante. Estas dos ramas conducen a modelos de transformación contemporáneos del trabajo psicoanalítico, como en, por mencionar sólo dos, los desarrollos a través de Bion y de Baranger (2008) a la obra de Ferro (1999, 2009), o a través de Winnicott a la de Roussillon (1999, 2008).

No veo premoniciones en el artículo de Freud de trabajo intersubjetivo en el más amplio sentido del término, en cuanto que no veo indicios en el mismo de la cocreación total de fenómenos intersubjetivos entre analizando y analista. Me parece que el pensamiento de Freud está totalmente centrado en cómo encontrar expresión y significado para la experiencia inconsciente del analizando, garantizando sólo un concepto de cocreación en un sentido limitado, como lo analiza Hanly (2007). Tras decir esto, veo en él una base para el trabajo intersubjetivo en un sentido más específico, como lo describe, por ejemplo, Brown (2011). Sin embargo, dados los múltiples significados de "intersubjetivo", mi término preferido para este tipo de trabajo de transformación sería "interpsíquico", como lo usa, por ejemplo, Bolognini (2011), y que parece estar más próximo al uso original de Freud.

Notas

1. A menos que se especifique lo contrario, las cursivas que aparecen en el material citado son las que ha introducido James Strachey, pero que no aparecen en el texto original alemán.

2. La palabra original en alemán utilizada por Freud es *Umsetzung*, que puede significar "transformación", "conversión", o, como en música, "trasposición".
3. Mi uso de los términos de Freud "representación-cosa" y "representación-palabra" se aclarará en lo que sigue a continuación.
4. De hecho, esta es la forma en que Freud describe las fantasías inconscientes en las páginas 190–191.
5. En alemán, *der psychischen Tiefendimension*, GW, X, p. 273.
6. En alemán, *Vorstellung*, o "representación".
7. "Evaluación" es la traducción que da Strachey para el término alemán *Agnoszierung* (GW, X, p. 294), que podría traducirse mejor como "reconocimiento"; la traducción al francés utiliza "identificación".
8. Véase la nota 7, *supra*.
9. A partir de aquí, Strachey ya no traduce *Vorstellung* como "idea", sino como "representación", tal vez para transmitir la naturaleza presimbólica de "representaciones-cosa" y de "representaciones-palabra", aunque en francés, por ejemplo, *Sach-* y *Wortvorstellung* se traducen, respectivamente, como *représentation de chose* y *representation de mot*.
10. ¡Brown (2011) lo llamaría nuestra herencia genética!
11. Este es el único punto en el que no estoy de acuerdo con Brown (2011), que compara las "representaciones-cosa" con los elementos β.

CAPÍTULO 7

Lo inconsciente en el trabajo con pacientes psicosomáticos*

Marilia Aisenstein

Hablar sobre las manifestaciones de lo inconsciente dinámico en pacientes psicosomáticos exige que se hagan algunas obser-vaciones preliminares. Desde la década de 1950, diferentes escuelas de la psicosomática, en defensa de varios modelos teóricos, han tratado la cuestión del significado inconsciente de los síntomas somáticos. Groddeck fue el primero en atribuirle una significación inconsciente a toda manifestación orgánica. Freud le reprochó en una carta fechada el 5 de junio de 1917 que no estableciera ninguna diferen-cia entre lo somático y lo psíquico (Freud, E. L., 1960, pp. 316–318). En 1963, en un congreso para analistas francoparlantes celebrado en París,[1] Ángel Garma y Michel de M'Uzan adoptaron posiciones opuestas, la primera argumentando que el tratamiento de las enfermedades físicas debe tratar de descubrir la fantasía inconsciente que subyace debajo de ellas e interpretarla como en un análisis clásico, mientras que, para el segundo, "el síntoma somático es una tontería", precisamente porque no tiene ningún sentido, sino que demuestra la evidencia de un exceso traumático que abruma las capacidades del aparato psíquico para su

---

*Traducción de la traducción al inglés de Andrew Weller.

193

elaboración, lo que obliga al sujeto a encontrar otras vías de descarga de la excitación, ya sea conductual o somática.

La Escuela de Chicago ha destacado la importancia de los factores emocionales, pero principalmente ha procurado descubrir los conflictos específicos implicados en cada una de las patologías somáticas, estipulando la existencia de un mecanismo neurofisiológico que conecta las emociones con los órganos, mientras que, para los kleinianos, la enfermedad somática se determina por un proceso psíquico que implica la actividad de la fantasía desde el principio mismo de la vida. Los modelos teóricos de los psicosomáticos han sido descritos y estudiados por Smadja en *Les modèles psychanalytiques de la psychosomatique* (2008), mientras que Elsa Rappoport de Aisemberg y yo hemos presentado estas escuelas de pensamiento a través de ilustraciones clínicas en *Psychosomatics Today: A Psychoanalytic Perspective* (Aisenstein y Rappoport, 2010).

El objetivo de esta introducción consiste en mostrar que pensar o no en la enfermedad como algo que tiene un significado inconsciente cambia radicalmente la comprensión de los síntomas, así como nuestra técnica interpretativa.

La pulsión como fundamento de una teoría psicosomática, o, más bien, somatopsíquica

Mi elección del término "somatopsíquica" en lugar de "psicosomática" se basa en la idea de una dirección ascendente que va desde el cuerpo hasta lo psíquico según un imperativo de complejidad en aumento.

El psicoanálisis ya existía antes de la definición de las pulsiones, y, sin embargo, las nociones de excitación y pulsión no se mantienen en una relación de continuidad. Podemos ver "una cesura radical" en el pensamiento de Freud antes y después de la concepción del concepto de pulsión.

En esta ocasión estoy defendiendo la idea de que todo el enfoque de la Escuela Psicosomática de París, a la que me adhiero, ya está presente en forma de embrión en la construcción freudiana del concepto de pulsión.

Permítanme recordar aquí la famosa definición del concepto:

> Si ahora nos ponemos a considerar la vida mental desde un punto
> de vista biológico, un 'instinto' se nos presenta como un concepto

en la frontera entre lo mental y lo somático, como el representante psíquico de los estímulos que proceden de dentro del organismo y llegan a la mente, *como una medida de la exigencia formulada sobre la mente para que trabaje en consecuencia de su conexión con el cuerpo.* (Freud, 1915e, p. 121, la cursiva es nuestra.)

La exigencia proviene, entonces, desde el cuerpo, que impone a la mente una cantidad medible y, yo añadiría, indispensable de trabajo para su protección y, por lo tanto, para su supervivencia. Me viene a la mente la elegante fórmula de André Green: "La psique es, por así decirlo, trabajada por el cuerpo, trabajada en el cuerpo" (Green, 1973, p. 170). El cuerpo exige un trabajo de la psique (la elaboración procede del trabajo). Green continúa:

Pero esta exigencia no puede ser aceptada en su estado natural; debe ser decodificada si la psique tiene que responder a la exigencia del cuerpo, el cual, en ausencia de cualquier respuesta, aumentará sus exigencias en fuerza y en número. (p. 170)

La palabra "pulsión" (en la traducción en inglés leemos "impulso") se menciona por primera vez en *Letters to Fliess* en 1897 (25 de mayo de 1897 y 31 de mayo de 1897; véase Masson [1985]). Pero el término alemán *Trieb* sólo aparece en sus escritos como una categoría metapsicológica en 1905, en los *Tres ensayos sobre teoría sexual* (Freud, 1905d, "El instinto sexual en los neuróticos", pp. 163–165, e "Instintos de componentes y zonas erógenas", pp. 167–170). Freud escribe:

Por instinto[2] debe entenderse provisionalmente el representante psíquico de una fuente endosomática de estimulación que fluye constantemente, en contraste con un estímulo que se estableció mediante excitaciones únicas que vienen de fuera. El concepto de instinto es, pues, uno de los que se encuentran *en la frontera entre lo mental y lo físico.* El supuesto más simple y más probable, en cuanto a la naturaleza de los instintos se refiere, parece que es, en sí mismo, un instinto carece de calidad, y, en lo que concierne a la vida mental, sólo tiene que ser considerado como una medida de la exigencia que se le hace a la mente para que trabaje. (Freud, 1905d, p. 168, la cursiva es nuestra.)

Los *Tres ensayos* es un texto en el que Freud reflexiona sobre la sexualidad humana, y fue en este contexto en el que surgió la concepción de la pulsión. La psiconeurosis, por lo tanto, debe estar relacionada con la fuerza de la pulsión. La energía del impulso sexual constituye una parte de las fuerzas que sostienen las manifestaciones patológicas, pero esta contribución es la fuente más importante de energía y la única que es constante.

Me gustaría hacer hincapié en dos puntos: en primer lugar, me parece que Freud ve una fuerza de pulsión (o más bien la aleación de dos pulsiones), que, a cuenta de su exceso, allana el camino para las patologías psíquicas. No dice nada sobre las razones de este exceso, con lo que se sugiere que es constitucional.

Mi segundo punto se refiere a la noción de continuidad; el empuje de la pulsión es continuo o, más bien, debería serlo. Ahora una de las principales aportaciones de la Escuela Psicosomática de París es haber llamado la atención del mundo psicoanalítico hacia las discontinuidades del funcionamiento mental. Por lo tanto, podemos asumir la hipótesis de que se produce un fracaso de la "exigencia de representación" que está relacionado con el exceso.[3]

Si las nociones de fuente, objeto y objetivo se definieron en 1905, no fue sino hasta 1915, en *"Los instintos y sus destinos"* (1915c) cuando Freud los agrupó junto con la idea de "presión" (*Drang*), un factor cuantitativo económico, para dar una definición general de la pulsión.

La característica de ejercer presión es compartida por todas las pulsiones, e incluso forma parte de su propia esencia (Freud, 1915c, p. 122). Sin embargo, Freud vincula la naturaleza constante de la presión con la exigencia de representar. Desde el cuerpo surge una exigencia por representar.

¿Dónde se encuentra situada la "exigencia" en términos topográficos? ¿Debe contemplarse como un principio que trasciende las agencias? Esta pregunta me conducirá a comparar los dos textos fundamentales, "Lo inconsciente" (1915e) y *El yo y el ello* (1923b).

Una lectura atenta revela un cambio fundamental de una topografía a la otra: en la primera, se hace hincapié en las ideas inconscientes siempre combinadas con "presión", mientras que en la segunda topografía, el ello, un reservorio de impulsos instintivos, está constituido, por un lado, por lo inconsciente reprimido de la primera topografía y, por el otro, por un espacio abierto al cuerpo, que consiste sólo en fuerzas que son a veces contradictorias y carecen de representaciones. Aquí podemos ver que la fuerza tiene primacía sobre la representación. Esto tiene consecuencias técnicas importantes. ¿No sería razonable suponer que, si los tratamientos de los neuróticos tienen como objetivo transformar el material inconsciente en el material preconsciente, los que llevamos a cabo con organizaciones somáticas y *borderline tienen el objetivo de transformar el ello en* inconsciente?

El inconsciente y el ello

Ahora voy a leer otra vez, con atención, la descripción que hace Freud de lo inconsciente en la primera tópica. Este texto nos interesa especialmente por varios motivos. Es fundamental en sí mismo, pero, sobre todo, un gran número de pacientes —casos no neuróticos, *borderline* y somáticos— son descritos como pacientes para quienes no existe la libre asociación, por lo que el acceso al material inconsciente se vuelve problemático. Suele decirse que "presentan deficiencias en el funcionamiento preconsciente", y me gustaría tratar de entender mejor esta afirmación a la vista del texto de 1915.

Lo reprimido no incluye la totalidad de lo inconsciente, pero forma parte del mismo. La esencia de la represión consiste en impedir que los representantes ideacionales de la pulsión se vuelvan conscientes, pero su objetivo específico es el de *suprimir el desarrollo del afecto*: "el trabajo es incompleto", escribe Freud, "si no se logra este objetivo" (1915e, p. 178). El afecto no puede ser reprimido, pero su supresión es el objetivo de la represión.

La hipótesis de la separación de los sistemas inconsciente y preconsciente implica que una idea o representación puede existir simultáneamente en ambos lugares —las representaciones-cosa en lo inconsciente y las representaciones-palabra en lo preconsciente— y "avanza de una posición a la otra", escribe Freud (1915e, p. 175). La pulsión sólo se puede representar mediante el representante que va adjunto a la misma, de lo contrario, aparece en forma de afecto. Al principio, tenemos que imaginar una pareja indisociable que consiste en el representante psíquico instintivo que surge del cuerpo y la representación-objeto que surge de la percepción. Dos destinos se derivan de esto: uno hacia el representante ideacional de las cosas y las palabras, y el otro hacia el representante del afecto y el afecto diferenciado. La cuestión del afecto es compleja; de hecho, lo que me interesa aquí son sus avatares entre lo inconsciente y lo preconsciente.

Si la idea reprimida sigue estando en lo inconsciente como formación real, Freud escribe, el afecto inconsciente no es sino "un principio potencial al que se le impide el desarrollo" (1915e, p. 178). Entonces, en sentido estricto, no hay afectos que no sean inconscientes, sino formaciones cargadas de energía que buscan abrirse paso a través de la barrera de lo preconsciente. Por otra parte, Freud compara el afecto con la motilidad, ya que ambos se rigen por la mente consciente y tienen un valor de descarga. Freud escribe:

> La afectividad se manifiesta fundamentalmente en la descarga motriz (secretora y vasomotora) que da como resultado una alteración (interna) del propio cuerpo del sujeto sin referencia al mundo externo; la motilidad, en acciones destinadas a efectuar cambios en el mundo exterior. (p. 179, nota al pie 1)

En mi opinión, esto da una indicación de la importancia de la presencia real de los cuerpos de los dos protagonistas del tratamiento.

Por lo tanto, los afectos preconscientes del psicoanalista pueden ser percibidos por el paciente y reúnen en él o ella un "posible principio" inconsciente que busca abrirse camino. *Este es el único competente en el proceso transfero/contratransferencial, en el que adquiere su condición de afecto como resultado de haber sido procesado por lo preconsciente del analista.*

Por otra parte, en el capítulo VI de "Lo inconsciente", Freud estudia la "Comunicación entre los dos sistemas". Cada paso de un sistema al otro implica un cambio de investidura (o inversión). Sin embargo, esto no es suficiente para explicar la constancia de la represión primaria. Él se ve obligado a postular un proceso que sostiene esto último. Lo preconsciente se protege a sí mismo, en efecto, contra la presión de las representaciones-cosa por medio de una contrainvestidura que es alimentada por la energía obtenida a partir de las representaciones-palabra.

Hablar de las "deficiencias de lo preconsciente" es quedarse en un nivel fenomenológico. Creo que es más interesante imaginar en nuestros pacientes un *preconsciente vaciado de sus fuerzas por una contrainvestidura tan drástica que paraliza este sistema y aísla al otro. Me imagino que esta contrainvestidura adopta la forma de un mecanismo inmenso de represión.* Porque no hay que olvidar que, por supuesto, lo inconsciente está vivo; se comunica con los otros sistemas y queda sujeto a las influencias de lo preconsciente y de la percepción externa.

Ahora bien, Freud no dice que la percepción sea inconsciente (de hecho, él nunca desarrolló una teoría de la percepción inconsciente), sino que, no obstante, apuntala la totalidad de la teoría de los sueños (sin ella, la sección VII sería incomprensible). "Es muy destacable", escribe más adelante, "que lo *Icc.* de un ser humano puede reaccionar ante lo de otro, sin pasar por lo *Cc.*" (p. 194). Freud a continuación se pregunta cómo la actividad preconsciente puede excluirse de "este fenómeno clínico indiscutible".

Ocho años más tarde, en *El yo y el ello* (1923*b*), se nos dan unas respuestas formidablemente complejas e interesantes, que voy a intentar resumir aquí de manera sucinta.

La segunda tópica nos da la visión antropomórfica y psicodramática de un yo sin límites que se ha convertido en un cualidad psíquica, y que es también una agencia de represión cuya operaciones defensivas son, en gran medida, inconscientes. Se levanta contra un ello que Freud describe como "un caos, un caldero lleno de excitaciones hirvientes. Nos lo imaginamos como algo que está *abierto en su extremo a las influencias somáticas*" (Freud, 1933*a*, p. 73, la cursiva es nuestra). El sujeto es un ello psíquico desconocido e inconsciente en cuya superficie se forma un yo, que es la parte del ello modificada por las influencias del mundo exterior, es decir, las percepciones sensoriales procedentes desde el exterior. En *El yo y el ello*, podemos leer:

> Hemos llegado a algo en el yo en sí, que es también inconsciente, que se comporta exactamente igual que lo reprimido, es decir, que produce efectos poderosos sin que él mismo sea consciente y que requiere un *trabajo especial* antes de que pueda volverse consciente. Desde el punto de vista de la práctica analítica, la consecuencia de este descubrimiento es que aterrizamos en oscuridades y dificultades sin fin si nos restringimos a nuestras formas habituales de expresión y tratamos, por ejemplo, de derivar las neurosis de un conflicto entre lo consciente y lo inconsciente. (1923*b*, p. 17, la cursiva es mía.)

Muy diferente de la primera, la segunda tópica pasa de lo cualitativo a lo estructural y a la fuerza de los privilegios, los impulsos instintivos, en detrimento de los contenidos ideacionales. Esto parece indicar un cambio correlativo a la introducción de la segunda teoría de las pulsiones, que fue concebida para dar cuenta de una dimensión hasta ahora no reconocida de la destructividad. Esa es la diferencia esencial que se da entre lo inconsciente y el ello: mientras que lo inconsciente de la primera tópica permanece en el registro del placer, el ello es habitado por *impulsos instintivos* contradictorios, *entre ellos los de destrucción* = caos.

A partir de la comparación de estos dos artículos, podemos ver un descenso del concepto de representación a favor de la noción de impulso instintivo. Ahora bien, este giro hacia lo económico implica una *promoción, nueva en el pensamiento de Freud, del afecto*.

Freud había tenido una premonición de las enormes implicaciones clínicas de este cambio de énfasis desde la representación al afecto. Con determinados pacientes, entre los que se encuentran los pacientes somáticos, aunque no exclusivamente, todo el trabajo de análisis se centrará, en mi opinión, en obtener acceso a los afectos y en la metabolización de los mismos.

En los análisis de la psiconeurosis, el hilo conductor que nos permite llegar a tener acceso al material inconsciente es la libre asociación. En el trabajo analítico con pacientes no neuróticos, neurosis reales, casos *borderline* y somáticos, nos enfrentamos a menudo con la "no asociatividad". El discurso no está, o ha dejado de estar, "vivo"; el funcionamiento psíquico puede llegar a ser *opératoire* o "mecánico", y los afectos están, aparentemente, ausentes. La energía psíquica no se elabora, se manifiesta más a través de los actos o, como yo sostengo, a través del soma. No pueden detectarse ni las resistencias, ni los derivados de lo reprimido, ni las formaciones de solución intermedia; es como si no hubiera ningún conflicto entre las fuerzas psíquicas opuestas. A menudo, el único hilo conductor es la ansiedad, el afecto de la ansiedad, como Freud lo denomina. Al ser un efecto de displacer, la ansiedad es una huida frente ae la libido, que es a la vez un resultado y una alteración. Puede aparecer un rudimento del afecto inconsciente en busca de abrirse camino, pero transformado en ansiedad.

Afecto: el único medio de acceso a lo inconsciente del yo.[4]

Ahora me gustaría ilustrar este tipo de trabajo con unas breves viñetas clínicas.

En el Instituto de Psicosomática de París, me encargaron que viera a una mujer de unos cincuenta años porque tenía un eczema severo, que le preocupaba mucho. La señora X daba la impresión de ser una mujer muy digna y cortés, aunque austera, e iba vestida de tal manera que parecía una monja en ropa de calle. Trabajaba como administrativa. Tardé meses en entender que este eczema se encontraba "en la parte inferior de la espalda", y en el interior de sus muslos, lo que ella llamaba "la parte superior de las piernas". El eczema le había salido después de la boda de su única hija. Traté desesperadamente de explorar sus relaciones con su hija y con su marido. La señora X respondió cortésmente que no pensaba, no soñaba, no tenía ese tipo de ideas, y añadió: "Yo no soy una persona sentimental. Las preguntas son inútiles; en la vida es mejor actuar que pensar". Ella me dio muchos detalles acerca de sus días en la oficina y me hacía comentarios sobre el tiempo. Su discurso no era asociativo. Yo sospechaba la existencia de una supresión drástica desde hacía bastante tiempo, que tenía que ver con el afecto y la representación. Esta paciente me conmovía y, a la vez, las sesiones con ella me desesperaban. En una ocasión tuve la gripe, y me sentía cansada y con fiebre. Ella se dio cuenta y estuvo visiblemente ansiosa; de hecho, estaba tan agitada que me vi forzada a preguntarle qué le pasaba. Ella dijo que se sentía mal; se sentía enferma y quería terminar la sesión. Yo me negué y le dije: "Imaginar que estoy enferma parece hacerla a usted sentirse mal, como si fuera por asco". Ella lo negó, y entonces de repente se dobló para parar las arcadas. Yo le insistí en que era importante para nosotras hablar de esto y por primera vez mencionó un recuerdo de su infancia. Me contó cómo había sentido asco al ver expuesto el cuerpo de su madre enferma. Su madre había muerto cuando la paciente tenía doce años, con lo que la dejó sola con un padre ausente y fascinante que la azotaba para "calmarla" y castigarla. En ese momento, conseguimos establecer un vínculo entre los azotes y su eczema "en la parte inferior de la espalda", y entendimos después cuánto la había trastornado el matrimonio de su hija, al llegar a asumir la importancia de un trauma. Después de haber sido criada como una niña modelo, su hija estaba muy idealizada e investida narcisísticamente por la paciente, que siempre había vivido las relaciones sexuales como una obligación penosa. El día de la boda, ella había tenido el pensamiento de que estaba entregando a su hija a un violador. Su eczema había aparecido poco tiempo después, en los días siguientes.

Otra mujer más joven y soltera,[5] de cuarenta años de edad, acudió con un brote severo de asma, que le impedía trabajar. Su organización psíquica era típicamente *borderline*, pero había períodos largos durante los que funcionaba en un modo muy "mecánico" (*opératoire*).

Durante meses había estado aferrándose a mi mirada y, o bien se lanzaba a descripciones factuales de su vida o a diatribas furiosas contra el tiempo que hacía, el gobierno, la seguridad social, los médicos, etc.

Un día, después de quejarse de su alergólogo, su secretaria y mi silencio, empezó a describir con gran detalle un nuevo y violento dolor intercostal que tenía desde hacía unos días; desde el fin de semana, le habían diagnosticado una costilla resquebrajada debido a sus ataques de tos y a las fuertes dosis de corticoides que estaba tomando.

Esto me hizo pensar en una amiga querida que había muerto a causa de una embolia. Como ella era médica, no había buscado asesoramiento sobre el dolor que estaba teniendo, al pensar que era una fractura intercostal. Fuertes sentimientos de tristeza me abrumaron en ese momento. Unos segundos más tarde, la paciente comenzó a sentirse agitada y respiraba ruidosamente; estaba empezando a tener un ataque de asma. Se levantó, como si fuera a salir, y me gritó: "Ya ve, es culpa suya… usted me ha abandonado".

Le pedí que se sentara de nuevo y le hablé de forma pausada. Le dije que estaba en lo cierto; la verdad es que yo había estado pensando en otra persona que ella me había recordado, pero que necesitábamos entender juntas porque ella no podía tolerar no tener un control total sobre los pensamientos de otra persona.

En ese momento, la paciente comenzó a respirar con mayor facilidad, y le propuse una construcción con el fin de que fuera probable que ella me hiciera experimentar lo que había sufrido en el pasado distante (sensaciones de ser invadida y el sentido de que sus pensamientos estaban siendo controlados). Entonces lloró por primera vez.

Una vez que se había introducido la dimensión del "tercero" y de la historia, el trabajo analítico podía comenzar.

En ambos casos, se trataba de pacientes cuyo discurso era real y fáctico. Para cada una de ellas se trataba de una cuestión de un raro momento en el que emergieron los afectos de la ansiedad. Estos resultaron ser momentos fructíferos en ambos tratamientos, y creo que será útil reflexionar sobre la forma en la que se presentaron en la transferencia.

Compulsión de transferencia y compulsión a la repetición

En estos dos ejemplos, el afecto de la ansiedad podría calificarse y, por lo tanto, convertirse en un objeto de construcción o de interpretación gracias al trabajo transfero/contratransferencial. Me refiero a la contratransferencia en el sentido amplio del funcionamiento mental del analista como un todo durante el período de sesiones, como lo utilizó André Green en muchos de sus seminarios. Pero hay una transferencia, incluso si no se trata de una transferencia clásica e interpretable, como en una neurosis de transferencia. Entonces, algunos de nuestros pacientes que padecen una enfermedad somática y que llegan pidiendo una consulta en el Instituto Psicosomático vienen "con una receta". Ellos dicen que no están interesados en lo "psíquico" o en la introspección; sin embargo, en términos generales, siguen viniendo, y, a menudo durante años. Esto puede parecer muy misterioso.

La respuesta clásica, según la cual continúan su tratamiento porque para ellos es supuestamente "no conflictivo", nunca me ha convencido. Creo que vienen y siguen viniendo porque existe dentro de la psique humana una *"compulsión a la transferencia"*. Los niños pequeños se enamoran de una muñeca o un camión, etc., que ya son transferencias. La transferencia clásica es la forma más evolucionada, pero incluye la transferencia en el lenguaje y hacia el lenguaje, así como la primera forma de transferencia: de lo somático a lo psíquico. *La exigencia de la pulsión de la representación es una obligación de transferir desde lo somático a lo psíquico.*

Freud adoptó dos teorías sucesivas de la transferencia: la primera desde 1895 (*Estudios sobre la histeria* [1895d]) a 1920 (*Más allá del principio del placer* [1920g]); la segunda abarca el período que va desde 1920 hasta el final de su trabajo. La primera se conoce a menudo como la "teoría libidinal de la transferencia", un término pasado de moda, pero que él explicó claramente en "La dinámica de la transferencia" (1912b). El motor de la transferencia es la necesidad eternamente renovada de que haya satisfacciones instintivas en el marco del principio de placer-displacer.

La segunda toma forma a partir de 1920 y considera a la transferencia como una tendencia fundamental hacia repetir lo que está "más allá del principio del placer". En el capítulo dedicado a la transferencia en su libro, *La Cure Psychanalytique Classique*, Bouvet (2007) escribe:

> Como la situación traumática, o la experiencia responsable del complejo, ha dado lugar a la tensión insoportable, no podemos decir que el sujeto transfiera bajo el signo de la búsqueda del placer; más bien, debe deberse a una tendencia innata a la repetición. (p. 227)

Estas dos concepciones de la transferencia no se contradicen entre sí y pueden darse a la vez. Sin embargo, cada una de ellas procedía de diferente material clínico, pues fueron los fracasos clínicos los que llevaron a Freud a pensar de nuevo en la oposición que hay entre las pulsiones, las preguntas topográficas, la ansiedad y el masoquismo. Existe la convicción, no obstante, de que Freud nunca faltó a su palabra hasta el final, y era que la transferencia es el motor más potente del tratamiento.

Creo, sin embargo, que se pueden distinguir *dos fases* en la obra de Freud. En la primera, todo el material clínico y las elaboraciones teóricas que Freud hace de ella tienen como referencia o matriz la psiconeurosis de la defensa, lo que también llamaba la "neurosis de transferencia", para la que la histeria es el modelo principal. El trabajo del análisis pretende fundamentalmente tener acceso al material latente a través de mecanismos tales como el desplazamiento y la condensación. En esto estamos en el dominio de la representación y bajo los auspicios del principio del placer.

Las manifestaciones de la transferencia son los equivalentes simbólicos del deseo y de las fantasías inconscientes.

En la segunda fase, Freud se enfrentó al material clínico en el que el narcisismo negativo, la destructividad, la acción, y la descarga desempeñaban un papel predominante; la transferencia aquí ya no es "libidinal" ni está bajo los auspicios del principio de placer-displacer, sino bajo los de la compulsión a la pura repetición. ¿Cuál es su textura? Hay una compulsión, un apetito, hacia el objeto, que condensa la tendencia a la inercia y los mecanismos de regulación destinados a reducir o a calmar las tensiones instintivas progresivamente, por grados.

El objeto/analista se inviste de acuerdo con un modo de compulsión a la repetición, pero el trabajo de la contratransferencia consiste en la transformación de ansiedades en afectos con el fin de poner historia en el lugar de la repetición. Esta primera transferencia puede ir seguida de una transferencia clásica con desplazamientos de un objeto a otro, lo que finalmente se da en la historia del paciente, haciendo así que la regresión sea posible.

Como resumen y conclusión

Para mí, el síntoma somático no tiene un significado simbólico, pero puede adquirirlo de forma secundaria en las secuelas del análisis. Por lo tanto, no es interpretable en sí mismo como manifestación directa de lo inconsciente, sino que es una prueba de un exceso de excitación que no puede ser elaborada por el trabajo psíquico en solitario.

Mi enfoque psicosomático se basa en el paradigma freudiano de la pulsión: la cuestión de la representación, o el fracaso del sistema de representaciones, es, por lo tanto, crucial en mi punto de vista.

El modelo de la neurosis no puede dar cuenta del síntoma somático. Me parece que el cambio de la tópica en 1923 tiene sus raíces en las investigaciones de Freud como respuesta a su experiencia con los casos no neuróticos en los que la libre asociación ya no proporcionaba un camino de acceso a lo inconsciente. Una lectura cuidadosa de estos textos muestra cuánto se diferencia el ello de lo inconsciente en 1915, y que no puede superponerse al mismo. Creo que podemos ver en ellos una disminución de la importancia de la representación y un aumento en la importancia de la cuestión de la fuerza, de la carga instintiva. Como resultado de ello, el afecto se convierte en el concepto clave, ya que él solo es capaz de vincular una carga con una representación o con una cadena de representaciones.

En mis dos ejemplos clínicos, un elemento en relación con el analista, aunque percibido por el paciente como algo "que viene de fuera" y no contrainvestido, se percibe como una fuente de angustia o como algo insoportable. Puede tolerarse gracias a la transferencia, y se transforma en afecto en virtud del trabajo del analista de vincular una carga a una representación. En ambos casos, este momento inaugura el trabajo psicoanalítico verdadero, ya que establece la alteridad, es decir, el reconocimiento forzado de la propia vida psíquica del objeto.

Notas

1. 23.° Congreso de psicoanalistas francófonos, París, 20 al 23 julio de 1963. Publicado en la *Revue française de psychanalyse*, 28, edición especial, 1964.
2. Strachey optó por traducir *Trieb* por "instinto" en lugar de "pulsión", pero en el texto alemán el término utilizado es "pulsión" y no "instinto".
3. En 2010, escribí un informe para el Congreso de Psicoanalistas Francófonos titulado "Les exigences de la réprésentation", publicado en la *Revue française de psychanalyse* (Aisenstein, 2010*b*). Aquí, estoy desarrollando algunos pasajes ya explicados en este informe.
4. "Y este *Icc.* perteneciente al yo no es latente como lo *Icc.*; pues si lo fuera, no se podría activar sin volverse *Cc.*, y el proceso de volverse consciente no se encontraría con grandes dificultades" (Freud, 1923*b*, p. 18).
5. Este caso fue publicado en un artículo sobre la representación (Aisenstein, 2010*b*).

CAPÍTULO 8

Lo inconsciente y las percepciones del ser

Ira Brenner

L a monografía seminal de Freud sobre lo inconsciente (Freud, 1915*e*) ha supuesto una fuente de ideas que, casi un siglo después, siguen inspirándonos para desarrollar sus puntos de vista. En este ensayo, voy a ampliar la explicación de sus ideas sobre el papel de lo inconsciente en relación con un aspecto específico de la percepción. Mientras que su pensamiento acerca de la percepción, el componente central del funcionamiento mental, evolucionó durante medio siglo desde que se escribió y algunas contradicciones teóricas quedaron para que las resolvieran los autores posteriores (Beres y Joseph, 1970; Schimek, 1975; Slap, 1987), en la actualidad está universalmente aceptado que los procesos inconscientes influyen en cómo y en qué percibimos.

La percepción se ha definido como "1. el estado de ser o el proceso de tomar conciencia de una cosa o de volverse consciente de ella, *espec.*, a través de cualquiera de los sentidos" (traducción de la entrada de *The New Shorter Oxford English Dictionary*, 1993, p. 2156). Por lo tanto, el énfasis en la percepción se sitúa en los estímulos externos y en traer el mundo exterior a la mente principalmente a través de los ojos, los oídos, la nariz, la boca y la piel. Por lo tanto, hablamos de percibir tanto el mundo animado, como el inanimado. También nos referimos a la percepción de fenómenos abstractos tales como "b. el reconocimiento intuitivo o directo de una cualidad moral, estética, o personal, por ejemplo, la verdad de un comentario, la belleza de un objeto; el ejemplo de esto" (traducción de la entrada de *The New Shorter Oxford English Dictionary*, 1993, p. 2156). El conocido dicho de "El ojo del amo engorda al caballo" ejemplifica la naturaleza subjetiva de la percepción, que tampoco es un punto discutible.

En las teorías psicoanalíticas, se presta constante atención a la forma en que se ven afectadas, comprometidas y alteradas las capacidades perceptivas del yo mediante las influencias de lo inconsciente. Tanto lo que se percibe como lo que no se percibe se sitúan bajo la competencia de dicha consideración. Y la percepción de ambas realidades externas e internas se ve que está influenciada por antecedentes encubiertos. Las evaluaciones de la textura, los matices, el timbre, los tonos, la angulación y, en menor medida, incluso de cualidades "más duras", tales como la altura, el peso y la edad son vistas como algo que está, en parte, determinado inconscientemente. Lo mismo sucede con las evaluaciones internas del valor emocional de un objeto, el lugar que ocupa de la autorrepresentación en el corazón de uno, la jerarquía de los valores morales y el paso del tiempo. Esto último que se ha mencionado puede estudiarse prácticamente en casi todas las sesiones de análisis y proporciona una cantidad enorme de información sobre el funcionamiento mental inconsciente. El hecho de que haya alteraciones importantes en este aspecto de la percepción, sobre todo por el hecho de "perder el tiempo", podría indicar que existen alteraciones en otros aspectos de la psique que son más difíciles de alcanzar, pero si fuera posible examinarlos, podrían arrojar más luz sobre nuestro objetivo general.

Como los adelantos que se han producido en la técnica psicoanalítica han permitido que más pacientes difíciles se beneficien del psicoanálisis, los pacientes que generalmente se pensaba que eran intratables han brindado oportunidades de volver a examinar conceptos básicos. Por ejemplo, los aspectos conscientes de la autoobservación han sido sobrevalorados, y los aspectos inconscientes de la autopercepción se han minimizado. Sin embargo, la influencia de estas fuerzas inconscientes sobre la autopercepción puede volver a examinarse en aquellos pacientes que emplean los estados alterados defensivos de la conciencia y la preponderancia de las irrupciones periódicas de los aspectos disociados e inconscientes del ser.

Como comandante de la psicología, he sido testigo de alguien que ha tenido un "mal viaje". La repetición de las manifestaciones verbales de una mujer joven dejó una impresión tan indeleble en mí que, tras más de cuarenta años, sus palabras sencillas e inquietantes siguen alterándome y fascinándome. Ella estaba un poco por delante de mí en la fila con sus amigos en una sala de cine. Esta alumna de un colegio mixto de repente dejó escapar en varias ocasiones: "Estoy aquí y no estoy aquí; y estoy aquí y no estoy aquí…" Los que estaban allí observaron su confusión y registraron en silencio sus sentimientos encontrados de preocupación y desprecio. Sus amigos trataron de calmarla, pero fue en vano. Sólo se hizo más insistente y persistente en su asombro y desorientación. Su voz se hizo más hueca y sonaba cada vez más misteriosa, cuando se la escuchaba repitiendo su mantra mientras su séquito avergonzado la escoltaba hasta fuera. Estaba claro que ella no estaba en condiciones de ver la película ya que, aparentemente, estaba experimentando un cambio brusco en su estado mental, algo que le alteraba la percepción de su ser y su entorno.

El hecho de ver cómo esta joven se descompensaba sigue siendo un recuerdo imborrable. Me he preguntado por qué mi percepción de la perturbación de esta mujer me causó tal impresión. En este caso fue una demostración real y viva de una aberración mental sobre la que yo podía reflexionar. Conocía un poco a esta joven y me llamó la atención su timidez y su casi secretismo. Aunque era amable superficialmente, de ella emanaba una cierta actitud distante que podría haberse confundido fácilmente con una persona esnob o presuntuosa. Me enteré de que, en la noche en cuestión, ella había fumado marihuana por primera vez. La probabilidad de que estuviera contaminada por un alucinógeno tóxico era bastante baja. Tal vez, en una de mis primeras formulaciones psicodinámicas, especulé con el hecho de que hubiera alguna vulnerabilidad subyacente en su psique que la hacía especialmente sensible a perder el contacto con su capacidad de saber dónde estaba. Yo me preguntaba adónde "había ido" cuando exclamó que ella "no estaba aquí", mientras daba la impresión de que ella, de alguna manera, había abandonado su cuerpo. Ella podría haber experimentado la sensación de que su cuerpo era algo bastante diferente de sus sentimientos habituales acerca de su ser en general.

Esta alteración en su percepción contaba con una cierta cualidad que uno podría, de hecho, atribuir a la despersonalización, o a la desrealización (Arlow, 1966; Guralnik y Simeon, 2010), y podría diagnosticarse como una experiencia "disociativa". Un extremo del continuo disociativo serían los casos de trastorno de identidad disociativa (DID), o de personalidad múltiple. Quienes padecen este tipo de fenómenos, también descritos como un carácter disociativo de nivel inferior (Brenner, 1994, 2001, 2004, 2009), pueden sentir que, además de estar "aquí y no aquí", es "yo y no yo", así como "sé y no sé" una verdad dolorosa, muy a menudo de carácter traumático. Al volvernos conscientes de los propios procesos mentales de uno, Freud se comparaba "con la percepción del mundo externo por medio de los órganos sensoriales" (Freud, 1915e, pp. 170–171). De ese modo, él facilitó una vía para la comprensión de lo que podría haberle sucedido a esta joven que estaba temporalmente trastornada. Es probable que ella estuviera experimentando la conciencia alternante de sus procesos mentales inconscientes y, por lo tanto, dijo adiós a sus sentidos habituales. Freud afirmó:

> Lo mismo que Kant nos advirtió de que no pasáramos por alto el hecho de que nuestras percepciones están condicionadas subjetivamente y no deben considerarse como algo idéntico a lo que se percibe aunque sea incognoscible, ahora el psicoanálisis nos advierte de que no equiparemos la percepción por medio de la conciencia con los procesos mentales inconscientes que son su objeto. Al igual que lo físico, lo psíquico no es necesariamente en realidad lo que parece ser. Sin embargo, estaremos encantados de saber que la corrección de la percepción interna resultará que no ofrece dificultades tan grandes como la corrección de la percepción externa; que los objetos internos son menos incognoscibles que el mundo externo. (Freud, 1915e, p. 171)

Cuando Freud presenta su explicación de lo inconsciente y nos recuerda que la naturaleza de la mención sigue principios diferentes asociados al pensamiento del proceso primario, él intenta disminuir el significado de esos casos siempre problemáticos de la personalidad múltiple de la siguiente manera:

> [...] El análisis muestra que los diferentes procesos mentales latentes inferidos por nosotros gozan de un alto grado de independencia mutua, como si no tuvieran relación el uno con el otro, ni supieran nada el uno del otro. Tenemos que estar preparados, si es así, para asumir la existencia en nosotros, no sólo de una segunda conciencia, sino de una tercera, cuarta, tal vez de un número ilimitado de estados de conciencia, todos desconocidos para nosotros

y desconocidos entre sí. En tercer lugar —y este es el argumento más importante de todos—, tenemos que tener en cuenta el hecho de que la investigación analítica revela algunos de estos procesos latentes afirmando que tienen características y peculiaridades que nos parecen ajenas a nosotros, o incluso increíbles, y que circulan directamente en dirección contraria a los atributos de la conciencia con los que estamos familiarizados. Así pues, tenemos motivos para modificar nuestra inferencia acerca de nosotros mismos y decir que lo que está demostrado no es la existencia de una segunda conciencia en nosotros, sino la existencia de actos psíquicos que carecen de conciencia. También tendremos razón a la hora de rechazar el término "subconsciente" como incorrecto y engañoso. Los casos conocidos de *"doble conciencia"* (división de la conciencia) no prueban nada en contra de nuestra opinión. Podemos describirlos más acertadamente como casos de una división de las actividades mentales en dos grupos, y decir que la misma conciencia se convierte en uno u otro de estos grupos de forma alternativa. (Freud, 1915*e*, pp. 169–170)

La cuestión de estos "procesos mentales latentes diferentes [que] gozan de un alto grado de independencia mutua, como si no tuvieran relación el uno con el otro, ni supieran nada el uno del otro" ha continuado sacando de quicio a los teóricos y a los clínicos desde entonces. Esto es así particularmente cuando hay más de "dos grupos", algo que sucede a menudo en esta población. En un intento por reconciliar la teoría clásica con los hallazgos de la psicología del ser y la teoría relacional, Slap y Slap-Shelton (1991) describen los esquemas secuestrados y patógenos como residuos de los traumas de la niñez temprana que influyen en la percepción, funcionan en el nivel de lo inconsciente dinámico y, a continuación, vuelven a aparecer. En su opinión, su reaparición da cuenta de la compulsión a la repetición. Consideran que los procesos mentales nocturnos son "el producto de la interacción de los esquemas secuestrados con un acontecimiento o una situación del día en curso". Para ellos,

el esquema secuestrado se entiende como una organización de la mente, que tiene en su núcleo impresiones y situaciones traumáticas del pasado que han sido separadas de la masa generalmente interconectada de ideas y que funciona en un nivel cognitivo

primitivo en el que la asimilación prevalece sobre la acomodación.
(Slap y Slap-Shelton, 1991, pp. 79–80)

Por lo tanto, representan alteraciones en la percepción en lo que se refiere a las "plantillas anacrónicas", que influyen en los datos introducidos.

En el siguiente ejemplo, una paciente con uno de estos "casos bien conocidos [...] con varias divisiones en sus actividades mentales" no podía aceptar su realidad psíquica de esquemas secuestrados y seres desasociados. Su no aceptación dio lugar a un grave contratiempo quirúrgico.

Caso clínico

Cindy se había planteado la posibilidad de someterse a una intervención quirúrgica ocular con láser para corregir su miopía de forma permanente. En ese momento, no tenía muchos fondos, por lo que se notaba la sensación de urgencia por someterse a una intervención de este tipo y se le llamó la atención por ello. A pesar de su intención consciente por ver mejor que nunca y por no necesitar más gafas, existían fuerzas más profundas que estaban simultáneamente en juego y que estaban decididas a oscurecer su capacidad de ahondar en sus relaciones incestuosas con parientes clave de sexo masculino. Después de haber estado sometiéndose a análisis durante varios años en este punto, y de que se hubieran observado cambios profundos en su comportamiento, identidad y memoria, así como en el comportamiento autodestructivo episódico, no había muchas pruebas clínicas que apoyaran el hecho de que tuviera un trastorno disociativo grave (Brenner, 2001).

Mientras yo escuchaba su razonamiento acerca de la intervención inminente, me acordé de que, en otro de sus estados de ánimo, "Candy" llevaba un par diferente de gafas que tenían una graduación diferente. En este estado de ánimo, Candy, que era un yo bastante despreocupado, caprichoso, aparentemente separado e hipersexual exudaba un aire muy diferente sobre sí misma y regañaba a Cindy por su comportamiento de dama antigua. Ella tenía sus propias relaciones, y también un armario distinto, que Cindy no recordaba haber comprado. Por otra parte, "Candy" podría conocer la mente de Cindy, pero no al revés, era como un espejo unidireccional. Candy también tenía conocimientos de la población interna. Cindy se resistía a reconocer su amnesia acerca de esos momentos cuando este otro yo tenía ascendencia, pero las pistas sobre su vida secreta que se quedaban atrás se convertían en una fuente de investigación analítica. Incluso en otro estado de la mente, se podría afirmar que tenía la vista perfectamente y no llevaba gafas. En dichas ocasiones, se ponía ropa del sexo contrario y ocultaba el pelo largo debajo de una gorra de béisbol. Este yo transgenerizado era propenso a la violencia paranoica.

Además de la situación ya compleja y devastadora de por sí, Cindy, cuando se vestía de hombre, era bastante amenazante en la transferencia. Este yo "masculino" trataba de adquirir un pene y odiaba por completo estar atrapado en un cuerpo femenino. Se me ocurrió que su deseo de cambiar de forma permanente la estructura de sus ojos podría haberse tratado de un desplazamiento hacia arriba de un deseo de cambiar sus genitales. Esta solución simbólica afectaría negativamente a la capacidad del ser humano en general de ver con claridad. A pesar de que yo había observado este fenómeno de fluctuación de la agudeza visual en otros pacientes, no pude encontrar ningún informe en la literatura y conjeturé que los cambios en la agudeza no tenían un carácter histérico, sino que más bien se trataba de una fluctuación psicofisiológica de los músculos extraoculares de acomodación.[1] En este momento de su terapia, Cindy se estaba confrontando aún a otro nivel de verdades muy dolorosas sobre la naturaleza traumática de su entorno y de abuso severo, que no era bien tolerado en su estado de ánimo habitual. Reaparecieron los impulsos suicidas. Claramente, interpreté que había cosas que ella quería ver y cosas que no quería ver sobre su pasado, que afectaban, en gran medida, a cómo se veía a sí misma. Una personificación de su superyó era viciosa y castigadora. En un momento desesperado, ella había buscado una solución externa y concreta a su problema interno. Sin embargo, esta interpretación no tuvo ningún efecto sobre la paciente, pues ella continuaba de cabeza en su desafortunada aventura médica. No es de extrañar que, después de la intervención, su visión fuera borrosa durante más de un año. Su oftalmólogo estaba alarmado y desconcertado. Mientras ella se deprimía, se desesperaba y se retiraba, su nueva preocupación por esta visión nebulosa pareció disminuir su tendencia al suicidio.

Argumentación

Se podría argumentar que el núcleo de la empresa psicoanalítica es la exploración de las influencias inconscientes en la percepción. Vemos que nuestras mentes nos permiten o necesitan que veamos y no se dan cuenta de ello, salvo que entendamos lo que está pasando fuera

de nuestra conciencia. Con respecto a verse a uno mismo, Jacobson
lo describió de esta manera:

> Por imagen realista del yo nos referimos, en primer lugar, a la
> que refleja correctamente el estado y las características, las poten-
> cialidades y capacidades, los activos y los límites de nuestro ser
> corporal y mental: por una parte, de nuestra apariencia, nuestra
> anatomía y nuestra fisiología. Por otro lado, de nuestro yo, nuestros
> sentimientos y pensamientos, deseos, impulsos y actitudes cons-
> cientes y preconscientes, de nuestro comportamiento y nuestras
> funciones físicas y mentales.
>
> En la actualidad, puede que sea suficiente que apuntemos a
> las influencias enormes y bastante perturbadoras que el proceso
> de negación y represión infantil ejercen sobre la formación de las
> imágenes del yo en el mundo de los objetos [...] [l] el recorte de un
> sector considerable de recuerdos desagradables a través de la repre-
> sión infantil eliminan una gran cantidad de cantidades inaceptables
> tanto del ser como del mundo exterior. Los efectos causados por la
> obra de la represión pueden ser llenados por elementos, distorsio-
> nes, o adornos pantalla producidos por las maniobras *elaboradas* del
> sistema defensivo del ser. (Jacobson, 1964, p. 21)

Cindy era incapaz de tolerar su realidad psíquica de tener múltiples yo
disociados. Tenía necesidad de mantener una ilusión de cohesión, que,
al parecer, estaba bastante limitada y sujeta a las influencias dinámicas.
En su huida de la visión del estado de su autoorganización, dañó gravemente su capacidad de ver el mundo externo. Este ejemplo extremo
de reciprocidad entre la percepción interna y la externa, una vez mejor
entendido, ayudaba a explicar la sintomatología aparentemente extraña
y cuasi psicótica. En casos menos complejos y más mundanos, dicho
principio es axiomático.

Desde las distorsiones transitorias de las experiencias sensoriales
básicas para el análisis de la transferencia, la pregunta básica es cómo
toda nuestra dinámica única afecta a "lo que vemos". Aunque este
punto de vista no es nuevo ni original, el hecho de que sea tan conocido es
quizá por lo que el interés por el tema parece estar disminuyendo entre
los analistas. Un énfasis en la percepción resultaba primordial en los
primeros trabajos de Freud, ya que lo *Prcc.-Cc.* era un principio básico
de la teoría topográfica (Freud, 1900a). En el modelo original, la percepción se veía como precisa y no conflictiva, como se ha señalado (Slap
y Slap-Shelton, 1991). Como el pensamiento de Freud evolucionó y el

proceso primario de funcionamiento mental se reconoció como algo que se manifiesta a sí mismo en derivados (Freud, 1915e), la distinción se hizo menos clara. Además, con la introducción de la teoría estructural (Freud, 1923b), en la que la percepción quedaba relegada a una importante función del yo, parecía que había menos preocupación por la diferenciación entre lo consciente y lo inconsciente. Entonces, el estudio de 1960 de Arlow de la fantasía inconsciente, con su influencia fundamental de organización sobre el funcionamiento del yo, incluía indudablemente la percepción, pero hacía hincapié cada vez más en la creación mental y en las influencias instintivas. La perspectiva kleiniana de las relaciones de objeto, que se centraba en la importancia crucial de la división y de la identificación proyectiva (Bion, 1959; Klein, 1946), también amplió nuestro entendimiento de cómo los factores inconscientes podían afectar a lo que percibimos. Pero, en esto también, hacer hincapié en las operaciones defensivas parecía acaparar más atención.

En mi experiencia con adultos que han sufrido traumas graves tempranos, puede haber una preponderancia de estructuras defensivas organizadas en torno a estados alterados de conciencia y de amnesia que podría parecerse a una represión "muy profunda" y a una división de la psique que Breuer y Freud describieron como la división de la conciencia (Freud [con Breuer], 1895d). En este tipo de organización mental, quienes disocian y quienes sufren de perturbaciones importantes de la constancia del yo podrían tener autoorganizaciones alternantes y aparentemente separadas que parecen hacerse cargo de lo consciente y utilizan la mención del proceso secundario, de manera no muy diferente a lo que se describió en el legendario caso de Anna O. También manifiestan un "recorte de un considerable sector de los recuerdos de displacer […] y maniobras *complicadas* del sistema de defensa del yo" (Jacobson, 1964, p. 21). Freud se distanció de tales casos, posteriormente, convenciendo a generaciones posteriores de analistas de que esta condición o bien se explica fácilmente, es poco importante, o es tan misteriosa que los analistas no tenían nada que ofrecer (Brenner, 2009). En el siguiente ejemplo, describo el reto clínico de dirigir el cambio de autopercepción bastante repentino y dinámicamente significativo de un paciente, que plantea algunas cuestiones técnicas a los analistas contemporáneos.

Caso clínico

Minh, una mujer asioamericana, alta, delgada, de extraordinaria belleza, pero algo distante, estaba en su quinto año de un análisis que constaba de cinco sesiones a la semana. Cuando estaba echada en el sofá, en mitad de una sesión, se puso a sollozar en relación con el próximo aniversario de la muerte prematura de su tío. Habían tenido una relación problemática y extremadamente ambivalente que llegó a un abrupto final justo cuando estaba empezando a reconocer la importancia que tenía su sobrina para él. Puesto que su padre estuvo ausente la mayor parte del tiempo debido a sus obligaciones como militar, su tío materno sirvió como sustituto del padre. Luchando con su amargura y dolor por haberlo perdido de nuevo, y esta vez de forma permanente, ella se puso de lado y metió la cabeza debajo del brazo. Dejó de llorar y se quedó totalmente inmóvil y completamente tranquila. En sintonía con sus estados mentales, sentí una ruptura repentina de nuestra conexión en este momento. Entonces esperé en silencio a lo que pudiera sobrevenir, ya fuera un largo silencio o un derramamiento mayor de la emoción. En pocas palabras, ella empezó a hablar con un tono de voz diferente, pero que me resultaba familiar. Tenía un cierto toque juguetón, cantarín y se dirigía a mí formalmente como Dr. Brenner. En sus estados mentales habituales, nunca se dirigía a mí por ningún nombre, con cuidado para no ser demasiado formal o informal, un tema que hacía ya tiempo que había surgido con cierta frecuencia. Esta cautela parecía ser un derivado de su esfuerzo por lograr una distancia óptima (Mahler, Pine y Bergman, 1975) y reflejaba sus intentos por volver a trabajar en la transferencia de una relación maternal más sana y preedípica. Su relación con su madre se había visto profundamente perturbada durante su infancia, y las separaciones se caracterizaban a menudo por protestas puntuadas por rupturas de nuestra relación del tipo que se ha descrito anteriormente. Los períodos de caos y los estados alterados de conciencia sugerían las manifestaciones adultas de un apego desorganizado y desorientado.

Así, al oír cómo se estaba dirigiendo a mí, ello señaló y confirmó de inmediato mi intuición de que otro yo, que estaba aparentemente separado de su yo "habitual", había surgido y se había apropiado de la función ejecutiva de su yo. Ella hablaba de manera diferente, a menudo con frases más coloridas, crudas y directas en consonancia con una adolescente precoz que era bastante inteligente en las cuestiones de la calle, mucho más que lo típico de su edad. En agudo contraste con la extrema cortesía, corrección y la enorme sensibilidad de Minh por no ofender a los demás, a menudo parecía tímida y fácilmente asustadiza. Este otro yo estaba devaluando muchísimo a Minh, llamándola idiota por ser tan emocional, ingenua y por confiar en los demás, quienes con frecuencia se aprovechaban de su buen carácter y de su miedo a enfrentarse a los demás. Además, se mostraba extremadamente celosa de Minh, que pasaba tanto tiempo "fuera" y le parecía que se había vuelto más fuerte como resultado del análisis, lo que hacía que fuera más difícil para ella "salir adelante" y hacerse cargo.

Sin embargo, todavía había momentos en los que Minh se veía tan abrumada con afectos intolerables, tales como el dolor y la tristeza profunda, así como la ansiedad instintiva en relación con las corrientes libidinosas y agresivas, que ella salía, o bien abandonando literalmente la consulta, o abandonando su cuerpo y disociándose. En esos momentos, este yo, Linh, asumiría muy probablemente el control después de un síntoma prodrómico de vértigo debilitante. La paciente había consultado anteriormente a varios especialistas de TNE sobre este misterioso síntoma, que, literalmente, podía paralizarla literalmente y dejarla incapaz de funcionar durante un período de tiempo. Con un diagnóstico de vértigo posicional benigno, que se reprodujo en el centro de pruebas del especialista, Minh mostraba incredulidad por descubrir que ello también anunciaba un cambio en sus estados del ser.

Otros yoes implicados con menos regularidad en el proceso terapéutico, pero que tenían una influencia enorme en el proceso, incluido sin embargo un yo intelectual y furioso, con una inclinación al lesbianismo que daba voces y gritos diciendo cuánto me odiaba y cuánto desconfiaba de mí. Ella me dejaba los mensajes telefónicos furiosos, llamándome por mi nombre y pronunciándolo de forma lenta y socarrona, como haciendo burla. Junto a Linh, esta díada parecía tener el poder de perseguir internamente a Minh y castigarla, haciéndola perder el equilibrio y tropezar, quemarse a sí misma accidentalmente sobre un aparato caliente, o, de alguna otra manera, volverse torpe y hacerse daño. Desde un punto de vista externo a la paciente, dicha propensión a los accidentes y los actos fallidos estaba en coherencia total con la "psicopatología de la vida cotidiana" (Freud, 1901b). Como si esto fuera una personificación de un superyó punitivo, al igual que con Cindy, esos momentos estaban claramente asociados a la motivación inconsciente y eran atribuidos a los deseos reprimidos de castigo debidos a la culpa no reconocida. Minh, cuya conciencia de larga duración de estos yoes había sido muy privada y conflictiva, sentía profunda vergüenza, así como una sensación embarazosa. Más o menos, ella había "conocido y no conocido" cosas sobre ellos durante años, pero no se permitía articularse el problema a sí misma, y mucho menos a alguien extraño, como, por ejemplo, su analista. Al igual que los flotadores elusivos en el ojo que desaparecen rápidamente en campos visuales periféricos cuando se intenta centrarse en ellos, Minh comparó estos yoes con este fenómeno. Estaban justo fuera del alcance de la conciencia y no podía verse a sí misma compartiendo su cuerpo con otros yoes. Sin embargo, ella soñaba con hacer una fiesta merienda con cuatro sillas vacías y entendía completamente el simbolismo. Resulta significativo que Linh tuviera acceso a la población interna del paciente y hablara libremente sobre el problema, ofreciendo una visión y una información histórica detallada sobre las violaciones perversas e incestuosas del tío sobre su joven cuerpo que a menudo eran el preludio del progreso de Minh en el tratamiento. Al principio, Minh sólo era capaz de reconocer una relación muy aberrante con su tío, que no podía expresar con palabras. En lugar de eso, lo único que realmente pudo decir durante los primeros años era "¡no puedo pensar en las cosas de las que me acuerdo!"

Linh no sólo podía recordar esas cosas, sino que podía pensar en ellas y hablar de ellas. Ella protegía a Minh y se apoderaba de ella cuando, de niña, el dolor se había vuelto demasiado difícil de soportar. Linh era incapaz de reconocer que había compartido el mismo destino físico con Minh y fundamentalmente quería mi ayuda para eliminar a Minh.

Con el tiempo, la rivalidad entre Minh y Linh se hizo bastante palpable y real para la paciente en ambos estados mentales. Extremadamente celosa de todos mis pacientes, especialmente de las pacientes de sexo femenino, su posesividad estaba aparentemente representada y se manifestaba tanto en el nivel interno como en el externo. Así pues, cuando me enteré de que la paciente me llamaba "Dr. Brenner", se confirmó que había tenido lugar un cambio defensivo y significativo, probablemente debido a la intolerancia del afecto asociada con la pena, como si fuera ahora el turno de Linh para estar fuera. En esos momentos, al clínico se le presenta un dilema técnico, que tiene enormes implicaciones para el análisis. ¿Reconoce uno el ser disociado y se compromete con el paciente en ese nivel? ¿Un enfoque de este tipo "juega a", refuerza, y tal vez cosifica una creencia cuasi delirante acerca del hecho de que otras personas habitan la mente de alguien? ¿O sería esa postura empática y respetuosa con la realidad psíquica del paciente? ¿Introduce una dirección así las complicaciones iatrogénicas en el tratamiento? ¿O el analista simplemente debe escuchar las expresiones del paciente como cualquier otro material asociativo y tratar al paciente como lo haría con cualquier otro paciente analítico

(Gottlieb, 1997)? Si la paciente tiene la fuerza requerida del yo para el análisis, ¿simplemente cedería una postura defensiva así para conseguir unas defensas más adaptables y saludables? ¿Estamos tratando con una fantasía de la multiplicidad, o los cambios estructurales son de carácter tan profundo que se justifica el trabajo adicional para hacer frente a estos yoes? ¿Es esta una percepción trastornada del yo o una percepción de los yoes trastornados?

Argumentación

A los psiquiatras en formación se les enseña generalmente a no confirmar los delirios de la esquizofrenia ni a ellos por una serie de razones, y no es la menos importante la preocupación por el debilitamiento posterior de la aprehensión que el paciente hace de la realidad. En su lugar, se le dan instrucciones al médico para que escuche con el mayor tacto posible y no se confronte agresivamente con el pensamiento psicótico, ya que podrían sobrevenir la descompensación posterior y las repercusiones violentas o suicidas. Dicha doctrina anticuada se ha aplicado con frecuencia a la situación en quienes tienen "personalidad múltiple", ya que incluso en la actualidad quienes tienen poca experiencia (Taylor Y Martin, 1944) con la enfermedad podrían confundir la esquizofrenia con el trastorno de identidad asociativo. Dado que el término "esquizofrenia" de Bleuler se deriva de las raíces de palabras que significan "mente dividida" y, dado que Freud se despachó de ello sin rodeos, el trastorno de identidad asociativo sigue teniendo un problema de identidad por sí mismo (Brenner, 1999) y, a menudo, se ve irónicamente como algo que queda fuera del ámbito del psicoanálisis.

Así pues, dadas estas circunstancias históricas y la particular dinámica de la paciente en cuestión, el desafío técnico sobre cómo escuchar y cómo responder a la percepción disociada e inconsciente que la paciente tenía de sí misma era algo muy serio. El no reconocer que se había producido un cambio habría insultado y enfurecido a la paciente, mientras que la atención indebida y el favoritismo podrían haber tenido también repercusiones negativas. Linh se había deleitado en su capacidad de deslizarse dentro y fuera de las sesiones con "su" ex psicoterapeuta que, a pesar de sus buenas intenciones y su considerable experiencia clínica global, al parecer no tenía ni idea de estos cambios y había avanzado muy poco después de casi una década de tratamiento.

En mi opinión, la idea de que si el analista no admite o reconoce esos cambios, finalmente dejarán de darse y no serán problemáticos es equivalente a la terapia conductual que se hace pasar por el psicoanálisis. Uno estaría empleando voluntaria o involuntariamente la estrategia terapéutica de intentar "extinguir" un comportamiento no deseado haciendo caso omiso de él, ¡en lugar de analizarlo! Además, dado que muchos de estos pacientes tienen un historial significativo de trauma sexual temprano (Brenner, 1994, 2001, 2004; Kluft, 1986) y fueron amenazados con sufrir graves consecuencias si se lo decían a alguien y/o se les lavaba el cerebro (Shengold, 1989) para que pensaran que nadie los creería jamás, se habían vuelto muy adeptos a la lectura de los demás y a sentir fundamentalmente cuándo debían callar, ocultar y volverse como un camaleón. Desde una perspectiva winnicottiana, prevalecían sus yoes falsos y pseudocompatibles (Winnicott, 1955).

Las cuestiones de la observación del yo, la autoconciencia, la autopercepción, y la percepción del yo son fundamentales aquí, ya que, muy a menudo, puede haber una cohesión considerable dentro de un yo determinado o una "inversión narcisista en la separación" (Kluft, 1986). Al mismo tiempo, por definición, tales pacientes carecen dolorosamente de autoconstancia. Esta aparente contradicción parece alejar la angustia de aniquilación profunda a través de esta ilusión, mientras que, irónicamente, la presencia de otros yoes podría proporcionar a veces compañía o sensación de acompañamiento al paciente y podría defenderlo contra la ansiedad de la separación. De forma no muy diferente a los compañeros de juego imaginables en este sentido, dichos yoes cumplen múltiples funciones en la psique. Dicho arreglo psíquico complejo cumpliendo múltiples funciones (Wälder, 1936) debe tratarse con cuidado, ya que el alcance de la agresión internalizada podría precipitar una regresión suicida. En el caso siguiente, el médico no apreció un enfoque tan matizado y se produjo una catástrofe de consecuencias casi fatales.

Caso clínico

Mientras que un compañero me estaba cubriendo el tratamiento hospitalario a una paciente gravemente traumatizada desde hacía muchos años, cuando yo estaba de vacaciones, ella se le quejó de cómo se había vuelto más consciente, o "coconsciente", de otro yo que trataba de apoderarse de su mente. Ella temía que dicha apoderación la consignara a perderse en algún lugar de su mente para siempre, lo que se asociaba con la ansiedad de un profundo abandono. Subestimando gravemente el alcance de su conflicto, él hizo el pronunciamiento audaz de que trataría de deshacerse de este yo particular, que la estaba acosando.

Creyendo equivocadamente que dicho exorcismo psicológico sería posible gracias a esta presencia imponente y autoritaria, la intervención reactivó un objeto malévolo paterno e internalizado. La paciente entró en pánico y se retiró a su dormitorio, donde, en un estado disociado, encontró una navaja de afeitar que había pasado sin que se dieran cuenta y se cortó la arteria radial en el cuarto de baño. Como el conflicto continuaba al seguir viva, tuvo la intención de salir del cuarto de baño, girar a la derecha, y morir desangrada en su cama, pero en cambio, giró a la izquierda y cayó abruptamente en el suelo del pasillo. Un miembro del personal de enfermería que estaba alerta corrió a su lado y le aplicó presión directamente para que la sangre arterial dejara de salirle a borbotones. Una intervención quirúrgica vascular de urgencia le salvó la vida.

Tras mi regreso y después de una exploración cuidadosa de este desastre, pareció que la sensación de abandono de la paciente en la transferencia la había dejado con una sensación de desprotección y vulnerabilidad ante la directiva intrusiva del doctor que estaba cubriendo mi baja. Al igual que su madre se retiraba en su estado de embriaguez nocturna y permitía que los ataques sexuales maliciosos de su padre se produjeran con impunidad, del mismo modo su analista protector había desaparecido y la había dejado a merced del médico sustituto.

Reviviendo el miedo y los viejos recuerdos de las violentas y repetidas intrusiones de su padre en su joven cuerpo desprotegido, este esquema llegó a verse actuado por un perpetrador interno en forma de un yo disociado que, por miedo a ser atrapado, llevado ante la justicia, y posteriormente eliminado, la había conducido al suicidio. Aquí, la percepción del yo inconsciente y desorientado de la paciente estaba siendo un delincuente sexual perseguido que, acorralado en una esquina sin salida, se dejó llevar por un impulso desesperado, que puso en peligro su vida. La cuestión de la percepción del yo se vuelve algo complicada cuando hay una organización de múltiples yoes disociados que puede, de forma alternativa a veces, o en ocasiones conjuntamente, volverse, por así decirlo, consciente o tomar los mandos de la conciencia.

La percepción del yo corporal

Como Freud nos recordó, en primer lugar y antes que nada, el yo es un "yo corporal" (Freud, 1923b) y, por lo tanto, se acepta generalmente que la base somática del yo tiene un origen sensorial-motriz. El crecimiento de la conciencia del infante sobre la posición corporal y la coordinación muscular, así como sobre la entrada de información sensorial y perceptual se organiza en esquemas (Piaget y Inhelder, 1969; Schilder, 1950). Luego se crean los esquemas y las percepciones múltiples de las imágenes corporales que, en condiciones normativas, se mezclan más o menos sin inconvenientes en un sentido coherente del yo (Kohut, 1971). Un punto nodal del desarrollo, que Lacan consideró erróneamente que se producía a los ocho meses en su "estadio del espejo" (Lacan, 1953), es el reconocimiento del yo de uno en un espejo. Esta etapa está en contraste con el "estadio del espejo" de Kohut (1971), en el que el infante disfruta del calor del brillo de los ojos de la madre. Aunque los bebés pueden reaccionar ante su imagen a una edad tan temprana, las investigaciones más recientes llevan a la conclusión de que esta capacidad es más probable que se logre entre los quince y los dieciocho meses de edad (Asendorpf, Warkentin y Baudonnière, 1996).

Coincidiendo con otros hitos cruciales en este momento, como, por ejemplo, la analidad y el acercamiento, junto con sus acompañamientos afectivo y cognitivo, esta adquisición parece tener una calidad de organización muy importante en ella. Mientras que hay estudios que han concluido que otras especies, como los chimpancés (De Veer, Gallup, Theell, Van den Bos y Povinelli, 2003), los elefantes asiáticos (Plotnik, De Waal y Reiss, 2006), y los delfines mulares (Marten y Psarakos, 1995) también pueden adquirir la capacidad de reconocerse en un espejo, la barrera evidente del idioma que existe entre los seres humanos y estos animales impide una comprensión más profunda de las implicaciones de este logro en estas especies.

Nuestra fascinación ante nuestro reflejo es, muy probablemente, anterior al mito de Narciso, ya que incluso el arte rupestre paleolítico de hace casi 30.000 años ha puesto de manifiesto reflejos de manos humanas reales en forma de representaciones de colores, como si fueran una plantilla, aplicadas cuidadosamente en los muros. Mucho más recientemente, se ha incorporado en diversos géneros de la literatura. Por ejemplo, este tema se encuentra en los cuentos de hadas con espejos mágicos, como en *Blancanieves*, donde la malvada y vanidosa reina supuestamente pregunta: "Espejo, espejito mágico, ¿quién es la más bella de todas?". También se observa en historias sobrenaturales, como la historia de Drácula, el vampiro, cuya imagen no tenía ningún reflejo en el espejo. En la secuela de *Alicia en el país de las maravillas*, titulada *A través del espejo, y Lo que Alicia encontró allí* (Carroll, 1871), Alicia halló un extraño y maravilloso mundo al otro lado del espejo. Caminando al otro lado del espejo que había en la repisa de la chimenea, se encontró con una tierra de contrarios, inversiones y con un viaje a través del tiempo. En el siguiente caso se observa un correlato clínico de esta explicación fantasiosa de ficción.

Caso clínico

Durante una sesión especialmente cargada de ansiedad con Christine, en la que ella se volvió muy consciente de mi presencia en la habitación, le hice una afirmación a ella diciendo que, de alguna manera, yo era como un espejo, ya que la escuchaba y reflejaba las cosas que ella estaba diciendo. Para mi gran sorpresa, poco tiempo después, se produjo un cambio en su afecto, en su sintaxis, en su tono de voz y en su lenguaje corporal, y emergió un yo muy joven, risueño, que decía: "¿Es usted un espejo?". Yo era consciente de este cambio en su estado del yo, y seguí escuchándola. Lo que surgió fue una serie de recuerdos en esta voz de niña y, más tarde, en la voz habitual de la paciente, de sus experiencias cuando era una chica joven. Después de la dolorosa y sexualizada tortura a manos de su madre, ella se retiraba al cuarto de baño y veía su rostro surcado por las lágrimas en el espejo. Cuando miraba su reflejo en el espejo, veía allí a una niña a la que no percibía como a sí misma. En su estado despersonalizado, entonces ella se experimentaba a sí misma entrando en el espejo, en busca de ayuda y consuelo de la chica que ella creía que vivía en el espejo. El resultado era un período de amnesia, que se alivió durante la sesión. Cuando tratábamos de reconstruir lo que le había sucedido cuando era joven, parecía que otro yo, llamado la "Chica del Espejo" o la "Chica en el Espejo", surgía disociativamente, tomaba las riendas y absorbía el dolor. La paciente estaba muy confundida y tardó muchas semanas en encontrar palabras y en darle sentido a este aspecto de su experiencia. Su relación con su reflejo en el espejo y sus intentos de huida hacia el mundo que había dentro del espejo con el fin de conseguir ayuda de su reflejo disociado parecían ser un esfuerzo autohipnótico por su parte para escapar de una situación afectivamente intolerable y físicamente dolorosa.

Comentarios finales

En *Don Quijote* (Cervantes, 1605), el señor y su ayudante se encuentran con el Caballero de los Espejos, un vecino que utiliza espejos para ocultar su propia identidad y espera engañar a Don Quijote para que renuncie a su búsqueda y regrese a casa. En última instancia, Don Quijote sería curado de su locura al ser forzado a verse a sí mismo de forma realista en el espejo para que renunciara a su autopercepción delirante, que surgía de su inconsciente. El espejo como símbolo de percepción realista también se observa en la filosofía del teatro de Shakespeare. Se expresó a través de Hamlet, quien insistió en que se mantuviera el "espejo frente a la naturaleza" y reflejara la vida tal como es. El gran dramaturgo italiano, Pirandello, contemporáneo de Freud, cuyo profundo conocimiento de la naturaleza humana se hacía evidente en sus escritos, también consideró que el espejo era fundamental para su trabajo:

> Cuando un hombre vive, vive y no se ve a sí mismo. Pues bien, colocad un espejo delante de él y haced que se vea a sí mismo en el acto de vivir, bajo el dominio de sus pasiones: o bien se queda asombrado y atónito ante su propia apariencia, o aparta los ojos para no verse a sí mismo, o bien, de lo asqueado que está, escupe en su imagen, o de nuevo aprieta el puño para romperlo; y si hubiera estado llorando, ya no podría llorar más; si hubiera estado riendo, ya no podría reír más, y así sucesivamente. En una palabra, surge una crisis, y esa crisis es mi teatro. (Pirandello, en Bassanese, 1997, p. 54)

Un monólogo del personaje, Laudisi, en *Así es (si así parece)* ofrece un ejemplo teatral de la aparición de aspectos repudiados del yo:

Laudisi

[Caminando por el estudio un rato, sonriendo burlonamente para sí mismo y negando con la cabeza; entonces se coloca delante del gran espejo que hay sobre la repisa de la chimenea; él mira a su imagen y empieza a hablarle]: ¡Oh, así que estás ahí! [Saluda a su imagen levantando dos dedos, guiñando astutamente el ojo y riéndose sarcásticamente.] Dime, viejo amigo, ¿cuál de nosotros dos está loco? [Levanta una mano y señala con el dedo índice a su imagen que, a su vez, le señala con el dedo a él. Entonces, otra risa sarcástica.] Ah, sí, ya lo sé: yo digo "Tú" y tú me apuntas con el dedo. Venga, vamos, admitámoslo, solo entre tú y yo, los dos nos conocemos bastante bien, ¿no es así? ¡El problema es que la gente simplemente no te ve como yo te veo! Entonces, querido amigo, ¿qué te sucede? En cuanto a mí, puedo decir que aquí, frente a ti, puedo verme a mí mismo y me puedo tocar a mí mismo; pero tú,

¿qué va a ser de ti? ¿Cómo te ven las otras personas? ¡Un fantasma, mi amigo, una imagen fantasmal! Y, sin embargo, ¿tú ves a toda esta gente loca? Sin prestar atención a esa imagen que llevan con ellos, dentro de ellos mismos, corren de un sitio a otro llenos de curiosidad, persiguiendo la imagen fantasmal de los otros. Y ellos creen que es algo diferente. (Pirandello, 1995, p. 173)

Al final, mientras que conceptos tales como el yo observador centran nuestra atención en la percepción consciente del yo, deben tenerse en cuenta las percepciones conscientes y disociadas, con el fin de que "realmente" nos veamos a nosotros mismos en el espejo. También hay que tener en cuenta que yo podría haberme desviado tan lejos de la contribución original de Freud de 1915, que la he usado como punto de partida y poco más. Después de todo, no creo que la palabra "yo" aparezca incluso en ninguna parte del texto, ya que él parece estar más interesado en explorar las cualidades de lo inconsciente, la metapsicología de la represión y la relación de lo inconsciente con lo preconsciente. Por lo tanto, tal vez sería útil recordarle al lector que, en el momento, Freud creía que:

> El contenido de lo *Icc*. puede compararse con una población aborigen en la mente. Si las formaciones mentales heredadas existen en el ser humano, es decir, algo análogo al instinto que existe en los animales, éstas constituyen el núcleo de lo *Icc*. Más tarde, se ha añadido a ellos lo que se descarta como inservible durante el desarrollo de la niñez [...] (Freud, 1915e, p. 195)

Por ese motivo, sostuvo que lo inconsciente estaba habitado por la herencia evolutiva de nuestra especie en algún estado de personificación. Así pues, podría deducirse que un mejor entendimiento no sólo de "qué", sino de "quién" reside en esos oscuros recovecos de nuestra mente podría fomentar una mejor integración de la psique.

Nota

1. Los ojos y sus estructuras circundantes son bastante reactivos ante los estados afectivos. También se han observado cambios en el color de los ojos. Una de estas pacientes a quien traté en el hospital insistía en que nos viéramos en una sala oscura para que yo no supiera que se había producido un cambio y que otro yo "estaba fuera".

CAPÍTULO 9

"A pesar de mi yo": la resolución de problemas y lo inconsciente*

Stefano Bolognini

Como suele suceder, esta cuestión me ha llevado a una serie de reflexiones de diversos tipos, que van más allá de lo específicamente teórico y del campo clínico del psicoanálisis.

Mientras me movía por mis asociaciones, influencias y recuerdos, me llamó la atención la percepción interna de un agudo sentimiento de envidia al llevar a mi mente algunas figuras que actuaban como parte de mi experiencia personal, que se caracterizaban de alguna manera por una actitud sorprendentemente intuitiva y por una capacidad instintiva de hacer frente a problemas de diversa índole y resolverlos.

Sin duda, una envidia bien justificada, en mi opinión, una envidia fisiológica y "secreta" de la que no me avergüenzo ni me siento culpable y que, cuando todo está dicho y hecho, incluso me lleva a sentir una cierta sensación de solidaridad dentro de mí mismo. ¿Cómo no puede uno *no* envidiar, de hecho, a personas que parecen estar dotadas con el don de no tener que buscar soluciones a determinados problemas, [...] personas que, en cambio, parecen ser buscadas por las soluciones... que, finalmente, las encuentran?.

---

*Traducción de la edición en inglés traducida por Gina Atkinson, MA.

Voy a tratar de explicarme

Hay personas que se caracterizan por estar "dotadas de sentido práctico", en el amplio sentido de la palabra y no necesariamente en referencia a habilidades concretas o manuales. A otros se les describe sucintamente como "intuitivos"; y a otros incluso como capaces de regularse instintivamente a sí mismos en situaciones más complejas, lo que da la impresión, no de desconcertarnos con respecto a las cosas de una manera razonada y obsesiva, sino de inventar soluciones útiles con una cierta creatividad rápida y fluida.

Y si, en muchos casos, logramos observar un yo central consciente y con buen funcionamiento desarrollándose en estas personas, somos capaces de centrarnos de manera efectiva en el problema, de no perder su camino o de liarnos de un modo contraproducente al enfrentarnos a la tarea en cuestión, en otros casos, observamos algo más sorprendente y menos comprensible. Es decir, algunas personas realmente parecen pasar por alto los procesos normales necesarios para orientarse por donde van, hacer análisis y ver el contenido del problema, y en lugar de ello, aterrizan sin problemas y directamente en la solución, quién sabe cómo.

Podemos dar por sentado que en esta descripción que hago, existe un cierto énfasis idealizante debido a la intención de poner de relieve este tipo de impresión y de fenómeno; también podemos estar de acuerdo, entonces, en que yo podría estar exagerando un poco a la hora de establecer una categoría separada para este tipo de funcionamiento mental en el ámbito de la resolución de problemas.

Sin embargo, parece que hay algo de verdad en esto, en el hecho de que existe un reconocimiento generalizado de la fenomenología que he descrito, incluso aunque sea algo verdaderamente raro. Por otra parte, precisamente el sentimiento de envidia al que me refiero me ha permitido reflexionar sobre esta cuestión con mayor curiosidad y con más motivación, en busca del "secreto" de estas habilidades sorprendentes, hasta el punto de que, a todos los efectos, considero que constituye la fuerza motriz de estas consideraciones.

* * *

En el capítulo VI de "Lo inconsciente" (1915*e*), "Comunicación entre los dos sistemas", Freud hace un comentario muy importante sobre el trabajo psíquico llevado a cabo por lo inconsciente:

No obstante, sería erróneo imaginarse que lo *Icc.* permanece en reposo mientras todo el trabajo de la mente es efectuado por lo *Prcc.*, que lo *Icc.* es algo acabado, un órgano rudimentario, un residuo del proceso de desarrollo. También sería erróneo suponer que la comunicación entre los dos sistemas está confinada al acto de la represión, en que lo *Prcc.* arrojaría al abismo de lo *Icc.* todo lo que le pareciera perturbador. Por el contrario, lo *Icc.* está vivo y es capaz de desarrollarse, y mantiene con lo *Prcc.* toda una serie de relaciones; entre otras, la de la cooperación. En resumen, debe decirse que lo *Icc.* se continúa en lo que se conoce como derivados,[1] que es asequible a las impresiones de la vida y que influye constantemente sobre lo *Prcc.* y, a su vez, está sometido a influencias de parte de lo *Prcc.* (p. 190)

Y más adelante:

El hecho de que el *Icc.* de un ser humano pueda reaccionar sobre el *Icc.* de otro, *sin necesidad de pasar por lo Cc.*, se trata de algo muy destacable y merece una investigación más a fondo, sobre todo con vistas a averiguar si la actividad preconsciente puede excluirse como algo que desempeña un papel en ello; pero, desde el punto de vista descriptivo, se trata de algo indiscutible. (P. 194, la cursiva es nuestra.)

De estos dos pasajes de Freud, me gustaría destacar, a continuación, dos conceptos fundamentales:

1. *Lo inconsciente, también, "trabaja"* (y, como dice Freud, a veces "colabora").
2. *Lo inconsciente puede ser activado.* Por ejemplo, se puede combinar con lo inconsciente del otro, "eludiendo" la mente consciente.

Muchos autores han explorado el trabajo de lo inconsciente, centrándose particularmente en el trabajo del sueño, entendido de manera diferente al clásico "trabajo onírico", que está destinado en general a enmascarar el contenido latente. Casi todos los autores que citaré estaban fascinados, de hecho, por la variabilidad de la *combinación del proceso primario y del proceso secundario* que, a veces, parece que se crea en el sueño, producido en una especie de *"aventura conjunta" entre lo inconsciente y lo preconsciente, en ausencia del yo consciente.* Por lo tanto, parecería apropiado diferenciar estas dos actividades de lo inconsciente, mediante la designación de esta actividad como "trabajo onírico".

Siguiendo por esta vía, veremos cómo este trabajo de lo inconsciente en colaboración con lo preconsciente puede manifestarse más fácilmente cuando hay una cierta disposición psíquica interna, que, por lo general, incluye al *yo consciente* del sujeto *"puesto en modo stand-by"*, o al yo que tiene *una presencia periférica muy discreta, no invasora*.

Este es el tema que ocupa la segunda parte de mi artículo. En la primera parte, trato de describir algunos procesos que creo que podrían ser fundamentales en, al menos, una comprensión parcial de la creatividad de lo inconsciente y de su capacidad de resolución de problemas.

Lo inconsciente como área de transformación activa

En *Secret Passages: The Theory and Technique of Interpsychic Relations* (2011), hice un resumen de algunas de las contribuciones inspiradoras de esa época que son muy diferentes entre sí, aunque todas estén orientadas hacia la perspectiva de un inconsciente "sensible", que está "en funcionamiento" y es potencialmente transformador:

> Adler (1911) hablaba de las "funciones de premeditación" del sueño; Maeder (1912) hablaba de una *function ludique* [función lúdica] del sueño, como un ejercicio de preparación para posteriores operaciones de la realidad externa; Grinberg (1967), que describe los sueños "elaboradores" en fases de integración, destacaban la creciente capacidad reparadora del paciente cuando comienza a saber cómo cuidar de sí mismo; Garma (1966) esbozó una manera "amplia" de pensar durante los sueños: un pensamiento de tipo arcaico, intensamente visual, pero en el que existen los juicios, las reflexiones, las críticas y otros procesos mentales, que pertenecen al mismo tipo que los de la vigilia; la línea teórica que se inicia con Winnicott y llega hasta Bollas puso en valor la dimensión experiencial del sueño; De Moncheaux (1978) planteó la hipótesis de una función reintegradora del sueño con respecto al trauma; y Matte Blanco (1981) volvió a evaluar un posible aspecto de desplazamiento en los sueños, como una apertura (a veces, creativa) de nuevos lugares, tiempos y representaciones posibles, y veía la condensación como un intento de integración de las diferentes categorías espacio-temporales.
>
> Aún hay más: Kramer (1993) estaba preocupado por los efectos de la actividad onírica sobre la función estabilizadora del estado

de ánimo, y Greenberg y Perlman (1993) por el aumento del sueño REM en situaciones de aprendizaje complejo. Fosshage (1997) sacó a relucir la función sintética, en términos generales, del proceso primario, que hace hincapié, a través de imágenes sensoriales y visuales muy intensas, en la coloración afectiva de la experiencia. (p. 140)

Menciono esta visión de conjunto de los autores —que, ciertamente no son homogéneas entre sí, y sólo son parcialmente relevantes para la cuestión que se está sometiendo a examen—, porque los considero unidos, de todos modos, por su interés en un componente misterioso de trabajar sobre las cosas que existen en un nivel onírico profundo: *algo desconocido para el yo funciona, combina, ensambla, concibe, crea, transforma.*

Por otra parte, la historia de la filosofía y la historia de la ciencia abundan en ejemplos famosos de sueños que abrieron el camino para una solución a los problemas de extrema dificultad de la persona que sueña (si pensamos en el sueño de Bohr sobre la composición del átomo). Incluso la literatura antigua y la mitología hacen referencia con frecuencia a una intensa actividad inconsciente, que es portadora de soluciones inesperadas que pueden pillar por sorpresa al yo central consciente del sujeto. Particularmente, es en el sueño donde los dioses tienen apariencia de mortales y les transmiten a estos lo que tienen que hacer en los momentos cruciales de sus experiencias: soluciones aparentemente "mágicas" que brotan de fuentes profundas y no del razonamiento consciente del yo del sujeto.

En un nivel menos abstracto, sostengo que el famoso cuento de *El gato con botas* puede representar adecuadamente en forma metafórica lo que nos estamos planteando aquí.

El cuento, originado en la tradición popular, pero narrado en distintas épocas por Giovanni Francesco Straparola (en el siglo xv), y luego por Giambattista Basile y Charles Perrault (siglo xviii), por Ludwig Tieck en 1797 y, finalmente, por los hermanos Grimm en el siglo xix, nos habla del más joven de los tres hijos de un molinero. A la muerte del padre, este joven hereda de él sólo un gato, mientras que sus hermanos reciben ganancias mucho más sustanciales.

A solas con el gato, el niño está ansioso porque no sabe cómo sacarse a sí mismo de unas situaciones desafortunadas y aparentemente imposibles; su mente está oprimida por la desesperación, y él no ve la salida. ¡Entonces es el gato (un animal infravalorado, pero extremadamente inteligente, y que también era tenido en gran estima por el padre del niño) quien se pone a inventar soluciones adecuadas!

Después de haber diseñado hábilmente una excelente relación con el rey en nombre de su amo, haciéndole creer que el niño está al servicio de un noble caballero, el gato lleva a cabo su *hazaña*, persuadiendo a un ogro malvado para que se transforme en un ratón y luego librándose de él. De esta manera, el niño se quedará con el castillo del ogro, y con él logrará su correspondientemente estatus social superior.

¿Qué es el gato?" Es una parte instintiva del niño, dotado con un genio inesperado en el área de resolución de problemas, que pilla a todos por sorpresa.

El niño (a su vez una metáfora del yo central consciente) está demasiado limitado y agobiado por sus dificultades, y tal vez también por un sentimiento básico de insuficiencia, para ser capaces de pensar o de actuar en consecuencia. El gato, por el contrario, que es intuitivo y abierto de mente, se salta cualquier ansiedad posible acerca de la insuficiencia con una buena dosis de omnipotencia (después de todo, él usa las "botas de siete leguas") y consigue invertir la situación, transformando al ogro invencible en un ratón fácil de dominar, y otorgando así poder al niño ("el castillo del ogro"), para que el niño sea capaz de casarse con la princesa.

Pero espere un momento: sí, hay que felicitar al gato extraordinario, pero también deberíamos quitarnos el sombrero ante el niño, por no oponerse a esos logros, por no sentirse venido a menos por los roles poco habituales desempeñados por los dos, y por tolerar su propia pasividad en relación con la iniciativa del gato; él no se vio cegado por la envidia ante la inteligencia del gato.

El ego central consciente (el niño) sabía cómo reconocer y respetar la creatividad ocasional superior de la totalidad de lo inconsciente-preconsciente (el gato) en estas dificultades, dándole espacio sin oponerse narcisísticamente a él y sin permitir que sus deseos de control prevalecieran sobre lo que sucedía en esta coyuntura.

Todo esto fue imprevisto. Nos encontramos a nosotros mismos observando no una unidad individual, con talento y habilidad, sino, en lugar de ello, *una pareja que colabora bien, gracias al hecho de que uno de ellos deja que el otro trabaje en las áreas donde el otro funciona mejor.*

Tal vez algo así —representado aquí en el nivel de los objetos internos y de las partes del yo— había sucedido hacía ya mucho tiempo entre el niño (entonces en el papel del gato) y una figura que fue crucial para su experiencia vital. ¿Alguien había permitido que el niño llevase a cabo exploraciones y desarrollase áreas de competencias? ¿Realmente alguien había entendido uno de sus talentos existenciales y naturales?

Como ya habrán notado, estoy describiendo *una situación favorable en la relación interna entre el yo de un individuo y su ser*, y estoy aludiendo a los *estilos parentales interpsíquicos* y a los eventos originarios formativos que, *una vez introyectados*, pueden producir sólo una situación tan positiva más tarde en la vida del individuo que realmente constituya una preciada "herencia".

Volveremos a este punto más adelante, ya que por ahora quiero limitarme a hacer una hipótesis y una descripción de *un área onírica potencial y ocasionalmente creativa, que se basa en la posibilidad de representación, de descomposición y de recombinación de los elementos en juego en el mundo interno del sujeto, gracias al efecto de confianza y reconexión del proceso primario, y a la reorganización permitida por el proceso secundario*, que unas veces se da en ciertos grados y otras en otros.

El trabajo de lo inconsciente se comporta de esta manera. El yo puede estar de acuerdo con ello o en su contra.

Las muñecas quitapenas guatemaltecas

Hay una preciosa costumbre centroamericana en relación con esto que me parece que es una representación metafórica ilustrativa de lo que acabo de esbozar en términos metapsicológicos, y que me contó hace muchos años una paciente analítica que acababa de regresar de un viaje a Guatemala.

Para contextualizar mejor esta metáfora, mencionaré antes un poco de información clínica significativa; de hecho, está bastante en consonancia con el hecho de que la paciente trajera a su sesión precisamente este material asociativo y que ella participara en un pequeño ejemplo de actuación: me hizo un regalo (algo que era concreto).

La paciente llevaba cuatro meses en el análisis y estaba pasando por un momento de regresión feliz, distinta y benigna del tipo de "luna de miel" analítica. A mi modo de ver, estaba reproduciendo una experiencia primaria positiva de fusión y cuidados (sus problemas traumáticos habían ocurrido con posterioridad a esa fase).

Muy significativamente, la paciente me regaló un pequeño tesoro: un amuleto guatemalteco de la suerte, que consistía en una pequeña caja con seis muñecas, cada una diferente a las demás. La costumbre popular, según me explicó, era que había que colocar las seis muñequitas al lado de la cama cada noche. Después de contar un problema diferente a cada muñeca, había que apagar la luz, y echarse a dormir.

Durante la noche, las seis muñequitas hablarían la una con la otra, ¡y por la mañana se tendría una visión diferente de los problemas de uno!

Esta costumbre me dejó fascinado y, además de considerar el significado que tenía esta historia para la paciente, me puse a reflexionar sobre las ventajas que esta costumbre podía ofrecer a quienes la practicaban. Por ejemplo, le puede permitir a uno dormir más profundamente, porque los problemas de uno han sido confiados "a otra persona". Además, está demostrado que más de un cierto número de problemas (en este caso, seis) no pueden tratarse al mismo tiempo, con lo que se marca un límite estándar ante una posible avalancha de ansiedades y perturbaciones, estableciendo un contenedor.

En general, se demuestra una confianza básica en la existencia de un proceso revisor de transformación inconsciente, que se produce en ausencia del yo central consciente (mientras el sujeto duerme) y puede producir cambios sustanciales en la visión que tiene uno de las cosas.

Con el yo en un estado de relajación de la vigilancia defensiva, la contención de las ansiedades —representadas por la historia y confiadas a otra "persona/cosa" (las muñecas)— y la recombinación creativa de contenidos (una "solución" en el sentido etimológico doble de "liberación" y "resolución") debida al proceso primario parecen estar felizmente condensadas en este pequeño ritual privado. El trabajo se llevará a cabo en el soñador *con el desconocimiento parcial* del yo consciente, *pero con su consentimiento*, la aceptación dada del ritual.

El ambiente general de este giro de los acontecimientos es, en todo caso, cómodo, íntimo y a escala humana. Aquí, el trabajo es confiado a lo inconsciente, que se entiende implícitamente como un recurso natural al que se puede recurrir sin ningún temor.

Intuición

Vamos a dar un paso hacia atrás, por un momento, para volver al aspecto fenomenológico de los procesos que estamos explorando.

El concepto de "intuición" (originario del verbo latino "*in-tueor*", es decir, "una mirada hacia dentro") designa ese tipo de conocimiento aparentemente inmediato que no pasa a través del razonamiento cognitivo o de un proceso sensato, y eso parece, en cambio, que sale milagrosamente de algún lugar que está muy adentro.

La intuición ha tenido un largo desarrollo y un rumbo muy alborotado en filosofía, desde la era de los grandes pensadores de la Antigua Grecia, que le ha dado múltiples lecturas y definiciones. Al plantearse lo que era la intuición, a veces se centraban en el funcionamiento sensorial, pero más a menudo en el del intelecto, con una fuerte tendencia hacia la descripción de las experiencias trascendentes y la idea de percepción inmediata de los "primeros principios" (como en Platón y Aristóteles).

Mi impresión personal, al volver a reflexionar sobre esos antiguos recorridos a través de los textos de filosofía, es que, en general, los filósofos intentaron con gran resolución darle mucho valor a la intuición, atribuyéndole características y funciones especiales a la misma (por lo general contrastándola con una insistencia en la mera percepción sensorial). Sin embargo, no se puede extraer mucha información interesante sobre la naturaleza de los procesos psíquicos abiertamente implícita a partir del estudio de estos filósofos.

Me parece que las colaboraciones de la psicología cognitiva son mucho más estimulantes para el estudio de este fenómeno, incluso si no resulta tan útil para la comprensión de los procesos subyacentes. En 1926, Graham Wallas, que había estudiado los procesos que conducen a las soluciones creativas de los problemas, describió cuatro etapas típicas en estos procesos:

- *preparación de la tarea*, en la que se intenta describir y comprender el problema en sus diversos aspectos;
- *incubación*, una especie de período de decantación en el que el sujeto no piensa en el problema y, en lugar de ello, se dedica a otras cosas;
- *iluminación* (o *"percepción"*), cuando la solución al problema se revela de forma repentina e inesperada (algo análogo al "¡Ajá! *Erlebnis*" de los fenomenólogos);
- *evaluación*, cuando el yo cognitivo se coloca en la vía de paso hacia las partes intuitivas, proporcionando una explicación integradora de lo que se ha adquirido.

Un ejemplo de este proceso podría proporcionarlo el testimonio del matemático francés Poincaré, que habitualmente dedicaba un par de semanas a la fase de "preparación de la tarea" y luego se retiraba de ella, dedicándose a otras actividades. A continuación, él era entonces el destinatario de una "explosión de iluminación" de una manera inesperada, mientras estaba ocupado con excursiones geológicas y otros estudios.

Este modelo trae a la mente la capacidad análoga de los analistas para la suspensión, que me gusta definir como algo a lo que se "resignan felizmente"—desde determinado momento de su desarrollo profesional en adelante— para dejarse sorprender por el surgimiento espontáneo y no planificado de soluciones interpretativas e intuiciones empáticas (Bolognini, 2004). Esto puede ocurrirle al analista después de que haya terminado todos los actos intencionales de la investigación y, en lugar de ello, se haya confiado a sí mismo a la atención que se cernía.

Metcalfe y Wiebe (1987) demostraron *que los problemas que requieren una solución creativa se pueden resolver eficazmente y bastante pronto*. En su interesante estudio participaron investigadores que fueron sometidos a una situación problemática, en intervalos de cuatro minutos, para que vieran cuánto pensaban que estaban avanzando hacia una solución a la tarea. Los resultados mostraron que había una conciencia de progreso muy presente en los procesos en los que intervenían estrategias destinadas a la reproducción de situaciones experimentalmente verificables, mientras que estaba ausente en los procesos que se caracterizaban por "saltos" intuitivos.

Por otra parte, ya en 1959, Wertheimer había propuesto como hipótesis, desde un punto de vista gestaltiano, que la *intuición creativa* puede surgir *cuando el individuo capta nuevas relaciones entre los elementos de un problema*. De Bono (1970) trazó esta vuelta a la "capacidad para el pensamiento lateral", una movilidad especial del centro de gravedad observante basado en el supuesto de una multiplicidad potencial de puntos de vista a la hora de plantearse un problema.

Por el contrario, entre los obstáculos que se presentan ante el funcionamiento de estos procesos intuitivos estaría el fenómeno complejo que se describe en psicología como "formulación subjetiva" ("Impostazione soggettiva", Rumiati, 2006), en relación con los patrones de resolución de problemas que son tan repetitivos y habituales para una persona que le impiden tener en cuenta las vías alternativas. Este concepto recuerda la idea de "fijeza funcional" (Duncker, 1945), que está más conectada, no obstante, a la consideración repetitiva de las características de los objetos.

Si continuamos extrayendo información de las investigaciones psicológicas, me gustaría mencionar en último lugar un proceso destacable que ha tenido aplicaciones sumamente productivas en muy distintos ámbitos: el concepto de "lluvia de ideas" (Osborn, 1962), especialmente interesante cuando está conectado a un ambiente de grupo. Si una parte del trabajo mental de los coparticipantes, sin duda, adopta la forma de una simple expansión de la capacidad operativa de los diferentes "yoes en funcionamiento" que hay en el grupo, de muchas maneras y en otros niveles, resulta, sin embargo, innegable que la lluvia de ideas produce algo más que una simple suma de los recursos cognitivos.

Tal vez el fenómeno de la lluvia de ideas resuena del comentario de Freud que se ha citado anteriormente: "El hecho de que lo *Icc.* de un ser humano pueda reaccionar sobre lo *Icc.* de otro, *sin necesidad de pasar por el Cc.*, se trata de algo muy destacable" (1915e, p. 194).

Aquí, según creo, estamos en el ámbito de la labor llevada a cabo por las seis muñequitas del ritual guatemalteco. Es sólo que, en la lluvia de ideas, los individuos están despiertos y son personas reales. Pero, ¿hay algo similar aquí, que dependa de una disminución compartida de las defensas del yo? ¿Es lo interpsíquico un factor?

Conexiones entre las teorías cognitivas y la visión psicoanalítica de intuición

Como psicoanalista, me veo obligado a revisar estas aportaciones estimulantes de las teorías cognitivas, que, en cierto sentido, predicen y describen la producción de efectos de exclusión relacionados con el punto de vista habitual del sujeto, y me gustaría integrar estas teorías con determinados conceptos psicoanalíticos que me parecen de gran valor ya que arrojan luz sobre algunos aspectos de la intuición.

Me refiero, por ejemplo, a los derivados funcionales de los *procesos de identificación parcial* (Grinberg y Grinberg, 1976), que pueden producirse de manera fisiológica en el mundo interno, si ha habido *introyecciones adecuadas y múltiples de objetos útiles y positivos y de sus funciones.* Estos objetos internos son los equivalentes intrapsíquicos, si se quiere, estables y estructurados, de las seis muñecas guatemaltecas.

Dicho de otro modo, es más fácil que el sujeto sea capaz de asumir múltiples y diferentes puntos de vista que están, no obstante, coordinados entre sí, con una adecuada síntesis, si él ha experimentado, hasta el punto de introyectarlo sólidamente, una forma similar de estar en algunas de las figuras que han sido significativas para él, y que ahora están presentes y son accesibles en su mundo interno.

Sin embargo, para que este proceso pueda tener lugar, es necesario que tales identificaciones intensas no sean totales, y que no sustituyan al propio individuo. Debe haber una estructura y una forma habitual de funcionamiento en la que haya un cierto grado de separatividad interior. *Es decir, el sujeto debe ser capaz de consultar a sus objetos*, colocándose parcial y temporalmente en su lugar, pero "con un billete de ida y vuelta", por así decirlo, identificándose con los objetos y sus puntos de vista, pero también gestionando para recuperar su propio centro de gravedad observante y organizador. De esta forma, se conserva tanto un sentido de uno mismo como una movilidad interna adecuada en relación con los otros objetos, *sin "fijarse" en una identificación con ninguno de ellos*.

Esta movilidad interna, no consciente y no intencional, que en realidad se desarrolla de una manera natural, sincrética y en un período muy breve de tiempo, tal vez podría ser "desenmascarada" en las siguientes preguntas autodirigidas: "¿Cómo vería estas cosas... mi padre? ¿Y mi madre? ¿Y mi maestro? ¿Y mi amigo?", etc.

Y la pluralidad de los objetos "consultados" podría estar conectada con la integración y la convivencia de más figuras familiares que enriquecen la realidad del niño. En mi idioma (Bolognini, 2011), considero que estos procesos son "la capacidad que tiene el yo central de consultar los objetos internos"; de esta manera, el yo central puede recurrir a la creatividad y a la riqueza de estas fuentes internas y a sus diversas perspectivas.

Un análisis aún más detallado de los niveles de interiorización (un término general con el que se agrupan todos los procesos a través de los que un objeto se lleva desde fuera hacia dentro) requiere una aclaración con respecto a algunas preguntas básicas.

1. ¿"Dentro" de qué? ¿En el yo o en el ser del individuo?
2. ¿Qué es "dentro"? ¿Y cómo llega a estar allí?

Siguiendo el criterio de una cierta equivalencia funcional entre los procesos corporales y los psíquicos, podemos describir los diversos grados y tipos de interiorización de esta manera.

- *El objeto se toma en la boca*, se saborea, se controla (no se traga y no se escupe hasta que el sujeto decide llevar a cabo una de estas dos acciones que le llevaría a dejar de tener el control del mismo) y, de esta manera, se pueden conocer algunas de sus características, tales como forma, consistencia, sabor, etc.

Este nivel ("incorporación") está en juego en la *imitación*: el sujeto puede experimentar algunas de las características del objeto y reproducir mentalmente algunos de sus aspectos de manera consciente, separándose de ellos, sin embargo, sin dificultad y sin modificaciones que perduren en el propio mundo interno del sujeto.

Los actores profesionales —especialmente los cómicos, especialistas en hacer imitaciones— desarrollan un cierto grado de dominio y técnica psicológica cuando llevan a cabo estas operaciones de forma deliberada al imitar a otra persona.

- *El objeto se traga, pero no se digiere*. De esta manera, el objeto es "tomado dentro", ocupa un espacio interno (concretamente, en el estómago) y ya no puede ser controlado voluntariamente, excepto en los vómitos intencionados de la anorexia, pero permanece en el interior como un objeto interno y no se convierte en parte del ser del individuo (literalmente, de las células del organismo). Es distinto al ser, a pesar de estar "dentro".

El objeto está "internalizado". Los procesos de *identificación proyectiva con el objeto internalizado son posibles* (el sujeto, identificándose con ello, "se convierte en" el objeto), *pero al precio de una cierta sustitución del yo* por ese objeto.

En general, esta situación es patológica. Las identificaciones introyectivas parciales no se llevan a cabo con funciones individuales (como se ve en el párrafo siguiente).

En estos casos, la persona no logra consultar los objetos internos, tanto porque —estando en un estado de identificación proyectiva con uno de ellos— él ve el mundo y tiende a funcionar sólo de acuerdo con la perspectiva del objeto con el que él se identifica y porque, en ausencia de cualquier separación interna, él no puede dialogar con cualquier objeto internalizado.

- *El objeto se digiere y pasa a convertirse en parte del ser corporal*. El equivalente psíquico de eso es la adquisición de funciones características parciales recibidas del objeto, que empiezan a formar parte auténticamente del ser y del yo del sujeto a través de la introyección del ser nuclear (Wisdom, 1967).

Nos encontramos entonces en el área de las *identificaciones introyectivas parciales*.

Pero una parte de esta imagen es también *la relación interna con los objetos completos* (por ejemplo, el padre, la madre o un maestro) que se conservan bien como recuerdo, representación y afecto, con los que relacionarse sin que sustituyan el yo del sujeto por identificaciones reales. Alojado dentro del ser, distinto del yo central y consciente del sujeto, pueden convertirse en objetos de consulta.

Yo sostengo que, sobre esta base (que deriva, fundamentalmente, de la teoría de las relaciones de objeto), *los obstáculos específicos para la consulta de los objetos internos* pueden ser responsables del fenómeno de la "formulación subjetiva" descrito por Rumiati (2006), perteneciente a patrones repetitivos de la resolución de problemas que interfieren con la consideración de vías alternativas. El concepto de "fijeza funcional" de Duncker (1945) que hemos mencionado anteriormente puede ser una consecuencia más de estos obstáculos para la consulta de los objetos internos.

Estos conceptos psicológicos describen efectivamente el resultado disfuncional de los arreglos psíquicos que impiden la intuición creativa y "pescan" soluciones de la zona inconsciente-preconsciente. La teoría psicoanalítica de las relaciones de objeto nos permite retratar el escenario interno que hace que las consultas en profundidad sean posibles o imposibles, así como la alternancia de diferentes puntos de vista y de una cierta parte del trabajo de lo inconsciente.

Para la crítica, he planteado la hipótesis de que, en su rigidez, la "formulación subjetiva" y la "fijeza funcional" revelan implícitamente *una unión clara y extrema de identificación que ha ocupado el lugar del yo central* (que, en general, tendría un alcance más amplio, si fuera sano), *hasta el punto de colonizarlo*. Este objeto no es con poca frecuencia una figura "ocupante" parental con quien el ego del sujeto se identificó proyectivamente; fue así totalmente, en detrimento de su propia autenticidad, espontaneidad y curiosidad.

Por cierto, este es precisamente el problema de los analistas que han seguido demasiado identificados intensa y exclusivamente con su propio analista o, incluso con más frecuencia, con sus supervisores: estos analistas se han "convertido" en sus objetos, que de esta manera reemplazan a su ser, y en realidad no pueden consultarlos realmente.

Intuición desidealizante

Los párrafos anteriores se han dedicado al estudio de la "formulación subjetiva" y de la "fijeza funcional" desde un punto de vista psicoanalítico. Ahora me gustaría abordar otro aspecto particular de la intuición, conectado no tanto con el problema de la *variedad* de puntos de vista sino con la *rapidez*, o falta de ella, del proceso.

Le debemos a Heinz Kohut algunos comentarios interesantes —desencantados y, en absoluto, idealizantes— sobre el fenómeno de la intuición, comentarios que pueden hacer avanzar aún más nuestro progreso en este sentido. Según Kohut (1971), *los procesos mentales que parecen ser intuitivos*, y que suelen impresionar al observador hasta el punto de hacerle creer que se encuentra en presencia de poderes muy especiales, diferentes de los ordinarios, de hecho sólo se diferencian en la velocidad con la que se lleva a cabo la operación mental, es decir, la operación que nos ha impactado tanto como para hacernos suponer la presencia de formas extraordinarias de funcionamiento.

Además, Kohut observa:

> El talento, la formación y la experiencia se combinan a veces para producir resultados, en una variedad de áreas, que nos parecen intuitivas; así pues, podríamos encontrar la intuición en funcionamiento no sólo en la observación empática del campo de los estados psicológicos complejos (tal como la emplean los psicoanalistas), sino también [...] en el diagnóstico médico, o en las decisiones estratégicas de un campeón de ajedrez, o en la planificación de los experimentos de un físico. (1971, p. 303)

Este comentario acerca de la velocidad del proceso que es, entre otras cosas, más bien tangencial, ya que Kohut lo relaciona casi de forma casual en un capítulo dedicado realmente a la empatía, me parecía al principio un poco reduccionista, pero, con el paso del tiempo, he vuelto a evaluarlo (probablemente también porque limitaba implícitamente la "envidialidad" de los recursos "mágicos" demostrados por los sujetos intuitivos...).

Creo que Kohut podría haber estado viendo la situación con precisión aquí, y que valdría la pena explorar el problema desde otro punto de vista. Por ejemplo, si esta hipótesis está bien fundada, ¿qué es lo que podría provocar una pérdida de esa velocidad de funcionamiento mental? Dicho de otro modo, ¿qué es lo que puede obstaculizar, hacer que pesen o paralizar los procesos de pensamiento? Y, para continuar con nuestra exploración, ¿qué adquisiciones útiles pueden acudir en nuestra ayuda, en este sentido, a partir del estudio comparativo de la patología neurótica y la patología psicótica?

El derroche de energía y el funcionamiento del yo

El estudio de las neurosis desde un punto de vista económico ha revelado que existe una pérdida característica de energía en la represión: es decir, los contraataques necesarios para mantener reprimido el contenido de generación de conflictos implica un mayor coste económico, del cual la fatiga general, el enrevesamiento y un retraso funcional del pensamiento pueden a veces constituir síntomas que acompañan a los que son más específicos de las neurosis.

En mi forma de expresarlo, *el neurótico "viaja con toda su carga de equipaje* (sintomática, onírica, económica) *en su bolsa de mano"*, en un sistema de represión cada vez más precario y costoso hacia lo inconsciente dinámico, y los activos del ser no se separan y se proyectan muy lejos.

Continuando en un nivel metafórico, *los neuróticos no pierden sus activos* (el legado del ser es reprimido, pero no dividido). *Sin embargo, deben gestionarlo para apoyar los gastos tan elevados con el fin de continuar reprimiendo* y mantienen dentro del *caveau* inconsciente los elementos conflictivos que harían alterar la disposición de la "zona de día" del yo. Agotados por las exigencias que se le hacen a su energía, tienen las cuencas de los ojos muy hundidas, por así decirlo, [...] y fatiga extrema, que, de hecho, son síntomas neuróticos.

Las complicaciones, el enrevesamiento, la inhibición de cualquier retraso de pensamiento pueden ser el resultado de continuas y contraproducentes interferencias por parte de los componentes internos en conflicto que prevalecen sobre el yo, lo que limita su capacidad normal de trabajo, y del despilfarro de energía que se lleva la fuerza del yo. La velocidad más lenta de los procesos mentales haría que los momentos rápidos e "intuitivos" fueran muy escasos, de acuerdo con la observación de Kohut.

Mi hipótesis adicional es que, en muchos casos, la capacidad del yo para dejar espacio a las aportaciones creativas de lo preconsciente y de lo inconsciente también puede estar dañada. En un estado de alarma interna y un consiguiente aumento del control del yo y de la contractura funcional, el sujeto no se permite a sí mismo hacer uso de enriquecedoras consultas intrapsíquicas con objetos internos, y no experimenta sus puntos de vista sobre sus formas de ser, prácticamente quedándose atascado en la "formulación subjetiva" descrita por Rumiati y en la "fijeza funcional" de Duncker.

En cuanto a las metáforas equivalentes, el neurótico se regularía a sí mismo intrapsíquicamente a la manera de las personas que, en su modo defensivo, "ya no escuchan a nadie" externamente y evitan cualquier intercambio interpsíquico. Como alternativa, podríamos describir esta dinámica imaginando que el hijo menor del molinero no aceptaba bien la ayuda del gato con botas, o que el sujeto de Guatemala no quería saber nada de las muñecas que trabajaban para él por la noche, pero aquí ya nos estamos distanciando del aspecto económico de la "pérdida de energía", que es necesario para reprimir la creatividad del área inconsciente-preconsciente, una pérdida que se deriva de un conflicto.

Por el contrario, *los pacientes que son capaces de una división marcada y de proyecciones de partes internas del ser acaban simplificados, por decirlo de alguna manera, empobrecidos, tanto en el contenido como en la articulación del ser y son, en consecuencia, "más ligeros"* (yo diría que "viajan sin equipaje de mano"). Son relativamente asintomáticos, y, en todo caso, se inclinan básicamente hacia una tendencia maníaca. Desde el punto de vista económico, *pierden una parte de sus activos* (los "activos" como legado del mundo interno, como dotación básica del ser, y como una abundancia de la presencia de objetos internos y de conexiones con los mismos), desconectándose de ellos y, en cierto sentido, renunciando a ellos, dado que de esta manera evitan el conflicto.

En el lenguaje común, estas son las personas, por ejemplo, que "no se preocupan por eso", que "cortan por lo sano", y que —como hizo Alejandro Magno con el nudo gordiano— no pierden el tiempo tratando de deshacer el nudo, sino que simplemente lo cortan con la espada de un solo golpe.

Concretamente, cuando *entran en escena importantes divisiones de tipo vertical* (hasta el punto de la disociación, entendida en sentido psicoanalítico y no en sentido fenomenológicamente psiquiátrico), que tienen el efecto de la "experiencia de compartimentación", las funciones y los contenidos mentales tienden a organizarse según una disposición simplificada de la estructura de la personalidad. En estos estados divididos, el sujeto "viaja sin equipaje de mano", después de haber renunciado al "peso" de una parte del ser —más o menos como un lagarto cuando, al verse expuesto ante un peligro, suelta el extremo de su cola con el fin de dejárselo al agresor y de huir más rápido—.

En esta condición compartimentada, con el ser simplificado y empobrecido, el sujeto es, no obstante, básicamente asintomático, y experimenta menos estrés y preocupación precisamente porque evita, al menos en parte, la pérdida económica involucrada en el conflicto, y muy a menudo delega en otra persona para que represente y experimente proyectivamente las partes internas del ser.

La imagen que he descrito con respecto a la utilización de la división puede englobarse dentro de la patología verdadera o, de no ser así, cuando está limitada en términos cuantitativos y se ve confinada a una simple tendencia puede caracterizar un determinado tipo de personalidad, circunscrita pero decisiva (y no debemos olvidar que la etimología de "decidir" hace referencia de nuevo al verbo latino *de-caedere*, es decir, "cortar de algo").

Por otro lado, en un caso bastante compatible con la buena salud, la de la *especialización funcional del ser profesional*, el hecho de que una persona en funcionamiento se organice de una manera relativamente dividida, incluso puede ser necesario y útil. Si todos los cirujanos se identificaran con las personas a las que operan, por ejemplo, no harían bien su trabajo; si todos los abogados no fueran defensores de sus clientes, sino que conservaran un sentido totalmente integrado minuto a minuto de humanidad, perderían demasiadas batallas legales, etc.

Los sujetos se especializan, con divisiones funcionales de carácter temporal encaminadas a llevar a cabo una tarea y a menudo una bata blanca, una toga negra o un mono de trabajo son el correlato de una *configuración interna dividida adecuadamente*, aprendida y posteriormente consolidada con pleno consenso de la sociedad.

La ventaja económica de esta simplificación interna, con la que la persona se transforma funcionalmente en un personaje altamente especializado y se centra en una inversión intensa en ciertas funciones seleccionadas, *puede producir una fluidez asociativa y una velocidad a la hora de atravesar pasajes mentales que son compatibles con la rapidez funcional de un tipo intuitivo de persona.*

Si se combina entonces esta reducción óptima de la pérdida de la energía con una posibilidad aconflictiva de contacto y de consultas internas con objetos significativos, ello genera, a su vez, un aumento de la riqueza en cuanto a movilidad y variedad de puntos de vista, con un verdadero "efecto caleidoscopio" y una aceleración del tiempo funcional.

Conclusiones

He tratado de indicar, mediante una rápida toma cinemática entre la fisiología y la patología, algunos procesos psíquicos que demuestran la participación de los niveles inconsciente y preconsciente en el trabajo de la resolución de problemas. También he explorado brevemente el área de la intuición, proponiendo algunas conexiones hipotéticas entre la observación fenomenológica de la misma y algunos aspectos de la forma en que la podríamos entender psicoanalíticamente.

Me gustaría dedicar algunas reflexiones finales, en sentido amplio, a las diferentes perspectivas con las que la contribución de lo inconsciente a la resolución de problemas ha sido considerada más o menos explícitamente en diversos ámbitos culturales, a fin de cerrar con una formulación abreviada de una posible visión psicoanalítica de este tema.

Con extrema brevedad, podríamos afirmar lo siguiente:

1. Muchas culturas de origen oriental parecen converger en considerar el yo del sujeto como un obstáculo para la libre expansión del conocimiento interno potencial. A veces, ellos recomiendan modalidades extremadamente refinadas de desactivación gradual y la suspensión funcional del ego central, a través de prácticas de meditación, rituales técnicos, ejercicios de abstinencia, control del pensamiento, fusionalidad difusa con el entorno, o regresión "pilotada" a las condiciones funcionales de preseparación. En estas culturas, el yo central no es suprimido fundamentalmente, sino que es parcialmente marginado y colocado en una condición de *stand-by*, lo que perjudica la agencia del sujeto.

2. Las culturas de un tipo occidental psicodélico tienden a devaluar abiertamente la función del yo central y a "forzar" una suspensión del yo a través de su supresión funcional, basándose en la ingestión de sustancias. En la práctica, aquí el yo se ve aturdido intencionadamente a través de la farmacología. Estas personas hacen hincapié en un presunto elemento productor de sabiduría en esta experiencia desregulada, que se basta a sí misma, con los aspectos de

una exigencia (narcisísticamente investida) del derecho de regresión omnipotentemente a un estado psíquico intrauterino. En efecto, un estado "oceánico" de preseparación.

3. Las culturas del artesano y del artista tradicionalmente asignan un estado más digno a la acción que al pensamiento. En la artesanía, la competencia en la realización manual de la tarea es valorada especialmente; en el arte, la obra de arte en sí es lo que más se valora, y se ve fuertemente investida con la libido narcisista. Sin embargo, el yo central es el asesor del proyecto y el asistente auxiliar del artesano, cuya parte más investida son, por lo general, las manos; lo inconsciente del artesano dedicado a su trabajo es sobre todo lo inconsciente del procedimiento, la sede de las destrezas y las habilidades que se han vuelto automáticas.

En el ámbito artístico, se apunta idealmente hacia un nivel de "dominio" que alivia el yo central consciente de las funciones de control. Por ejemplo, el gran violinista establece un puente directo entre "corazón" y "manos", ya que su técnica ya no es para él un problema que la vigilancia del yo central tenga que regular y supervisar.

4. El psicoanálisis nunca va destinado a eliminar, desactivar, intoxicar, o aturdir farmacológicamente al yo central. Desde su creación, ha renunciado a la manipulación del estado atencional y al control del pensamiento en forma de hipnosis, algo que Freud abandonó muy al principio. El psicoanálisis no está interesado en paralizar al carcelero (el yo defensivo, cuando es tal), sino en transformarlo en su relación con las otras partes del ser.

Uno de los objetivos del psicoanálisis contemporáneo consiste en permitir una *armonización de cooperación entre las distintas partes del ser*, reparando y restaurando las sinergias funcionales internas que faltan en la psicopatología. Estas sinergias, por el contrario, se establecen de forma natural durante el desarrollo, cuando el niño y sus objetos relacionales tienen una forma de experimentar *formas de cooperación* (en la succión, en el aprendizaje, en el intercambio interpsíquico) que *luego son introyectadas*, y son gradualmente estructuradas en un modo de funcionamiento que también se convierte en intrapsíquico.

Cuando el proceso de desarrollo y de formación se lleva a cabo armoniosamente, las exigencias internas del sujeto cooperan con el mismo grado de participación también en situaciones de sufrimiento o conflicto, manteniendo un sentido interno de la cohesión y reduciendo las divisiones al mínimo.

Un yo central benévolo —fiel, de gran capacidad y tolerante, heredero de los objetos primarios que han formado sus capacidades y sus articulaciones funcionales— sabe cómo intervenir cuando es útil, y cómo quedarse al margen cuando otras partes del ser demuestran una creatividad superior y una competencia equivalente a la tarea. Al yo se le llama entonces de nuevo, al final del proceso, para que aporte una contribución central integradora a lo que se producía a partir de las contribuciones de las partes internas.

La cohesión, la atmósfera, el estilo y la fluidez de estas relaciones internas nos permiten percibir la mayor o menor armonía que caracteriza a las distintas personas que conviven con el ser y con los demás. Creo que, precisamente, la percepción de esta complejidad es lo que podría haber llevado al poeta y filósofo Fernando Pessoa (1888–1935) a escribir: "Mi alma es una orquesta oculta; no sé qué instrumentos, qué cuerdas del violín y qué arpas, tambores y tamboras suenan y chocan dentro de mí. Lo único que oigo es la sinfonía" (Pessoa, 2002).

Nota

1. [Véase "Represión", p. 149.]

EPÍLOGO

Mary Kay O'Neil

"Las grandes obras de arte sólo son grandes porque
son accesibles y comprensibles para todo el mundo"

—León Tolstoi, *¿Qué es el arte?*

"Lo inconsciente" de Freud es una gran obra de arte. ¡Qué afirmación
tan firme e intrépida! ¿Puede estar justificada? ¿La noción de lo *inconsciente* de Freud es accesible y comprensible para todo el mundo?

Ciertamente, el modelo creativo y único de Freud de la mente inconsciente ha constituido la base de la teoría, la práctica y la investigación
psicoanalíticas. El psicoanálisis, basado en gran parte en lo *inconsciente,*
también ha estimulado la exploración de la relación mente-cerebro y ha
permeado y "cambiado profundamente la vida intelectual y cultural
del hombre occidental, al menos, creando cambios obvios y sutiles a
la vez en nuestra visión de nosotros mismos y en nuestras relaciones
con los demás, con nuestros hijos, y con nuestra sociedad" (Cooper,
Kernberg y Person, 1989, p. 1). La noción de lo inconsciente de Freud es
accesible a todos los que estén interesados. Incluso aquellos que no
están interesados o menosprecian la presencia de un inconsciente le
dedican atención, aunque sea negativa o crítica.

Freud comenzó su descubrimiento de los procesos mentales inconscientes en su intento por comprender el dolor y el sufrimiento de sus pacientes y cómo las enfermedades se relacionaban con el funcionamiento de sus mentes (*Estudios sobre histeria*, 1895*d*). Con su brillante trabajo, *La interpretación de los sueños* (1900*a*), creía que había encontrado el camino regio hacia lo inconsciente. *La psicopatología de la vida cotidiana* (1901*b*) sentó las bases de la noción de lo inconsciente influyendo en las vidas cotidianas de todos. Antes de 1915, Freud había desarrollado gran parte de la teoría psicoanalítica a partir de su experiencia clínica, lo que lo llevó a la redacción de numerosos artículos, hasta el punto de ser capaz de enunciar su modelo *topográfico* temprano de la mente (inconsciente, preconsciente, consciente), al tiempo que preparaba el camino para un desarrollo posterior de modelos, tanto realizados por él mismo como por quienes lo siguieron. Para entonces, él había esbozado la mayoría de los principales conceptos que siguen caracterizando al psicoanálisis hoy en día, uno de los más importantes (si no *el* más importante) es lo inconsciente. Como es bien sabido, Freud trabajó para dilucidar las características de *lo in*consciente, explorando su relación con los aspectos preconscientes y conscientes de la mente. Él llegó a la conclusión de que lo inconsciente comprendía al menos otras dos dimensiones además de la topográfica —la dinámica y la económica— para desarrollar su metapsicología. Los psicoanalistas posteriores y, más aún, los no analistas se han hecho cargo de la tarea de ampliar la noción de lo inconsciente, reformulando y resolviendo las inconsistencias en sus ideas, recogiendo nuevos datos y generando otros nuevos conceptos y teorías.

¿Es lo *inconsciente* de Freud comprensible hoy para los psicoanalistas y otros estudiosos interesados, estén de acuerdo o no con sus ideas? Numerosos artículos, ensayos y libros han sido escritos por analistas y no analistas explicando, desarrollando, desacreditando e incluso cosificando lo *inconsciente*.[1] ¿Por qué entonces este libro? ¡Otro libro más sobre lo *inconsciente*! ¿Por qué tan pronto después de que el volumen de la API 2007 editado por Calich y Hinz, *The Unconscious: Further Reflections*? La única explicación plausible es que la comprensión de lo *inconsciente* —hacerlo comprensible a todo el mundo— es un proceso continuo, un trabajo en progreso, tanto para los psicoanalistas como para los demás. Una obra de arte no se considera grande cuando es observada por una o varias personas sólo en el momento de su producción. La atribución de la grandeza se desarrolla y continúa a lo largo del tiempo a medida que los observadores (para las imágenes) y los lectores o profesores (para las ideas) profundizan en la obra. La búsqueda de la profundidad de significado en una gran obra de arte nunca termina. De ahí la necesidad de esta nueva reflexión de pensamiento sobre "Lo inconsciente" (1915e) de Freud.

Es útil determinar en este punto lo que nuestros colaboradores han añadido a la accesibilidad y la comprensión contemporáneas de "Lo inconsciente" de Freud.

Comenzamos con Peter Wegner, cuya historia de cuándo y en qué contexto Freud escribió "Lo inconsciente" prepara el escenario para el lector.

Es 1915, la Primera Guerra Mundial ha comenzado y Freud, que no puede trabajar tanto como antes en su consulta, se encuentra en medio del desarrollo de su metapsicología en cinco artículos, de los cuales "Lo inconsciente" es el último. Wegner revisa cómo se desarrolló el entendimiento de Freud sobre lo *inconsciente*. Como pensador contemporáneo, Wegner sostiene, al igual que Freud, que lo *inconsciente* del analista está tan implicado como lo del paciente y que la comunicación inconsciente entre el paciente y el analista es una parte integral del esfuerzo psicoanalítico. Dicha comunicación *in*consciente del analista, que supone un componente muy valioso del proceso del que con el tiempo podríamos llegar a tener conciencia, se deriva de múltiples influencias. No hay dos analistas que lo aprendan y lo desarrollen de la misma manera. A pesar de los parámetros y el conocimiento comunes de la teoría y la técnica aceptadas, cada uno tiene su propia forma de trabajar. Así como no hay dos personas iguales (incluido su *in*consciente), no hay dos analistas que trabajen del mismo modo. La mente de cada analista combina la experiencia de cada vida individual con una formación adecuada. La singularidad inevitable contribuye a la incertidumbre dentro de la profesión y en el propio analista. Wegner reconoce que la capacidad para tolerar la incertidumbre sin dejar de analizar es algo esencial para nuestro trabajo. Su directa ilustración clínica demuestra su lucha por ayudar a su paciente a conocer experimentalmente el efecto de su inconsciente en su relación consigo misma y con los demás. Las formas de trabajo de los analistas se desarrollan con el paso del tiempo cuando llegan a entender su uso del ser mientras que se es un analista eficaz.

Mark Solms nos aleja de lo histórico y nos sumerge directamente en las investigaciones actuales. Como neuropsicólogo, explica lo que se piensa en la actualidad sobre la relación cerebro-mente, un conocimiento al que Freud no tuvo acceso. Con la aceptación de que lo mental comprende elementos conscientes, preconscientes e *inconscientes*, Solms resume la información sobre la interfaz cerebro-mente que Freud tanto intentó entender, aunque no lo consiguiera. En primer lugar, Solms llama la atención sobre la división que hay dentro de la neuropsicología actual entre los neurocientíficos cognitivos y afectivos. Los neurocientíficos cognitivos no aceptan la noción freudiana del ello como algo que constituye la parte más profunda de lo inconsciente, mientras que los neuropsicólogos afectivos, especialmente Panksepp (Solms también se coloca a sí mismo en esa postura), aceptan el ello, el proceso primario y el instinto como componentes de lo *inconsciente*. Sin embargo, Solms y sus colegas no están de acuerdo en que el contenido básico de lo que Freud llama el sistema *Icc.* —el estrato más profundo de la mente— sea verdaderamente *in*consciente. Para ellos, a diferencia de lo que era para Freud, los instintos son "la misma fuente de la conciencia". Solms afirma que ahora se sabe que la conciencia se deriva del sistema reticular de activación situado en el tronco encefálico superior, información que socava la "falacia corticocéntrica" de Freud. Para Solms, la concepción clásica está patas arriba. La conciencia no se genera en la corteza; se inicia en el tronco encefálico. Por otra parte, la conciencia no es intrínsecamente perceptual; es intrínsecamente afectiva. Cuando se trata de los afectos, Freud y los neuropsicólogos de hoy en día están de acuerdo. El principio de placer-displacer de Freud está en consonancia con el de Damasio de "Me siento así por eso" (por ejemplo, me siento bien o mal por eso) —la unidad básica de la conciencia nuclear—. Por lo tanto, tras los recientes hallazgos neuropsicológicos, la conciencia debe venir desde abajo, porque no se puede hablar de la conciencia del placer y del displacer sin hablar de conciencia. Solms pasa a sugerir que el modelo de Freud necesita una revisión importante por tres razones: 1) el núcleo del sistema *Icc.* no es inconsciente, es la fuente de la conciencia, que es principalmente afectiva; 2) los sistemas *Prcc.-Cc.* (lo que será después el yo de Freud) son *in*conscientes en sí mismos y, al inhibir lo *Icc.*, aspiran a seguir siéndolo; pero 3) toman prestada la conciencia como una medida intermedia, y toleran la conciencia, con el fin de resolver las incertidumbres (y de unir el afecto).

El lector puede preguntarse por qué ofrecer este resumen del capítulo de Solms. Es un capítulo rico en contenido pero difícil y parece pertinente plantear sus puntos principales como el entendimiento actual de la relación mente-cerebro. Las investigaciones posteriores sugerirán una nueva revisión de lo que se conoce en la actualidad. Sólo podemos especular acerca de cómo el pensamiento de Freud y sus modelos podrían haber cambiado si hubiera contado con estos conocimientos de neuropsicología. Los psicoanalistas de hoy necesitan seguir siendo conscientes de los últimos conocimientos emergentes para poner el modelo de Freud en su contexto.

Sorprendentemente, a Linda Brakel "Lo inconsciente" le parece relativamente breve, aunque completo y sorprendentemente contemporáneo. Ella señala que Freud sugiere la existencia de una relación entre la biología y la psicología de lo inconsciente, pone de relieve aspectos de su marco metapsicológico y ofrece un argumento filosófico eficaz contra sus detractores. Ella continúa en un astuto aunque denso argumento para analizar dos áreas principales: "El inconsciente biológico" y el "conflicto", es decir, los "problemas que le surgen a cualquier noción de un inconsciente esencialmente biológico". Estos problemas tienen que ver con el tiempo y con la realidad. Brakel se enfrenta a la difícil pregunta: "¿Cómo puede sobrevivir cualquier sistema biológico sin tener en cuenta el tiempo y otros aspectos de la realidad?". Ningún organismo biológico sería capaz de adaptarse a su entorno sin registros y ajustes incorporados debidos a las consideraciones de tiempo y realidad. Ella sopesa cuidadosamente las pruebas empíricas que demuestran que los procesos *inconscientes* de Freud son sensibles al tiempo y a la realidad y pregunta: "¿Puede resolverse este conflicto sobre lo inconsciente, su potencial relevancia biológica, y los factores biológicos?" En su meticuloso camino académico, Brakel profundiza en las ideas de Freud sobre la atemporalidad de lo inconsciente, aunque utiliza un ejemplo cotidiano de cómo, sin que exista mucha toma de conciencia, el hambre va en aumento en ella misma y en su perro. El aumento de la pulsión de comer —la intensidad de la pulsión— sirve como reloj biológico/psicológico. Cuando ella habla de que no siente hambre —y lo deja apartado— hace preguntas que muchos de nosotros nos hacemos. ¿Es esto realmente represión *inconsciente*-preconsciente? ¿Es la toma de conciencia el proceso de hacer lo *inconsciente* consciente? ¿El instinto y lo inconsciente son sinónimos? Seguimos buscando respuestas.

Brakel luego vuelve a su última cuestión, el conflicto de la realidad. Ella lo hace ofreciendo una visión dual (biológica y social) de las ideas de Freud. Su resolución del problema con el tiempo y la realidad consiste en juntarlos y sugerir otro tipo de conciencia de tiempo y de una realidad diferente, "ambos mediados, no por imperativos biológicos, sino por normas socioculturales". Socialmente, sugiere, hay un tiempo en el que ciertos comportamientos, así como la disponibilidad externa (la comida hace falta para comer y el baño para orinar). Esto se complica cuando los impulsos/deseos se consideran algo principalmente psicológico. Las normas socioculturales pueden, o bien prohibirse, o facilitar tales deseos. Brakel no está reivindicando que Freud, en "Lo inconsciente", haya proyectado este doble punto de vista. Más bien, subraya que ella y Freud mantienen "el psicoanálisis en su esencia psicológica completa de ser una teoría y una disciplina que tiene fundamentalmente una base biológica". De forma meticulosa, Brakel se ha dirigido hacia la resolución del conflicto del tiempo y la realidad en el modelo de Freud. Sin embargo, aún nos quedan preguntas (por ejemplo, ¿estaría Freud de acuerdo?). Brakel nos estimula a que miremos más allá, con el fin de que estudiemos las ideas de ella y de que reconsideremos las de Freud.

Con el subtítulo introductorio de Brakel, "Freud, el filósofo biológico", nos ofrece un puente para llegar a la lectura hindú de «Lo inconsciente» de Freud, de Madhusudana Rao Vallabhanneni (Rao, para abreviar) en la que él compara el modelo de Freud de lo inconsciente con la filosofía hindú. Rao nos recuerda que "la visión de Freud es clínica y psicoanalítica. La visión de los filósofos hindúes es meditativa y metafísica" y la representación de Rao es filosófica y espiritual pero no religiosa. Strachey había señalado que, aunque Freud no adoptara una visión filosófica, sino biológica de lo *inconsciente*, los temas filosóficos están presentes. Como hemos visto en los dos capítulos anteriores y como señala Rao, la creencia de Freud de que finalmente se encontrará una explicación neurológica de los fenómenos mentales ha sido confirmada por los descubrimientos en neuropsicofisiología (con referencia a Kaplan-Solms). Rao reconoce que existe una tensión entre la perspectiva hindú y la de Freud, pero antes de abordar esta tensión, aporta las principales tesis de los dos puntos de vista. Para el lector occidental no familiarizado con la filosofía hindú, se trata de un aporte valioso. Sus explicaciones de ambas visiones son lúcidas y atractivas, al indicar sus diferencias y similitudes.

Para resumir las diferencias, "En Freud, la representación-palabra es necesaria para que la representación-cosa que está en lo *inconsciente* se vuelva consciente, pero para el filósofo hindú, la meditación en *Om* es muy útil en la experiencia de lo inefable, la verdad absoluta, y el *Brahman*. En Freud, la cosa pertenece a lo inconsciente, que necesita encontrar el apego a la representación-palabra para experimentar el mundo de los fenómenos, pero para el filósofo hindú, la experiencia de

Om, la cosa es trascendental y espiritual, que es el objetivo último de la vida". El siguiente extracto también reúne las similitudes: "tanto para el filósofo hindú como para Freud, la mente y el intelecto (el complejo psicosomático) son la sede de la percepción y de la acción (reacción). El estímulo para el deseo —el instinto— surge de la información recibida desde el objeto, a través de los cinco órganos de la percepción, y forma el impulso —una representación mental (la impresión de los recuerdos latentes, *vasanas*)— que de nuevo se expresa en su búsqueda de la satisfacción a partir del objeto. Sin los estímulos procedentes del mundo de los objetos, no hay experiencia actual de activación de las impresiones anteriores de la memoria, ni para Freud ni para el filósofo hindú. Rao cree que las similitudes son "debidas al objetivo común de estas dos disciplinas, que consiste en entender al ser humano y el comportamiento humano". En su útil "Resumen y conclusiones" Rao reitera sus puntos principales. De hecho, el lector no familiarizado con la filosofía oriental podría querer examinar estos puntos primero y luego rellenarlos con la lectura del resto del artículo. Para entender algo de la utilidad que tiene la filosofía hindú en relación con la práctica del psicoanálisis, resulta de ayuda la lectura de "How belief in God affects my clinical work" de Symington (2009). Leer a Nagpal (2011) también puede servir para profundizar en la comprensión de la obra de Freud y en su interfaz con la filosofía hindú.

La represión, la condición *sine qua non* de lo inconsciente dinámico, es abordada directamente en el artículo de Kenneth Wright, "Lo materno reprimido en la topografía de la mente de Freud". La visión de Freud de la represión está contenida en estas palabras: "la esencia de la represión radica simplemente en hacer que algo se retire, y en mantenerlo a distancia, de la conciencia". Según Wright, Freud reprimía inconscientemente lo materno y, por extrapolación, lo relacional en su modelo de la mente inconsciente. "Una perspectiva de relación está más en sintonía con el psicoanálisis contemporáneo que con la explicación mecanicista de Freud [...]". Wright afirma que la palabra, es decir, la forma verbal, introduce la idea de forma. Es aquí donde nos lleva a la forma de la relación madre-hijo e infiere similitudes con la relación analista-analizado. Freud, como hombre de su tiempo, era más paterno-cognitivo que emocional-materno. Al referirse a la obra de Langer y Ogden, lo materno se asocia con la experiencia y sus "cualidades vividas" en lugar de con la forma paterna de nombrarlo y hablar de ello, de contar en lugar de permitir que el paciente experimente y, por lo tanto, sea consciente de lo que hay debajo. La sintonía materna de Stern que refleja la entonación, el ritmo, la intensidad y la vitalidad de la experiencia del niño se acopla con la noción de "espejo" de Winnicott, la experiencia de ser visto y reconocido, sentando las bases del ser ("Soy visto y reconocido, luego existo"). Él va más allá cuando afirma que la expresión de la madre da una imagen externa de cómo es el niño. Por necesidad, Wright trae el arte y la expresión artística, declarando que "su método de representación es directo: la obra de arte, con su compleja articulación de formas e imágenes, muestra y pone de manifiesto cómo somos".

Al ver por primera vez una de las figuras sentadas de Picasso con los brazos y piernas de un tamaño exagerado, comprendí que había pintado lo que se siente al sentarse con las piernas de uno puestas delante: él pintó la experiencia física que podía ser vista y sentida por el espectador. Aunque Freud no pudo hablar directamente de "lo materno» —algo tan inaceptable y reprimido como la imagen lo era para él—, no resulta descabellado sugerir que su comprensión intuitiva de la experiencia humana estaba sensiblemente (¿maternalmente?) activa incluso en sus primeros estudios sobre la histeria. Las imágenes de Lucy y Katarina nos vienen a la mente; Freud reconocer el amor y el anhelo de una mujer joven por el amor de su jefe, él ayudó a Lucy a tomar conciencia de sus deseos y a aceptar lo que, en ese momento, no era posible; también Katarina, horrorizada por lo que había visto, apartó lo que sabía, hasta que, con la asistencia de Freud, pudo encontrar las palabras para describir las imágenes que veía. Sus palabras a estas mujeres, ya fuera o no consciente de ello, evocaban la experiencia y la verdad emocionales. Las dos caras de Freud —lo paterno externo y lo materno interno— están presentes, porque incluso si lo materno es reprimido, tiene que haber estado allí en primer lugar. Wright termina: "todos los objetos de arte que merezcan la pena son una pequeña revelación de la estructura de la psique humana porque sus articulaciones son las formas de esa psique, realizada en el medio del mundo externo". Él afirma la creatividad en "Lo inconsciente" de Freud.

Bernard Reith nos lleva a la sala de consulta de Freud y se lo imagina preguntando: "¿Qué está pasando aquí? ¿Cómo puedo entenderlo? ¿Cómo estoy yo implicado?». Inmediatamente, lee por debajo de la superficie de lo inconsciente y propone que "algo más que el modelo topográfico" es el "modelo transformacional de dos personas". Esto podría confirmar la idea de que, si bien Freud podría haber reprimido el modelo materno-relacional al no expresarlo en palabras o imágenes, no obstante deja bastantes pruebas para que Reith ahonde e imagine un tema implícito. Aunque el modelo topográfico de Freud es una construcción acerca de la mente de una persona, es decir, un modelo intrapsíquico, es su uso de la palabra "nosotros" lo que enciende la idea de Reith de que hay más de una persona en la consulta, que el analista (Freud) está muy implicado. Reith hace hincapié en el hecho de que el analista está ahí para ayudar al analizando a superar sus resistencias y, de ese modo, hacerse consciente (transformar, traducir) lo que estaba reprimido en lo *inconsciente*. Para ilustrar a lo que se refiere con "el trabajo psicoanalítico transformacional", Reith aporta un ejemplo de caso bien integrado: "la búsqueda de la cercanía con las representaciones-cosa". Nos adentra en su consulta; nos muestra cómo su imagen de "darle la vuelta a un calcetín" le hablaba a su paciente de un modo que no podía haber previsto. Su imagen evocaba algo más que un entendimiento intelectual: el calcetín del revés le hablaba al paciente de la experiencia *in*consciente. Aquí se ve un magnífico ejemplo del trabajo de la transformación; lo *inconsciente* de dos personas que trabajan juntas. También ejemplifica a un analista, aunque indeciso, que confía en su *inconsciente*. Este fue un momento transformacional. Con el siguiente párrafo, Reith no sólo recuerda los puntos de Wegner sobre el hecho de que el trabajo psicoanalítico necesite de tiempo y paciencia y lo que tiene que ver con la incertidumbre, sino que ayuda al lector a entender aquello a lo que otros autores han aludido: a diferenciar entre "representación-cosa" y "representación-palabra". Reith escribe:

> Tal vez lo que pasó fue que yo había captado algo inconscientemente acerca de la necesidad que tenía de un contacto piel con piel seguro y diferenciado como punto de partida para sentirse en contacto consigo mismo, pero para el que yo no había encontrado una imagen hasta entonces (una "representación-cosa") que yo pudiera expresar en palabras. [...] algo inconsciente se transformó, primero en una "representación-cosa" que había faltado hasta entonces, a continuación, en una red de "representaciones-cosa", y, en última instancia, a través de la vinculación con las "representaciones-palabra", en un estructura significativa. No estoy diciendo que esto sustituya al trabajo interpretativo, pero sí creo que le aportó más sustancia y significado.

Volviendo al artículo de Freud, Reith imagina cómo Freud debe de haberse debatido consigo mismo (¿sus detractores imaginarios?) para encontrar una manera de entender a su paciente. Él sigue el argumento meticuloso y detallado de Freud, explicando los diversos fallos que un analista puede encontrar. Por ejemplo, "recuerdos latentes", "puntos de contacto conscientes e inconscientes", "identificación con el paciente", y "certeza sobre nuestra propia conciencia" se discuten de forma útil a la luz del artículo de Freud. Reith reconoce que la "otra persona" es la reacción interna del analista hacia el paciente. Reith se ha referido al modelo topográfico de Freud como a una *joya* y sitúa el artículo de Freud en el reino del arte. Continúa adentrándose y leyendo profundamente, reconociendo que Freud nos ha dejado un modelo psíquico duradero que no tiene que estar en un espacio físico. De hecho, una idea, como un cuento popular, puede seguir siendo la misma, aunque tenga expresiones diferentes. Los analistas han discutido con frecuencia acerca de si Freud propone o no las emociones inconscientes. Reith deja reposar esto analizando cuidadosamente la presencia de las emociones en los dos participantes del trabajo analítico.

Reith reformula ahora para el lector sus tres preguntas iniciales —que él imaginaba que Freud se hacía a sí mismo— y lo hace desde los tres puntos de vista metapsicológicos (dinámico, topográfico y económico). Después de analizar estas cuestiones a la luz de la obra de Freud, mientras que integramos su ejemplo clínico, también señala que el legado de Freud no presagia un trabajo intersubjetivo en el más amplio sentido del término. Por el contrario, después de reconocer que el legado de Freud ha sido desarrollado aún más por analistas como Klein, Bion, Winnicott, Baranger, Ferro y Roussillon, y analizado por Hanly, Reith concluye que "dados los múltiples significados de 'intersubjetivo', mi propio término preferido para este tipo de trabajo de transformación sería 'interpsíquico', tal y como lo utiliza […] Bolognini (2011), y que parecería estar más cerca del uso original que hace Freud".

Bernard Reith, al habernos llevado ante la sala de consulta de Freud y ante la suya propia, allana el terreno para nuestros tres autores siguientes (Aisenstein, Brenner y Bolignini) cuya especial perspicacia clínica habla a los analistas actuales.

Marilia Aisenstein nos introduce en su trabajo con lo *inconsciente* de pacientes psicosomáticos. Comienza por una historia sobre el significado de lo *inconsciente* dinámico en pacientes psicosomáticos y esboza las diferentes escuelas de la psicosomática. De su vasta experiencia en el trabajo con pacientes somatopsíquicos cuyos problemas van desde el cuerpo hasta la psique con una creciente complejidad, ella sostiene que su enfoque (el de la Escuela de París) "estuvo presente en forma embrionaria en la construcción freudiana del concepto de pulsión". Ella no duda de que mente y cuerpo están íntimamente relacionados, pero subraya que la exigencia o la presión viene del cuerpo y asume que las discontinuidades del funcionamiento mental para los pacientes psicosomáticos conducen a la hipótesis de que se da un fracaso de la "'exigencia de representación' que está vinculado al exceso". Al comparar "Lo inconsciente" con *El yo y el ello*, Aisenstein afirma que los analistas que trabajan con "organizaciones somáticas y *borderline tienen como objetivo la transformación del ello en inconsciente*". Al leer la primera tópica freudiana, igual que Reith, ella aborda la cuestión de que el afecto forma parte de lo inconsciente al elucidar la noción difícil de que el afecto no puede ser reprimido, sino que la supresión del mismo es el objetivo de la represión. De manera similar a como hacen otros autores de este volumen mediante la utilización del modelo de dos personas, ella sostiene que el trabajo psicoanalítico con pacientes somatopsíquicos implica tanto al analista como al analizando. Aisenstein afirma que "los afectos preconscientes del psicoanalista pueden ser percibidos por el paciente y encontrar en éste un 'principio potencial' inconsciente que busca hacerse camino". Esto está cualificado únicamente en el proceso de la transferencia y la contratransferencia, donde adquiere su condición de afecto como resultado de ser procesado por lo preconsciente del analista. Yendo más allá de "Lo inconsciente" y de *El yo y el ello* hasta la obra posterior de Freud sobre el modelo estructural y su segunda teoría de la angustia, se acerca al lector para que vea la diferencia entre el trabajo con los pacientes con problemas neuróticos y los pacientes con problemas somáticos. Ella habla de una "compulsión de la transferencia" pero, al igual que los niños, y a diferencia del histérico capaz de una neurosis de transferencia interpretable, los pacientes somatopsíquicos forman transferencias menos complejas y menos verbalizadas. Sus ejemplos clínicos demuestran claramente que las personas con problemas somáticos no tienen ningún interés en lo "psíquico" o en la "introspección", sino que continúan "misteriosamente" acudiendo a sus sesiones hasta que, pasado un tiempo, surge una conexión emocional entre el analista y el analizando. Para ella, los síntomas somáticos no tienen ningún significado simbólico, sino que sólo lo adquieren después del análisis.

¿Qué podemos recoger nosotros, como médicos, de la explicación que da Aisenstein de los pacientes con problemas somatopsíquicos? Sus puntos más convincentes y útiles son los siguientes: el analista necesita estar presente física (corporal) y emocionalmente; el analista necesita reconocer y validar las percepciones del paciente y luego vincularlas con la experiencia pasada. Ella ilustra clínicamente estos puntos con su segundo ejemplo, en el que reconoce ante su paciente: "Yo, la verdad, es que había estado pensando en otra persona [...] pero que necesitábamos entender juntas por qué ella no podía tolerar no tener un control absoluto sobre los pensamientos de otra persona". Siguió con una interpretación histórica: «[...] era probable que me estuviera haciendo experimentar lo que ella había sufrido en el pasado lejano", y esto condujo a que su ansiedad cambiara a un sentimiento experimentado. Para Aisenstein, el afecto es el concepto clave capaz de enlazar una carga (pulsión) con una representación o una cadena de representaciones. La respiración de la paciente se calmó y lloró por primera vez. Con este "reconocimiento forzado de la propia vida psíquica del objeto (es decir, del analista), podía comenzar el análisis verdadero". Es decir, después de mucho tiempo de que el analista esté allí, el analizando puede comenzar a explorar con el sentir de su vida psíquica. La "paciencia y el tiempo" de Wegner y "el calcetín del revés" de Reith coinciden con el enfoque de Aisenstein. En efecto, todos los autores de este volumen están de acuerdo en que lo *inconsciente* del analista está tan implicado como lo *inconsciente* del analizando.

Ira Brenner reconoce que la monografía seminal de Freud, con su manantial de ideas, sigue inspirando a la elaboración de su forma de explicarlo todo. Brenner ofrece sus propios pensamientos acerca del papel de lo *inconsciente* en las percepciones del ser. Sostiene firmemente que las percepciones de ambas realidades externas e internas están influenciadas significativamente por las fuerzas *inconscientes*. Las perturbaciones importantes, sobre todo en cuanto a "perder el tiempo", podrían indicar alteraciones esquivas en otros aspectos de la psique, pero, si se las examina, podrían arrojar más luz sobre el trabajo psicoanalítico.

Basándose en su experiencia clínica, Brenner arroja luz sobre el trabajo con los pacientes que sufren de trastornos graves en la auto-percepción —quienes hoy podrían ser diagnosticados como que tienen trastornos de personalidad disociativa o múltiple—. Su interés en la comprensión del papel de lo *inconsciente* se activó cuando, como estudiante, observó a una joven que, bajo la influencia de las drogas, había perdido el sentido de dónde estaba: "Estoy aquí y no estoy aquí". Reflexionando más tarde, se dio cuenta de que Freud había proporcionado una vía para comprender que esta joven temporalmente desquiciada "probablemente experimentó una conciencia alternante de sus procesos mentales *inconscientes* y así había llegado a perder el juicio". Freud también sentó las bases para comprender ese aspecto de la personalidad múltiple que mantiene separados a los diferentes yoes, y Brenner señala que los analistas posteriores "describen los esquemas patógenos secuestrados como residuos de los traumas de la primera infancia que influyen en la percepción, funcionan en el nivel de lo *inconsciente dinámico*, y luego vuelven a aparecer". Brenner analiza cuatro casos clínicos diferentes, cada uno de los cuales muestra una perturbación diferente del ser debida a la percepción influenciada inconscientemente. En la primera de ellas, que se trata de un ejemplo extremo de la reciprocidad de la percepción interna y externa, él mostró cómo la incapacidad de tolerar la realidad psíquica de tener múltiples yoes disociados determinaba el comportamiento autodestructivo. Brenner, recordando a Freud y Breuer, atribuyó su represión "muy profunda" al trauma temprano severo mantenido. Su segundo caso clínico describe el desafío clínico de tratar el cambio bastante repentino y dinámicamente significativo de la percepción del ser (ella se convirtió en una persona totalmente diferente que, en ese estado, no reconocía a su otro yo y viceversa). En su análisis de los problemas técnicos, él señala que la psiquiatría ha confundido a menudo la esquizofrenia con la personalidad múltiple, lo que da como resultado un fracaso a la hora de permitir que la persona diga lo que había estado oculto y luego ayudarle a entender su otro yo (yoes) mediante el análisis. El efecto perjudicial de este fracaso se ilustra con un tercer caso. Volviendo a la percepción del ser corporal, él nos recuerda que Freud sostuvo que el yo es un "yo corporal" y que "se acepta que la base somática del ser tiene un origen sensorial-motriz". Esto está relacionado con el estadio del espejo, en el que el infante se ve a sí mismo en los ojos de la madre y luego en un espejo —la fascinación por el propio reflejo permanece durante toda la vida—. El cuarto caso clínico de Brenner ilustra gráficamente cómo su uso de la palabra espejo —refiriéndose a sí mismo— desencadenó una regresión a una voz infantil y a recuerdos de tortura durante la infancia.

Terminando con referencias a la literatura con mayúsculas —Cervantes, Shakespeare y Pirandello—, Brenner comenta: "En el cierre, mientras que conceptos tales como el yo observador centran nuestra atención en las percepciones conscientes del yo, deben tenerse en cuenta las influencias *inconscientes* disociadas con el fin de vernos 'realmente' a nosotros mismos en el espejo". Admitiendo que podría haber utilizado el artículo de Freud como punto de partida, pero que la palabra "ser" no aparece en el texto, Brenner apunta que Freud "sostuvo que lo inconsciente estaba habitado por la herencia evolutiva de nuestra especie en algún estado de personificación. Así pues, se deduciría que una mejor comprensión no sólo de qué sino de 'quién' reside en los oscuros recovecos de nuestra mente podría estimular una mejor integración de la psique".

Finalmente, llegamos al artículo de Stefano Bolognini. Su tema — "A pesar de mi yo: la resolución de problemas y lo inconsciente" movilizaba para él las "reflexiones que van más allá de lo específicamente teórico y del campo clínico del psicoanálisis". Bolognini comienza con una autoobservación: la "envidia" de quienes aparentemente resuelven los problemas rápidamente, de manera intuitiva, con poco esfuerzo, sin armar jaleo ni molestar a nadie. Para introducir la "creatividad de lo inconsciente", rápidamente se traslada a dos puntos importantes mencionados por Freud: lo *inconsciente* "trabaja"; lo *inconsciente* puede ser activado; por ejemplo, se puede combinar con lo *inconsciente* de otro, "eludiendo" la mente consciente. Es lo inconsciente de la persona intuitiva lo que funciona en un nivel profundo, "algo, desconocido para el yo, funciona, combina, ensambla, concibe, crea, transforma".

Para ilustrar su tesis de un inconsciente trabajador en forma metafórica, Bolognini utiliza creativamente (con un efecto divertido) el cuento popular de *El gato con botas*. El chico (yo) se vuelve alguien pasivo y permite que el gato, que no está ansioso y que es un narcisista sano (inconsciente), haga su labor. El trabajo acaba en una situación favorable, a partir de una relación interna entre el yo y el ser que emana de los estilos paternos interpsíquicos que son introyectados positivamente. Después de aclarar su entendimiento de los términos de Freud, Bolognini plantea la hipótesis de "un área onírica potencial y ocasionalmente creativa, que se basa en la posibilidad de la representación, de la descomposición y de la recombinación de los elementos en juego en el mundo interno del sujeto, gracias al efecto fiable y de reconexión del proceso primario y a la reorganización permitida al proceso secundario". Así es cómo funciona lo *inconsciente* y el yo puede estar de acuerdo o en contra. De nuevo de forma creativa, las muñecas quitapenas guatemaltecas se utilizan para demostrar cómo se puede llegar inconscientemente a las soluciones de los problemas. Mediante la imaginación, las muñecas hablan entre sí y encuentran soluciones, mientras la persona duerme. Al despertar, estas soluciones se hacen conscientes y pueden ser útiles, siempre y cuando el yo no las bloquee. Es decir, el yo (lo consciente) tiene que dejar espacio para que lo preconsciente y lo inconsciente sean utilizados creativamente.

Volviendo a la noción de intuición, y mediante la exploración de la misma, se lleva al lector desde los grandes pensadores de la antigua Grecia, hasta el psicólogo cognitivo de 1926 (Wallas), que describió las cuatro etapas típicas del proceso intuitivo, hasta la obra de 1987 de Metcalfe y Wiebe, que demostraron que los problemas que requieren una solución creativa pueden ser resueltos con eficacia de forma bastante repentina. También se menciona a aquellos psicólogos cognitivos que estudiaron la "capacidad para el pensamiento lateral", la formulación subjetiva, la fijeza funcional y la lluvia de ideas.

¿Cuáles son las conexiones existentes entre las teorías cognitivas y la visión psicoanalítica de la intuición? Bolognini establece la conexión aclarando conceptos psicoanalíticos tales como las "introyecciones múltiples y adecuadas de los objetos útiles y positivos y de sus funciones". Utilizando sus palabras, los conceptos complejos, tales como la identificación, la introyección, la incorporación, la imitación, las identificaciones introyectivas parciales, la relación interna con los objetos enteros, etc. se vuelven comprensibles y clínicamente significativas. Puede idealizarse la intuición, especialmente su rapidez; el lector, a través de la referencia a Kohut, se ve asistido a la hora de desidealizar el rápido funcionamiento mental. Al pasar después al punto de vista económico, Bolognini desmitifica el coste enérgico de la represión. Desde el punto de vista de la imaginación, los neuróticos no pierden sus activos, se protegen mediante el uso de una gran cantidad de energía para reprimir sus conflictos y evitar la interacción genuina. Por el contrario, aquellos que son capaces de una marcada división y de proyecciones de las partes internas del ser pierden una parte de sus activos; son más ligeros, porque han renunciado al peso de una parte del ser. Sin embargo, la división puede ser temporalmente funcional, como la que se utiliza para realizar determinados trabajos. Desde el punto de vista económico, la división para las funciones selectivas puede provocar una resolución de problemas rápida e intuitiva.

En sus conclusiones, Bolognini hace una breve referencia a la diversidad cultural y a los puntos de vista psicoanalíticos de la resolución de problemas a través de la intuición. Reconoce que el psicoanálisis permite la armonización cooperativa entre las diversas partes del ser, y que un niño que experimenta formas de cooperación que están introyectadas desarrolla con mucha frecuencia un yo central benevolente —fiel, de gran capacidad y tolerante, heredero de los objetos primarios que han formado sus capacidades— que interviene o se queda apartado cuando las partes del ser son creativamente superiores. Su cita final, "Mi alma es una orquesta oculta; no sé qué instrumentos, qué cuerdas del violín y qué arpas, tambores y tamboras suenan y chocan dentro de mí. Lo único que oigo es la sinfonía" subraya este papel creativo. Las palabras de Bolognini están tan repletas de imágenes que es un capítulo que bien vale la pena leer y releer.

Si volvemos a la lúcida "Introducción" de Salman Akhtar y a las doce proposiciones principales que deriva de "Lo inconsciente", ninguno de nuestros autores se ha referido a la totalidad de las doce. Sin embargo, en conjunto, estos autores, desde sus propias nuevas perspectivas, cubren una o más de ellas a la vez y abordan colectivamente el total de las doce. Algunos apoyan las ideas de Freud, otros son críticos o, en ciertas áreas, están muy en desacuerdo. Hay pocas ideas que hayan sido pasadas por alto. Todos están de acuerdo, al igual que yo, con la afirmación de Akhtar de que queda mucho más por descubrir sobre lo *inconsciente*. Freud nos ha guiado y nos sigue estimulando.

Quienes han colaborado en este volumen —psicoanalistas y autores— han removido la monografía seminal de Freud de uno u otro modo; han profundizado en ella de arriba abajo, de abajo arriba, y a todo su alrededor para desvelar anchura, altura y profundidad. Sus diferentes perspectivas no han echado el cierre a la exploración de "Lo inconsciente" de Freud. Más bien, sus colaboraciones se han sumado a su accesibilidad y comprensión y han abierto las puertas para seguir aprendiendo. Eifermann (2007) resume bien el tira y afloja de este aprendizaje:

> El inconsciente es un territorio que siempre permanecerá en cierta medida sin explorar, y sus efectos persistirán junto a nuestros continuos intentos de exploración. [...] negar su existencia, o descuidarla a través de innovaciones prácticas y teóricas, nos ciega a su influencia constante sobre lo que podemos conocer. Fortalece nuestra creencia de que sabemos más de lo que hacemos. Sin embargo, es grande la atracción hacia la negación y la tentación de realizar una psicoterapia en la que la sugestión reemplace el

desarrollo de la autonomía de la mente del paciente. Adentrarse en la mente inconsciente es algo que le resulta perturbador a su propia naturaleza —a nuestra naturaleza—. Por lo tanto, nunca cesarán los conflictos internos y externos acerca de abandonar esta exploración o de persistir en ella.

Si volvemos a las cualidades del "gran arte", estas palabras de Tolstoi contienen una gran parte de lo que Freud creó para nosotros en "Lo inconsciente". "El arte es la unión de lo subjetivo con lo objetivo, de la naturaleza con la razón, de lo inconsciente con lo consciente y, por lo tanto, el arte es el medio más elevado del conocimiento" (Tolstoi, 1995).

Nota

1. Una búsqueda rápida de PEP reveló cerca de 700 artículos en las principales revistas científicas que contenían la palabra "inconsciente" en el título.

BIBLIOGRAFÍA

Aisenstein, M. (1993). Psychosomatic solution or somatic outcome: the man from Burma—psychotherapy of a case of haemorraghic rectocolitis. *International Journal of Psychoanalysis, 74*: 371–381.

Aisenstein, M. (2008). Beyond the dualism of psyche and soma. *Journal of the American Academy of Psychoanalysis, 36*: 103–123.

Aisenstein, M. (2010a). Clinical treatment of psychosomatic symptoms. *International Journal of Psychoanalysis, 91*: 1213–1215.

Aisenstein, M. (2010b). Les exigences de la représentation. *Revue française de psychanalyse, 74*(5): 1367–1392.

Aisenstein, M. y Rappoport de Aisemberg, E. (Eds.) (2010). *Psychosomatics Today: A Psychoanalytic Perspective*. Londres: Karnac.

Akhtar, S. (1999). *Immigration and Identity: Turmoil, Treatment, and Transformation*. Northvale, New Jersey: Jason Aronson.

Akhtar, S. (2009a). *Comprehensive Dictionary of Psychoanalysis*. Londres: Karnac.

Akhtar, S. (2009b). Metapsychology. En: *Comprehensive Dictionary of Psychoanalysis* (pp. 171–172). Londres: Karnac.

Akhtar, S. (2011). *Immigration and Acculturation: Mourning, Adaptation, and the Next Generation*. Lanham, Maryland: Jason Aronson.

Akhtar, S. (2013). *Good Stuff: Courage, Resilience, Gratitude, Generosity, Forgiveness, and Sacrifice*. Lanham, Maryland: Jason Aronson.

Alexander, F. (1947). Treatment of a case of peptic ulcer and personality disorder. *Psychosomatic Medicine, 9*: 320–330.

Amati-Mehler, J., Argentieri, S. y Canestri, J. (1993). *The Babel of the Unconscious: Mother Tongue and Foreign Languages in the Psychoanalytic Dimension*, J. Whitelaw-Cucco (Trad.). Madison, Connecticut: International Universities Press.

Anderson, M., Ochsner, K., Kuhl, B., Cooper, J., Robertson, E., Gabrieli, S., Glover, G. y Gabrieli, J. (2004). Neural systems underlying the suppression of unwanted memories. *Science, 303*: 232–235.

Arieti, S. (1974). *Interpretation of Schizophrenia*. Nueva York: Basic Books.

Arlow, J. A. (1966). Depersonalization and derealization. En: R. M. Loewenstein, L. M. Newman, M. Schur, y A. J. Solnit (Eds.): *Psychoanalysis—A General Psychology* (pp. 456–478). Nueva York: International Universities Press.

Arlow, J. (1969). Unconscious fantasy and disturbances of mental experience. *Psychoanalytic Quarterly, 38*: 1–27.

Asendorpf, J. B., Warkentin, V. y Baudonnière, P.-M. (1996). Self-awareness and other-awareness. II: Mirror self-recognition, social contingency awareness, and synchronic imitation. *Developmental Psychology, 32*: 313–321.

Baranger, M. y Baranger, W. (2008). The analytic situation as a dynamic field. *International Journal of Psychoanalysis, 89*: 795–826.

Bargh, J. y Chartrand, T. (1999). The unbearable automaticity of being». *American Psychologist, 54*: 462–479.

Bassanese, F. A. (1997). *Understanding Luigi Pirandello*. Columbia, South Carolina: University of South Carolina Press.

Beres, D. y Joseph, E. D. (1970). The concept of mental representation in psychoanalysis. *International Journal of Psychoanalysis, 51*: 1–8.

Bergmann, M. S. (1993). Reflections on the history of psychoanalysis». *Journal of the American Psychoanalytic Association, 41*: 929–955.

Bernat, E., Shevrin, H. y Snodgrass, M. (2001). Subliminal visual oddball stimuli evoke a P300 component. *Clinical Neurophysiology, 112*: 159–171.

Bernstein, W. M. (2011). *A Basic Theory of Neuropsychoanalysis*. Londres: Karnac.

Bettelheim, B. (1982). *Freud and Man's Soul*. Nueva York: Vintage.

Bion, W. R. (1957). Differentiation of the psychotic from the non-psychotic personalities. *International Journal of Psychoanalysis, 38*: 266–275.

Bion, W. R. (1959). Attacks on linking. *International Journal of Psychoanalysis, 40*: 308–315.

Bion, W. R. (1962a). The psychoanalytic study of thinking. *International Journal of Psychoanalysis, 43*: 306–310 [reimpresión en Spillius (Ed.) (1988), Vol. 1, Londres: Routledge].

Bion, W. R. (1962b). *Learning from Experience*. Londres: Heinemann [reimpresión Londres: Karnac, 1984].

Bion, W. R. (1963). *Elements of Psychoanalysis*. Londres: Karnac, 1984.

Bion, W. R. (1965). *Transformations*. Londres: Karnac, 1984.

Bion, W. R. (1970). *Attention and Interpretation*. Londres: Karnac.

Blau, A. (1955). A unitary hypothesis of emotion: anxiety, emotions of displeasure, and affective disorders. *Psychoanalytic Quarterly, 24*: 75–103.

Blos, P. (1985). *Son and Father*. Nueva York: Basic Books.

Bollas, C. (1979). The transformational object. *International Journal of Psychoanalysis, 60*: 97–107.

Bollas, C. (1992). *Being a Character: Psychoanalysis and Self-Experience*. Nueva York: Hill and Wang.

Bolognini, S. (2004). *Psychoanalytic Empathy*, M. Garfield (Trad.). Londres: Free Association Books.

Bolognini, S. (2011). *Secret Passages: The Theory and Technique of Interpsychic Relations*, G. Atkinson (Trad.). Londres: Routledge.

Bouvet, M. (2007). *La cure psychanalytique classique*. París: Presses Universitaires de France.

Brakel, L. A. W. (1994). Ensayo reseña del libro *Rediscovery of Mind* (1992) de John Searle. *Psychoanalytic Quarterly, 63*: 787–792.

Brakel, L. A. W. (2009). *Philosophy, Psychoanalysis, and the A-rational Mind*. Oxford: Oxford University Press.

Brakel, L. A. W. (2010). *Unconscious Knowledge and Other Essays in Psycho-Philosophical Analysis*. Oxford: Oxford University Press.

Brakel, L. A. W. y Shevrin, H. (2003). Freud's dual process theory and the place of the a-rational. Continuing commentary on Stanovich and West (2001), Individual differences in reasoning: implications for the rationality debate, en *Behavioral and Brain Sciences, 23*: 645–666. *Behavioral and Brain Sciences, 26*, 527–528.

Brenner, C. (1973). *An Elementary Textbook of Psychoanalysis*. Garden City, Nueva York: Anchor/Doubleday.

Brenner, C. (1976). *Psychoanalytic Technique and Psychic Conflict*. Nueva York: International Universities Press.

Brenner, I. (1994). The dissociative character: a reconsideration of "multiple personality" and related phenomena. *Journal of the American Psychoanalytic Association, 42*: 819–846.

Brenner, I. (1999). Deconstructing DID. *American Journal of Psychotherapy, 53*: 344–360.

Brenner, I. (2001). *Dissociation of Trauma: Theory, Phenomenology, and Technique*. Madison, Connecticut: International Universities Press.

Brenner, I. (2004). *Psychic Trauma: Dynamics, Symptoms, and Treatment*. Lanham, Maryland: Jason Aronson.

Brenner, I. (2009). *Injured Men: Trauma, Healing, and the Masculine Self.* Lanham, Maryland: Jason Aronson.

Brown, L. J. (2011). *Intersubjective Processes and the Unconscious.* Londres: Routledge.

Bruner, J. (1983). *Child's Talk: Learning to Use Language.* Nueva York: Norton.

Bunce, S., Bernat, E., Wong, P. y Shevrin, H. (1999). Further evidence for unconscious learning: preliminary support for the conditioning of facial EMG to subliminal stimuli. *Journal of Psychiatric Research, 33:* 341–347.

Calich, J. C. y Hinz, H. (Eds.) (2007). *The Unconscious. Further Reflections. Psychoanalytic Ideas and Applications: 5.* Londres: International Psychoanalytic Association, Psychoanalytic Ideas and Application Series.

Carhart-Harris, R. y Friston, K. (2010). The default mode, ego functions and free energy: a neurobiological account of Freudian ideas. *Brain, 133:* 1265–1283.

Carroll, L. (1871). *Through the Looking Glass, And What Alice Found There.* Nueva York: Dover Publishing, 1993.

Casement, P. (1991). *Learning from the Patient.* Nueva York: Guilford Press.

Coles, R. (1965). On courage. *Contemporary Psychoanalysis, 1:* 85–98.

Coltart, N. (1992). *Slouching Towards Bethlehem.* Londres: Free Association Books.

Cooper, A. M., Kernberg, O. F. y Person, E. S. (Eds.) (1989). *Psychoanalysis toward the Second Century.* New Haven, Connecticut: Yale University Press.

Damasio, A. (1999). *The Feeling of What Happens.* Nueva York: Harvest.

Damasio, A. (2010). *Self Comes to Mind.* Nueva York: Pantheon.

Danckwardt, J. F. (2011a). The fear of method in psychoanalysis. *Psychoanalysis in Europe Bulletin, 65:* 113–124.

Danckwardt, J. F. (2011b). Die vierstündige analytische Psychotherapie in Ausbildung und Behandlung—ein Auslaufmodell? [Psicoterapia semanal en cuatro sesiones en formación y tratamiento: ¿un modelo discontinuo?] *Z Psychoanal Theorie Prax, 26*(2): 208–220.

Darwin, C. (1872). *The Expression of Emotions in Man and Animals.* Londres: John Murray.

De Bono, E. (1970). *Lateral Thinking: Creativity Step by Step* Nueva York: Harper.

De Cervantes, M. (1605). *The Ingenious Gentleman Don Quixote de la Mancha.* Nueva York: Viking Press, 1949.

De Veer, M. W., Gallup, G. G., Theall, L. A., Van den Bos, R. y Povinelli, D. J. (2003). An 8-year longitudinal study of mirror self-recognition in chimpanzees (*Pan troglodytes*). *Neuropsychologia, 41:* 229–234.

Duncker, K. (1945). On problem solving. *Psychological Monographs, 58*(5): i–113.

Edelman, G. (1993). *Bright Air, Brilliant Fire*. Nueva York: Basic.

Eickhoff, F.-W. (1995). Über den Konstruktivismus im Werk Wolfgang Lochs (Sobre el constructivismo en la obra de Wolfgang Loch). En: Eickhoff, F.-W. (2009). *Primäre Identifizierung, Nachträglichkeit und "entlehntes unbewusstes Schuldgefühl"* (Identificación primaria, acción pospuesta y "culpa inconsciente prestada"). Ausgewählte Schriften zu psychoanalytischen Themen 1976–2008 (Escritos selectos sobre cuestiones psicoanalíticas 1976–2008). Suplemento 24 del *Jahrbuch der Psychoanalyse* (pp. 171–176). Stuttgart: Frommann-holzboog.

Eifermann, R. (2007). On the inevitable neglect of the unconscious: a contemporary reminder. En: J. C. Calech y H. Hinz (Eds.), *The Unconscious: Further Reflections* (pp. 133–148). Londres: International Psychoanalytic Association.

Eisnitz, A. (1980). The organization of the self-representation and its influence on pathology. *Psychoanalytic Quarterly, 49*: 361–392.

Eissler, K. (1953). Notes upon the emotionality of a schizophrenic patient and its relation to problems of technique. *Psychoanalytic tudy of the Child, 8*: 199–251.

Ellenberger, H. F. (1970). *The Discovery of the Unconscious: The History and Evolution of Dynamic Psychiatry*. Nueva York: Basic Books.

Etchegoyen, R. H. (1991). *The Fundamentals of Psychoanalytic Technique*. Londres: Karnac.

Falzeder, E. (2002). *The Complete Correspondence of Sigmund Freud and Karl Abraham, 1907–1925*, C. Schwarzacher (Trad.). Londres: Karnac.

Falzeder, E. y Brabant, E. (1996). (Eds.). *The Complete Correspondence of Sigmund Freud and Sándor Ferenczi, 1914–1919* (Vol. 2), P. Hoffer (Trad.). Cambridge Massachusetts: Harvard University Press.

Feldman, M. (2007). Addressing parts of the self. *International Journal of Psychoanalysis, 88*: 371–386.

Fenichel, O. (1941). *Problems of Psychoanalytic Technique*. Albany, Nueva York: Psychoanalytic Quarterly Press.

Fenichel, O. (1945). *The Psychoanalytic Theory of Neurosis*. Nueva York: W. W. Norton.

Ferenczi, S. (1911). On obscene words. En: *Final Contributions to the Problems and Methods of Psychoanalysis*. Londres: Hogarth Press.

Ferro, A. (1999). *The Bi-Personal Field: Experiences in Child Analysis*. Londres: Routledge.

Ferro, A. (2009). *Mind Works: Technique and Creativity in Psychoanalysis*. Londres: Routledge.

Fonagy, P. y Target, M. (1997). Attachment and reflective function: their role in self-organization. *Development and Psychopathology, 9*: 679–700.

Frank, A. (1969). The unrememberable and the unforgettable: passive primal repression. *Psychoanalytic Study of the Child, 24*: 48–77.

Frank, A. (1995). Metapsychology. En: B. Moore y B. Fine (Eds.), *Psychoanalysis: The Major Concepts* (pp. 508–520). New Haven, Connecticut: Yale University Press.

Freud, A. (1936). *The Ego and the Mechanisms of Defense.* Nueva York: International Universities Press.

Freud, E. L. (Ed.) (1960). *Letters of Sigmund Freud 1873–1939*, T. y J. Stern (Trads.). Nueva York: Basic Books.

Freud, S. (1894a). The neuro-psychoses of defence. *E.E., 3*: 45–61. Londres: Hogarth.

Freud, S. (1895a). Project for a scientific psychology. *E.E., 1*: 281–397. Londres: Hogarth.

Freud, S. (con Breuer, J.) (1895d). *Studies on Hysteria. E.E., 2.* Londres: Hogarth.

Freud, S. (1896). Letter of January 1, 1896 [extract]. *E.E., 1*: 388–391. Londres: Hogarth.

Freud, S. (1898). Letter to Wilhelm Fliess dated March 10, 1898. En: J. M. Masson (Ed.), *The Complete Letters of Sigmund Freud to Wilhelm Fliess, 1887–1904* (pp. 301–302). Cambridge, Massachusetts: Harvard University Press.

Freud, S. (1900a). *The Interpretation of Dreams. E.E., 4–5.* Londres: Hogarth.

Freud, S. (1901b). *The Psychopathology of Everyday Life. E.E., 6*: 1–310. Londres: Hogarth.

Freud, S. (1905d). *Three Essays on the Theory of Sexuality. E.E., 7*: 125–243. Londres: Hogarth.

Freud, S. (1908e). Creative writers and day-dreaming. *E.E., 9*: 143–153. Londres: Hogarth.

Freud, S. (1911b). Formulations on the two principles of mental functioning. *E.E., 12*: 215–226.

Freud, S. (1912b). The dynamics of transference. *E.E., 12*: 99–108. Londres: Hogarth.

Freud, S. (1912e). Recommendations to physicians practising psychoanalysis. *E.E., 12*: Londres: Hogarth.

Freud, S. (1914c). On narcissism: an introduction. *E.E., 14*: Londres: Hogarth.

Freud, S. (1914g). Remembering, repeating and working-through. *E.E., 12*: Londres: Hogarth.

Freud, S. (1915a). Observations on transference love. *E.E., 12*: Londres: Hogarth.

Freud, S. (1915c). Instincts and their vicissitudes. *E.E.*, *14*: 109–140. Londres: Hogarth.

Freud, S. (1915d). Repression. *E.E.*, *14*: 141–158. Londres: Hogarth.

Freud, S. (1915e). The unconscious. *E.E.*, *14*: 161–215. Londres: Hogarth.

Freud, S. (1915f). A case of paranoia running counter to the psychoanalytic theory of the disease. *E.E.*, *14*: 261–272. Londres: Hogarth.

Freud, S. (1916–1917). *Introductory Lectures on Psycho-Analysis*. *E.E.*, *15–16*. Londres: Hogarth.

Freud, S. (1917d). A metapsychological supplement to the theory of dreams. *E.E.*, *14*: 222–235. Londres: Hogarth.

Freud, S. (1917e). Mourning and melancholia. *E.E.*, *14*: 237–260. Londres: Hogarth.

Freud, S. (1920g). *Beyond the Pleasure Principle*. *E.E.*, *18*: 7–64. Londres: Hogarth.

Freud, S. (1923b). *The Ego and the Id*. *E.E.*, *19*: 3–68. Londres: Hogarth.

Freud, S. (1925a). A note upon "the mystic writing-pad". *E.E.*, *16*: 227–232. Londres: Hogarth.

Freud, S. (1925d). An autobiographical study. *E.E.*, *20*: 7–74. Londres: Hogarth.

Freud, S. (1926d). *Inhibitions, Symptoms and Anxiety*. *E.E.*, *20*: 77–124. Londres: Hogarth.

Freud, S. (1927c). *The Future of an Illusion*. *E.E.*, *21*: 3–56. Londres: Hogarth.

Freud, S. (1927e). Fetishism. *E.E.*, *21*: 152–157. Londres: Hogarth.

Freud, S. (1933a). *New Introductory Lectures on Psycho-analysis*. *E.E.*, *22*. Londres: Hogarth.

Freud, S. (1937d). Constructions in analysis. *E.E.*, *23*: 255–269. Londres: Hogarth.

Freud, S. (1940a [1938]). *An Outline of Psychoanalysis*. *E.E.*, *23*: 139–207. Londres: Hogarth.

Freud, S. (1954). *The Origins of Psychoanalysis*, M. Bonaparte, A. Freud, y E. Kris (Eds.) Nueva York: Basic Books.

Freud, S. (1987). Overview of the transference neuroses [draft of the twelfth paper on metapsychology of 1915]. En: *A Phylogenetic Fantasy: Overview of the Transference Neuroses*, editado y con un ensayo de Ilse Grubrich-Simitis, A. Hoffer y P. T. Hoffer (Trads.). Cambridge, Massachusetts: Belknap. Press of Harvard University Press.

Friston, K. (2010). The free-energy principle: a unified brain theory? *Nature Reviews Neuroscience, 11*: 127–138.

Galin, D. (1974). Implications for psychiatry of left and right cerebral specialization. *American Journal of Psychiatry, 31*: 572–583.

Garlick, D., Gant, D., Brakel, L. A. W. y Blaisdell, A. (2011). Attributional and relational processing in pigeons. *Frontiers in Comparative Psychology*, 2, artículo 14.

Ghorpade, A. (2009). State-dependent self-representations: a culture bound aspect of identity. *American Journal of Psychoanalysis, 69*: 72–79.

Glover, E. (1941). *On Fear and Courage*. Londres: Penguin.

Glover, E. (1943). The concept of dissociation. *International Journal of Psychoanalysis, 24*: 7–13.

Gottlieb, R. M. (1997). Does the mind fall apart in multiple personality disorder? Some proposals based on a psychoanalytic case. *Journal of the American Psychoanalytic Association, 45*: 907–932.

Green, A. (1973). *The Fabric of Affect in the Psychoanalytic Discourse*, A. Sheridan (Trad.). Londres: Routledge, 1999.

Green, A. (1982). La mère morte. En: *Narcissisme de Vie, Narcissisme de Mort* (pp. 222–253). París: Editions de Minuit.

Green, A. (1993). *The Work of the Negative*. Londres: Free Association.

Green, A. (2001). *Life Narcissism, Death Narcissism*, A. Weller (Trad.). Londres: Free Association.

Grinberg, L. y Grinberg, R. (1976). *Identidad y cambio*. Barcelona: Ediciones Paidós Ibérica.

Grotstein, J. S. (2001). *Does God Help? Developmental and Clinical Aspects of Religious Belief* (pp. 321–359). Edición de Salman Akhtar y Henri Parens. Northvale, New Jersey: Jason Aronson.

Grunbaum, A. (1998). A century of psychoanalysis: critical retrospect and prospect. En: M. Carrier y P. Machamer (Eds.), *Mindscapes: Philosophy, Science, and the Mind* (pp. 323–360). Pittsburgh, Pensilvania: University of Pittsburgh Press.

Guralnik, O. y Simeon, D. (2010). Depersonalization: standing in the spaces between recognition and interpellation. *Psychoanalytic Dialogues, 20*: 400–416.

Hanly, C. (2007). The unconscious and relational psychoanalysis. En: J. C. Calich y H. Hinz (Eds.), *The Unconscious: Further Reflections* (pp. 47–62). Londres: International Psychoanalytic Association, Psychoanalytic Ideas and Applications Series.

Hartmann, H. (1939). *Ego Psychology and the Problem of Adaptation*, D. Rapaport (Trad.). Nueva York: International Universities Press, 1958.

Hartmann, H. (1948). Comments on the psychoanalytic theory of instinctual drives. En: *Essays on Ego Psychology*. Nueva York: International Universities Press.

Hartmann, H. (1950). Comments on the psychoanalytic theory of the ego. En: *Essays on Ego Psychology* (pp. 113–141). Nueva York: International Universities Press.

Hartmann, H. (1958). *Ego Psychology and the Problem of Adaptation*, D. Rappaport (Trad.). *Journal of the American Psychoanalytic Association*, Monograph Series, N.° 1. Nueva York: International Universities Press.

Hartmann, H. y Kris, E. (1945). The genetic approach in psychoanalysis. *Psychoanalytic Study of the Child, 1*: 11–30.

Heijn, C. (2005). On foresight. *Psychoanalytic Study of the Child, 60*: 312–334.

Holder, A. (1992). *Introducción a Sigmund Freud. Das Ich und das Es. Metapsychologische Schriften* [Sigmund Freud. El ego y el ello. Escritos metapsicológicos]. Frankfurt: Fischer Taschenbuch.

Isaacs, S. (1952). The nature and function of phantasy. En: M. Klein, P. Heimann, S. Isaacs y J. Riviere (Eds.), *Developments in Psychoanalysis*. Londres: Hogarth Press, 1970.

Jacobson, E. (1964). *The Self and the Object World*. Nueva York: International Universities Press.

Joffe, W. J. y Sandler, J. (1968). Comments on the psychoanalytic psychology of adaptation with special reference to the role of affects and the representational world. *International Journal of Psychoanalysis, 49*: 445–454.

Jung, C. (1916). *The Structure of the Unconscious*, H. Read, M. Fordham, y G. Adler (Eds.), *C.W., 12*. Princeton, New Jersey: Princeton University Press, 1967.

Kant, I. (1781–1787). *The Critique of Pure Reason*, N. Kemp Smith (Trad.). Nueva York: Saint Martin's Press, 1965.

Kaplan-Solms, K. y Solms, M. (2000). *Clinical Studies in Neuropsychoanalysis*. Londres: Karnac.

Kernberg, O. (1975). *Borderline Conditions and Pathological Narcissism*. Nueva York: Jason Aronson.

Kernberg, O. (1976). *Object Relations Theory and Clinical Psychoanalysis*. Nueva York: Jason Aronson.

Kernberg, O. (1992). *Aggression in Personality Disorders and Perversions*. New Haven, Connecticut: Yale University Press.

Kernberg, O. (1995). *Love Relations: Normality and Pathology*. New Haven, Connecticut: Yale University Press.

Kinston, W. y Cohen, J. (1986). Primal repression: clinical and theoretical aspects. *International Journal of Psychoanalysis, 67*: 337–353.

Klein, G. (1976). *Psychoanalytic Theory*. Nueva York: International Universities Press.

Klein, M. (1926). The psychological principles of early analysis. En: *Love, Guilt and Reparation and Other Works (Writings, Vol. 1*, Cap. 6). Londres: Hogarth, 1975.

Klein, M. (1930). The importance of symbol-formation in the development of the ego. En: *Love, Guilt and Reparation and Other Works (Writings, Vol. 1*, Cap. 12). Londres: Hogarth, 1975.

Klein, M. (1935). A contribution to the psychogenesis of manic depressive states. En: *Love, Guilt and Reparation and Other Works—1921-1945* (pp. 262–289). Nueva York: Free Press, 1975.

Klein, M. (1946). «Notes on some schizoid mechanisms». *International Journal of Psychoanalysis, 27*: 99–110.

Kluft, R. (1985). Childhood multiple personality disorder: predictors, clinical findings, and treatment results. En: R. P. Kluft (Ed.), *Childhood Antecedents of Multiple Personality* (pp. 167–196). Washington, DC: American Psychiatric Press.

Kluft, R. P. (1986). Personality unification in multiple personality disorder: a follow-up study. En: B. G. Braun (Ed.), *Treatment of Multiple Personality Disorder* (pp. 29–60). Washington, DC: American Psychiatric Press.

Koestler, A. (1964). *The Act of Creation*. Nueva York: Penguin/Arkana Press.

Kohut, H. (1971). *The Analysis of the Self: A Systematic Approach to the Psychoanalytic Treatment of Narcissistic Personality Disorders*. Chicago, Illinois: University of Chicago Press, 2009.

Kohut, H. (1977). *The Restoration of the Self*. Nueva York: International Universities Press.

Kohut, H. (1982). Introspection, empathy, and the semi-circle of mental health. *International Journal of Psychoanalysis, 63*: 395–407.

Kohut, H. (1985). On courage. En: C. B. Strozier (Ed.), *Self Psychology and the Humanities* (pp. 5–50). Nueva York: W. W. Norton.

Krause, R. y Merten, J. (1999). Affects, regulation of relationship, transference, and countertransference. *International Forum of Psychoanalysis, 8*: 103–114.

Kris, E. (1952). *Psychoanalytic Explorations in Art*. Nueva York: International Universities Press.

Lacan, J. (1953). Some reflections on the ego. *International Journal of Psychoanalysis, 34*: 11–17.

Lacan, J. (1977). *Ecrits: A Selection*, A. Sheridan (Trad.). Londres: Tavistock.

Lakoff, G. y Johnson, G. (1999). *Philosophy in the Flesh: The Embodied Mind and its Challenge to Western Thought*. Nueva York: Basic Books.

Langer, S. K. (1942). *Philosophy in a New Key*. Cambridge, MA: Harvard University Press.

Langer, S. K. (1953). *Feeling and Form*. Londres: Routledge and Kegan Paul.

Langer, S. K. (1988). *Mind: An Essay on Human Feeling* (edición abreviada). Baltimore, Maryland: Johns Hopkins University Press.

Laplanche, J. y Pontalis, J.-B. (1973). *The Language of Psychoanalysis*, D. Nicholson-Smith (Trad.). Nueva York: W. W. Norton.

Levine, S. (2006). Catching the wrong leopard: courage and masochism in the psychoanalytic situation. *Psychoanalytic Quarterly, 75*: 533–556.

Libet, B. (1985). Unconscious cerebral initiative and the role of conscious will in voluntary action. *Journal of Behavioral and Brain Sciences, 8*: 529–539.

Lipton, P. (1991). *Inference to the Best Explanation*. Londres: Routledge.

Loch, W. (1965). Übertragung und Gegenübertragung» [Transference and countertransference]. *Psyche, 19*: 1–23.

Loch, W. (1980). Metapsychologie (entrada sobre metapsicología). En: J. Ritter y K. Gründer (Eds.), *Historisches Wörterbuch der Philosophie* [Historical dictionary of philosophy] (Vol. 5) (pp. 1298–1299). Basel: Schwabe.

Loch, W. (1995). Psychische Realität—Materielle Realität. Genese-Differenzierung-Synthese [Realidad psíquica-realidad material. Génesis-diferenciación-síntesis). *Jahrbuch Psychoanalyse, 34*: 103–141.

Loch, W. (1999). Grundriß der psychoanalytischen Theorie (Metapsychologie) [Descripción de la teoría psicoanalítica (metapsicología)]. En: *Die Krankheitslehre der Psychoanalyse* (Psicopatología psicoanalítica) (6.ª edición) (pp. 13–78), H. Hinz (Ed.). Stuttgart: S. Hirzel.

Loch, W. (2010) [1995]. Psychische Realität—Materielle Realität. Genese-Differenzierung-Synthese [Realidad psíquica-realidad material. Génesis-diferenciación-síntesis]. En: Erinnerung, Entwurf und Mut zur Wahrheit im psychoanalytischen Prozess. [Memoria, proyecto y coraje para la verdad en el proceso psicoanalítico.] Editado y con introducción de Cord Barkhausen y Peter Wegner. Frankfurt a. M.: Brandes & Apsel.

Loewald, H. (1978). Primary process, secondary process and language. En: *Papers on Psychoanalysis* (pp. 178–206). New Haven, Connecticut: Yale University Press, 1980.

Loewenstein, R. M. (1951). The problem of interpretation. *Psychoanalytic Quarterly, 20*: 1–23.

Lothane, Z. (2001). A response to Grunbaum's "A century of psychoanalysis: critical retrospect and prospect" and other texts: requiem or reveille? *International Forum of Psychoanalysis, 10*: 113–132.

Maclean, P. (1990). *The Triune Brain in Evolution*. Nueva York: Plenum.

MacLeish, A. (1960). *Poetry and Experience*. Londres: Penguin, 1961 y Peregrine Books, 1965.

Mahler, M., Pine, F. y Bergman, A. (1975). *The Psychological Birth of the Human Infant: Symbiosis and Individuation*. Nueva York: Basic Books.

Malloch, S. y Trevarthen, C. (2009). Musicality: communicating the vitality and interests of life. En: *Communicative Musicality: Exploring the Basis of Human Companionship*. (pp. 1–9). Oxford: Oxford University Press.

Marten, K. y Psarakos, S. (1995). Evidence of self-awareness in the bottlenose dolphin (*Tursiops truncatus*). En: S. T. Parker, R. W. Mitchell y M. L. Boccia (Eds.), *Self-Awareness in Animals and Humans: Developmental Perspectives* (pp. 361–379). Nueva York: Cambridge University Press.

Marty, P. (1980). *L'Ordre Psychosomatique*. París: Payot.

Marty, P., de M'Uzan, M. y David, C. (1963). *L'Investigation Psychosomatique*. París: Presses Universitaires de France.

Masson, J. M. (Ed.) (1985). *The Complete Letters of Sigmund Freud to Wilhelm Fliess, 1887–1904*, J. M. Masson (Trad.). Cambridge, Massachusetts: Belknap. Press of Harvard University Press.

McDougall, J. (1974). The psyche-soma and the analytic process». *International Review of Psychoanalysis*, 1: 437–459.

McDougall, J. (1989). *Theaters of the Body*. Nueva York: Norton.

McEwan, I. (2005). *Amsterdam*. Londres: Vintage Books.

Merker, B. (2009). Consciousness without a cerebral cortex: a challenge for neuroscience and medicine. *Journal of Behavioral and Brain Sciences, 30*: 63–134.

Mesulam, M. M. (2000). Behavioral neuroanatomy: large-scale networks, association cortex, frontal syndromes, the limbic system and hemispheric lateralization. En: *Principles of Behavioral and Cognitive Neurology* (2.ª edición) (pp. 1–120). Nueva York: Oxford University Press.

Metcalfe, J. y Wiebe, D. (1987). Intuition in insight and noninsight problem solving. *Memory & Cognition, 15*: 238–246.

Milner, B., Corkin, S. y Teuber, H-L. (1968). Further analysis of the hippocampal amnesic syndrome: 14 year follow-up study of HM. *Neuropsychologia, 6*: 215–234.

Modell, A. (1981). Does metapsychology still exist? *International Journal of Psychoanalysis, 62*: 391–402.

Moore, B. y Fine, B. (Eds.) (1968). *A Glossary of Psychoanalytic Terms and Concepts*. Nueva York: American Psychoanalytic Association.

Moore, B. y Fine, B. (Eds.) (1990). *Psychoanalytic Terms and Concepts*. New Haven, Connecticut: Yale University Press.

Moruzzi, G. y Magoun, H. (1949). Brain stem reticular formation and activation of the EEG. *Electroencephalography and Clinical Neurology, 1*: 455–473.

Nagpal, A. (2011). A Hindu reading of Freud's *"Beyond the Pleasure Principle"*. En: S. Akhtar y M. K. O'Neil (Eds.), *On Freud's "Beyond the Pleasure Principle"* (pp. 230–239). Londres: Karnac.

Ogden, T. H. (1986). *The Matrix of the Mind. Object Relations and the Psychoanalytic Dialogue*. Londres: Karnac.

Ogden, T. H. (1997). Some thoughts on the use of language in psychoanalysis. *Psychoanalytic Dialogues, 7*: 21.

O'Neil, M. K. (2009). Commentary on "Courage". En: S. Akhtar (Ed.), *Good Feelings: Psychoanalytic Reflections on Positive Emotions and Attitudes* (pp. 55–62). Londres: Karnac.

Ornston, D. (1982). Strachey's influence: preliminary report. *International Journal of Psychoanalysis, 63*: 409–426.

Osborn, A. F. (1962). Developments in creative education. En: S. J. Parnes y H. F. Harding (Eds.), *A Source Book for Creative Thinking* (pp. 19–29). Nueva York: Scribners.

Panksepp, J. (1998). *Affective Neuroscience.* Nueva York: Oxford University Press.

Panksepp, J. y Biven, L. (2012). *Archaeology of Mind.* Nueva York: Norton.

Penfield, W. y Jasper, H. (1954). *Epilepsy and the Functional Anatomy of the Human Brain.* Oxford: Little, Brown.

Pessoa, F. (2002). *The Book of Disquiet,* R. Zenith (Trad.). Londres: Penguin Classics.

Pfeiffer, E. (Ed.) (1985). *Sigmund Freud and Lou Andreas-Salomé Letters,* W. Robson-Scott y E. Robson-Scott (Trads.) Nueva York: W. W. Norton. Carta de Sigmund Freud a Lou Andreas-Salomé, 30 de julio de 1915.

Piaget, J. (1970). Inconscient affectif et inconscient cognitive. Comunicación presentada en la reunión de otoño de la Asociación Psicoanalítica Americana, Nueva York.

Piaget, J. y Inhelder, B. (1969). *The Psychology of the Child.* Nueva York: Basic Books.

Pine, F. (1997). *Diversity and Direction in Psychoanalytic Technique.* New Haven, Connecticut: Yale University Press.

Pirandello, L. (1995). *Six Characters in Search of an Author and Other Plays.* Nueva York: Penguin.

Plotnik, J. M., De Waal, F.B.M. y Reiss, D. (2006). Self-recognition in an Asian elephant». *Proceedings of the Natural Academy of Sciences, 103*: 17053–17057.

Pulver, S. (1971). Can affects be unconscious? *International Journal of Psychoanalysis, 52*: 347–354.

Ramachandran, V. (1994). Phantom limbs, neglect syndromes, repressed memories, and Freudian psychology. *International Review of Neurobiology, 37*: 291–333.

Rangell, L. (1971). The decision making process—a contribution from psychoanalysis. *Psychoanalytic Study of the Child, 26*: 425–452.

Rangell, L. (1995). Affects. En: B. Moore y B. Fine (Eds.), *Psychoanalysis: The Major Concepts* (pp. 381–391). New Haven, Connecticut: Yale University Press.

Rapaport, D. (1960). *The Structure of Psychoanalytic Theory: Psychological Issues II Monograph 6.* Nueva York: International Universities Press.

Rapaport, D. y Gill, M. M. (1959). The points of view and assumptions of metapsychology. *International Journal of Psychoanalysis, 40*: 153–162.

Reddy, S. (2001). Psychoanalytic reflections on the sacred Hindu text, the *Bhagavad Gita.* En: S. Akhtar y H. Parens (Eds.), *Does God Help? Developmental and Clinical Aspects of Religious Belief* (pp. 153–175). Northvale, New Jersey: Jason Aronson.

Reddy, S. (2005). Psychoanalytic process in a sacred Hindu text: the *Bhagavad Gita*. En: S. Akhtar (Ed.), *Freud Along the Ganges: Psychoanalytic Reflections on the People and Culture of India* (pp. 309–333). Nueva York: Other Press.

Reith, B. (2011). The WPIP. investigative process: from the anxiety of the analytic couple to that of the research team. Report of the Working Party on "Initiating Psychoanalysis" (WPIP). *Psychoanalysis in Europe Bulletin*, 65: 57–60.

Rodrigué, E. (1969). The fifty thousand hour patient. *International Journal of Psychoanalysis*, 50: 603–613.

Rosen, J. (1947). The treatment of schizophrenia by direct analytic therapy. *Psychiatric Quarterly*, 2: 3–13.

Rosen, J. (1953). *Direct Analysis*. Nueva York: Grune and Stratton.

Ross, J. M. (2003). Preconscious defense analysis, memory, and structural change. *International Journal of Psychoanalysis*, 84: 59–76.

Roussillon, R. (1999). *Agonie, clivage et symbolisation*. París: PUF.

Roussillon, R. (2008). *Le jeu et l'entre-je(u)*. París: PUF.

Rubin, J. B. (1996). *Psychotherapy and Buddhism: Toward an Integration*. Nueva York: Plenum.

Rugg, H. (1963). *Imagination*. Nueva York: Harper Row.

Rumiati, R. (2006). Creatività. En: *Psiche. Dizionario di psicologia, psichiatria, psicoanalisi, neuroscienze*. Turín: Giulio Einaudi Editore.

Rycroft, C. (1968). *Imagination and Reality*. Londres: Hogarth Press.

Sandler, J. (1983). Reflections on some relations between psychoanalytic concepts and psychoanalytic practice. *International Journal of Psychoanalysis*, 64: 35–45.

Sandler, J. (1992). Reflections on developments in the theory of psychoanalytic technique. *International Journal of Psychoanalysis*, 73: 189–198.

Sandler, J. y Sandler, A. M. (1983). The "second censorship" and the "three-box model" and some technical implications. *International Journal of Psychoanalysis*, 64: 413–425.

Searles, H. F. (1965). *Collected Papers on Schizophrenia and Related Subjects*. Nueva York: International Universities Press.

Schafer, R. (1976). *A New Language for Psychoanalysis*. New Haven, Connecticut: Yale University Press.

Schilder, P. (1950). *The Image and Appearance of the Human Body*. Nueva York: International Universities Press.

Schimek, J. G. (1975). A critical re-examination of Freud's concept of unconscious mental representation. *International Review of Psycho-Analysis*, 2: 171–187.

Schore, A. N. (2002). Advances in neuropsychoanalysis, attachment theory, and trauma research: implications for self psychology. *Psychoanalytic Inquiry*, 22: 433–484.

Searle, J. (1992). *The Rediscovery of Mind*. Cambridge, MA: MIT Press.

Searles, H. F. (1973). Concerning therapeutic symbiosis. *Annual of Psychoanalysis, 1*: 247–262.

Segal, H. (1957). Notes on symbol formation. *International Journal of Psychoanalysis, 38*: 391–397.

Shengold, L. (1989). *Soul Murder: The Effect of Childhood Abuse and Deprivation*. New Haven, Connecticut: Yale University Press.

Shevrin, H., Bond, J., Brakel, L., Hertel, R. y Williams, W. (1996). *Conscious and Unconscious Processes: Psychodynamic, Cognitive and Neurophysiological Convergences*. Nueva York: Guildford Press.

Shewmon, D., Holmse, D. y Byrne, P. (1999). Consciousness in congenitally decorticate children: developmental vegetative state as a self-fulfilling prophecy. *Developmental Medicine & Child Neurology, 41*: 364–374.

Slap, J. (1987). Implications for the structural model of Freud's assumptions about perception. *Journal of the American Psychoanalytic Association, 35*: 629–645.

Slap, J. y Slap-Shelton, L. (1991). *The Schema in Psychoanalysis*. Hillsdale, New Jersey: Analytic Press.

Smadja, C. (2008). *Les modèles psychanalytiques de la psychosomatique*. París: Presses Universitaires de France.

Solms, M. (1997). What is consciousness? *Journal of the American Psychoanalytic Association, 45*: 681–778.

Solms, M. (1998). Preliminaries for an integration of psychoanalysis and neuroscience. Presentado en una reunión del Grupo Freudiano Contemporáneo de la Sociedad Psicoanalítica Británica.

Solms, M. (2003). *The Brain and the Inner World: An Introduction to the Neuroscience of the Subjective Experience*. Nueva York: Other Press.

Solms, M. (2013). The conscious id. *Neuropsychoanalysis, 15* (en imprenta).

Solms, M. y Panksepp, J. (2012). The id knows more than the ego admits. *Brain Science, 2*: 147–175.

Solms, M. y Turnbull, O. (2000). Londres (Anna Freud Centre: Neuropsychoanalysis Project). *Neuropsychoanalysis, 2*: 288–289.

Spitz, R. (1965). *The First Year of Life*. Nueva York: International Universities Press.

Stern, D. (1985). *The Interpersonal World of the Infant*. Nueva York: Basic Books.

Stern, D. (2011). *Forms of Vitality. Exploring Dynamic Experience in Psychology, the Arts, Psychotherapy, and Development*. Oxford: Oxford University Press.

Strachey, J. (1957). Nota del editor para "The unconscious". *S.E., 14*: 161–165.

Strachey, J. (1961). Nota del editor para *The Ego and the Id*. *S.E., 19*: 3–10. Londres: Hogarth.

Strachey, J. (1962). The emergence of Freud's fundamental hypotheses. En: *E.E., 3*: 62–68. Londres: Hogarth.

Strawson, G. (1994). *Mental Reality*. Cambridge, Massachusetts: MIT Press.

Suttie, I. (1935). *The Origins of Love and Hate*. Londres: Kegan Paul [reimpresión Londres: Pelican Books, 1960; Londres: Peregrine Books, 1963].

Swami Chinmayananda (1977). *Discourses on Mundakopanishad*. Madras: Chinmaya Publications.

Swami Chinmayananda (2002). *The Holy Bhagavad Gita*. Mumbai: Central Chinmaya Mission Trust.

Swami Dayananda Saraswati (1975). *Om: The Light of Truth* [Traducción al inglés de Satyarth Prakash], C. Bharadwaja (Trad.). Nueva Delhi: Sarvadeshik Arya Pratinidhi Sabha.

Swami Madhavananda (2000). *Vivekachudamani of Sri Shankaracharya*, texto con traducción al inglés, notas e índice temático. Calcuta: Advaita Ashrama Publications.

Swami Nikhilananda (2002). *Atmabodha: Self knowledge of Sri Shankaracharya*. Madras: Sri Ramakrishna Math.

Swami Vireswarananda (2001). *Brahma Sutras*, con texto, traducción palabra por palabra, traducción al inglés, comentarios sobre el comentario de Sri Shankara e índice temático. Kolkata: Advaita Ashrama Publications.

Symington, N. (2009). How belief in God affects my clinical work. En: M. K. O'Neil y S. Akhtar (Eds.) *On Freud's "The Future of an Illusion"* (pp. 237–252). Londres: Karnac.

Talvitie, V. y Ihanus, J. (2002). The repressed and implicit knowledge. *International Journal of Psychoanalysis, 83*: 1311–1323.

Talvitie, V. y Ihanus, J. (2003). Response to commentaries. *Neuropsychoanalysis, 5*: 153–158.

Taylor, W. S. y Martin, M. F. (1944). Multiple personality. *Journal of Abnormal and Social Psychology, 39*: 281–300.

The New Shorter Oxford English Dictionary (1993). L. Brown (Ed.). Nueva York: Oxford University Press.

Tolstoy, L. (1995). *What is Art?* R. Pevear y L. Volokhonsky (Trad.). Londres: Penguin.

Trevarthen, C. (1979). Communication and cooperation in early infancy: a description of primary intersubjectivity. En: M. Bullowa (Ed.), *Before Speech* (pp. 321–349). Cambridge: Cambridge University Press.

Vallabhaneni, M. R. (2005). *Advaita Vedanta*, psychoanalysis, and the self. En: S. Akhtar (Ed.), *Freud Along the Ganges: Psychoanalytic Reflections on the People and Culture of India* (pp. 359–393). Nueva York: Other Press.

Vivona, J. M. (2012). Is there a non-verbal period of development? *Journal of the American Psychoanalytic Association, 60*: 231–265.

Volkan, V. (1987). Psychological concepts useful in the building of political foundations between nations (Track II diplomacy). *Journal of the American Psychoanalytic Association, 35*: 903–935.

Waelder, R. (1962). Psychoanalysis: scientific methodology and philosophy. *Journal of the American Psychoanalytic Association, 10*: 617–637.

Wälder, R. (1936). The principle of multiple function: observations on over-determination. *Psychoanalytic Quarterly, 5*: 45–62.

Wallas, G. (1926). *The Art of Thought*. Londres: Watts, 1949.

Wegner, P. (2011). On Freud's "The future prospects of psychoanalytic therapy". Celebración del Centenario de la Asociación Psicoanalítica Internacional, Madrid, 4 de noviembre de 2010. *Psychoanalysis in Europe Bulletin, 65*: 234–239.

Wegner, P. (2012a). The opening scene and the importance of the coun-tertransference in the initial psychoanalytic interview. En: B. Reith, S. Lagerlöf, P. Crick, M. Møller, E. Skale (Eds.), *Initiating Psychoanalysis. Perspectives. Teaching Series* (pp. 225–242). Londres: Routledge.

Wegner, P. (2012b). Process-orientated psychoanalytic work in the first interview and the importance of the opening scene. *Psychoanalysis in Europe, Bulletin, 66*: 23–45.

Weiskrantz, L. (1990). *Blindsight*. Nueva York: Oxford University Press.

Weiss, J. (1988). Testing hypotheses about unconscious mental functioning. *International Journal of Psychoanalysis, 69*: 87–95.

Weiss, J. y Sampson, H. (1986). *The Psychoanalytic Process: Theory, Clinical Observation, and Empirical Research*. Nueva York: Guilford Press.

Werner, H. y Kaplan, B. (1963). *Symbol Formation: An Organismic Develop-mental Approach to the Expression of Thought*. Nueva York: John Wiley.

Wertheimer, M. (1959). *Productive Thinking*. Nueva York: Harper & Row.

Winnicott, D. W. (1953). Transitional objects and transitional phenomena: a study of the first not-me possession. *International Journal of Psycho-analysis, 34*: 89–97. Reimpresión en *Collected Papers: Through Paediatrics to Psychoanalysis* (1958), Londres: Tavistock; y también en *Playing and Reality* (1971), Londres: Tavistock.

Winnicott, D. W. (1955). Metapsychological and clinical aspects of regres-sion within the psycho-analytical set-up. *International Journal of Psycho-analysis, 36*: 16–26.

Winnicott, D. W. (1956). Primary maternal preoccupation. En: *Collected Papers: Through Paediatrics to Psychoanalysis*. Londres: Tavistock, 1958.

Winnicott, D. W. (1960). Ego distortion in terms of true and false self. En: *Maturational Processes and the Facilitating Environment* (pp. 140–152). Nueva York: International Universities Press, 1965.

Winnicott, D. W. (1967). Mirror role of mother and family in child development. En: *Playing and Reality* (pp. 111–118). Londres: Tavistock.

Winnicott, D. W. (1971). *Playing and Reality*. Londres: Tavistock.

Wisdom, J. O. (1967). Testing an interpretation within a session. *International Journal of Psychoanalysis, 48*: 44–52.

Wong, P., Bernat, E., Snodgrass, M. y Shevrin, H. (2004). Event-related brain correlates of associative learning without awareness. *International Journal of Psychophysiology*, 53: 217–233.

Wright, K. (1991). *Vision and Separation: Between Mother and Baby*. Londres: Free Association Books.

Wright, K. (2009). *Mirroring and Attunement: Self-realisation in Psychoanalysis and Art*. Hove: Routledge.

For Product Safety Concerns and Information please contact our EU
representative GPSR@taylorandfrancis.com
Taylor & Francis Verlag GmbH, Kaufingerstraße 24, 80331 München, Germany